W0367235

À l'école des plus pauvres

Quentin de Veyrac

À l'école des plus pauvres

De l'aventure à la quête intérieure

ARTÈGE

Pour contacter l'auteur :
quentindeveyrac@yahoo.fr

©2017, Groupe Elidia
Éditions Artège
10, rue Mercœur – 75011 Paris
9, espace Méditerranée – 60000 Perpignan

www.editionsartege.fr

ISBN : 979-10-336-0090-9
EAN Epub : 9791033604747

À Jean et Geoffroy

« Le plus grand voyage que
l'on puisse faire sur terre est celui
qui mène de la tête au cœur. »

CENTRE NOTRE-DAME
DE LA PAIX
FOUNTAIN OF LIFE
HÔPITAL
SAINT-JEAN DE DIEU
MISERICORDIA

Rejoindre les périphéries

J'ai toujours rêvé de faire un tour du monde. Partir à l'aventure, les poches vides, et revenir les yeux remplis de paysages et le cœur plein de rencontres. J'ai d'abord cru que ce rêve me ferait défaut, puis il a refait surface il y a cinq ans. Je pensais souvent à ces routes à parcourir, à ce monde qui nous tend les bras, dont on entend parler mais qu'on ne connaît pas. Ces pays lointains aux cultures si différentes dont nous nous sentons pourtant proches. Je veux partir à la rencontre du monde et de ses habitants, me laisser surprendre, transformer par eux. Partir ? Mais pour combien de temps ? Un an c'est long. C'est pourtant passé si vite. Quand j'ai commencé à sérieusement envisager cette aventure, j'avais peur, peur de me tromper.

Il est difficile de connaître toutes les raisons qui nous poussent à partir. Certains désirs sont facilement identifiables, d'autres plus mystérieux. C'est souvent le voyage lui-même qui nous révèle progressivement toutes les raisons qui nous ont poussé à partir. « *It is what you seek that makes you seek*[1] », nous dira la sœur Michelle au Cambodge.

Quand je me prenais à rêver, les élans de mon imagination me transportaient au sommet de l'enthousiasme avant qu'une petite voix ne m'en fasse chuter. La petite voix qui susurre

1. « C'est ce que vous cherchez qui vous pousse à la quête. »

qu'on n'y arrivera pas. Ce murmure lancinant aux ressorts pourtant bien connus : « C'est trop risqué, trop compliqué, trop dangereux. » Sans compter ce à quoi on renonce en partant. Lorsque nous sommes partis, j'étais encore étudiant et prendre du temps pour ce voyage impliquait de faire une croix sur des stages qui auraient pu m'ouvrir certaines portes. Mais soudain, la flamme de mon désir se ravivait et je me sentais le cœur à surmonter tous les obstacles. Ce désir de voyage, je l'ai partagé avec Jean et Geoffroy, et nous l'avons cultivé ensemble. Il ne s'agissait pas de faire un tour du monde juste pour faire un tour du monde, nous voulions construire un voyage qui nous ressemblait. Voyager, non seulement pour nous rendre dans des pays lointains, mais aussi pour suivre un parcours pas à pas à la découverte de nouveaux horizons. Cette route sur laquelle nous avons marché pendant un an a été un itinéraire géographique tout autant qu'un cheminement intérieur. Nous nous sommes lancés corps et âme pour sortir de nous, pour nous tourner vers l'Autre. En sortant de notre zone de confort, en laissant là nos habitudes, notre pays, nous voulions embrasser la fragilité, nous mettre à l'épreuve sans doute, nous rendre vulnérables. Combien de fois avons-nous été comblés, cette année, au-delà de ce que nous avions imaginé ! Parfois plusieurs fois par jour, des gens nous ont accueillis, nourris, logés, car notre vulnérabilité, disaient-ils, leur inspirait confiance.

Certains que nous devions nous faire petits pour pouvoir grandir, nous voulions rencontrer ceux qui avaient décidé de consacrer leur vie pour venir en aide aux autres. Nous avons toujours été édifiés par l'engagement de ces chrétiens, laïques ou religieux, qui ont donné leur vie pour servir les plus faibles.

Sainte Mère Teresa évidemment, mais tant d'autres avant et tant d'autres depuis ! Ces chrétiens, à contre-courant du monde, qui, loin des honneurs, œuvrent au quotidien pour vivre avec leurs frères souffrants. Admiratifs de leur engagement, nous avons choisi quatre communautés aux missions très différentes, afin de témoigner de l'universalité du message d'amour de l'Église catholique. Ce message n'est pas réservé à un cercle d'heureux élus. Il s'adresse à tous sans distinction. Outre ces quatre missions programmées, la Providence nous a réservé d'autres surprises. Nous les avons accueillies le sourire aux lèvres en repensant à notre désir de lâcher prise sur nos programmes cette année.

Nous avons regagné la France depuis un an et demi, nous sommes retournés à une vie plus ordinaire. Tous les trois désormais établis dans le monde professionnel, nous vivons cette sortie de soi dans un cadre différent. Sortir de soi nous révèle que nous avons humainement plus à recevoir des autres qu'à donner. C'est un chemin sur lequel la tête est moins bien avisée que le cœur. Ce lâcher-prise donne le vertige ; il est source d'inattendus dont la vie ordinaire regorge mais que nous ne voyons plus. À l'heure où nous avons plus d'occasions de courir que de ralentir, puisse ce bout de chemin inspirer ceux qui ont le désir de vivre plus intensément au quotidien. Lorsque nous sommes traversés par des élans intérieurs, nous sommes tentés de les gronder car leur impétuosité nous embarrasse. Nous ne savons pas où ils vont nous mener. Nous préférons les relativiser au lieu de les apprivoiser. Aller vers l'autre, pourquoi ? Je suis bien où je suis, et puis qu'est-ce que je vais bien pouvoir dire ? Chercher un sens à sa vie ? N'est-ce pas une formule galvaudée dont la réponse paraît bien vaine ?

Qui peut se dire certain d'avoir trouvé un sens à son existence ? Pourtant, en prenant le temps d'écouter attentivement nos aspirations profondes, nous rouvrons les yeux sur des désirs familiers que nous considérions comme étrangers. Nous avons appris à les refouler par fainéantise, par retenue mais aussi par crainte. Prendre ses désirs au sérieux est la plus sûre façon de rire de nos limites et de découvrir l'épaisseur du présent qui nous révèle l'infini dans le fini, l'extraordinaire caché dans le plus simple des ordinaires.

***

Il fait chaud ce 4 septembre 2014 au soir dans ma petite chambre sous les toits du 11e arrondissement de Paris. Je me couche tard et moins inquiet que je ne l'aurais imaginé. Je range mes dernières affaires et boucle mon sac. Je déteste les départs. On est toujours tiraillé entre l'excitation et la peur de laisser quelque chose derrière soi. Après une ultime vérification – ma brosse à dent a bien été disposée dans la trousse de secours calée au fond de la poche latérale du gros sac noir qui va devenir ma maison –, je m'étends de tout mon long sur mon lit dont je goûte le confort une dernière fois. Les yeux rivés sur le plafond, je me répète en boucle cette phrase que j'ai longtemps rêvé de prononcer : « Demain, je pars faire le tour du monde. »

Après une nuit courte mais tranquille, j'enfile le seul pantalon que j'emporte et, un café brûlant avalé, je charge le sac sur mon dos. Je ne le sais pas encore mais ce dernier geste va devenir un automatisme. Pendant un an, je hisserai ce sac sur mes épaules comme on enfile des chaussettes. En claquant la porte de l'appartement, je m'arrête une seconde pour goûter l'instant : aujourd'hui, je pars faire le tour du monde.

Nous nous sommes donné rendez-vous avec Jean et Geoffroy devant Notre-Dame de Paris pour un départ officiel après la messe du matin. Non seulement ce lieu est symboliquement fort, mais en plus la ligne est directe jusqu'à Porte d'Orléans, où nous commencerons à faire du stop pour rejoindre Rome dans une semaine. Cette année, ce sera notre moyen de transport car nous voulons nous laisser conduire, renoncer à tout prévoir, et pour cela le stop est formidable. De manière générale, nous voulons vivre dépouillés pour apprendre à recevoir de la vie ce qu'elle voudra bien nous donner. Nous aurons trois euros par jour et par personne pour nous sustenter, et pour nous loger nous toquerons chez l'habitant. Si personne ne nous accueille – j'espère que cela n'arrivera pas trop souvent –, nous avons une tente que nous planterons, au cas où. Dans nos sacs, nous emportons le strict minimum : une paire de sandales et des chaussures de marche, un pantalon, deux caleçons et deux paires de chaussettes, un tee-shirt, un pull et un K-Way. Je me souviens de Jean, plutôt coquet, essayant les sandales chez Décathlon, un mois avant le départ. Il faisait les cent pas dans le magasin, tête baissée, les yeux rivés sur ses nouvelles chaussures. Consterné par son nouveau style, il s'était approché de nous et avait glissé avec ironie :

« Les gars cette année, ça ne sera pas un défilé de mode…

— C'est sûr », répond honnêtement la vendeuse.

L'autodérision de notre camarade nous a d'autant plus fait rire que nous partageons tous les trois cette soif de dépouillement, ce désir profond de nous priver de tout ce qui n'est pas essentiel. Ce choix ne résulte pas d'un rejet de ce que nous avons vécu jusqu'alors, mais découle de la démarche spirituelle qui nous anime. Cette année, nous voulons vivre pauvrement. C'est le sens de l'association Petit à Petit que nous avons créée tous les trois pour préparer notre voyage. Nous faire petits pour comprendre ce que les petits vivent, nous faire petits pour faire de la place aux autres et à Dieu. Notre voyage, tout comme cette association, n'a pas de but humanitaire : nous n'apportons ni matériel scolaire, ni vêtements, ni argent. Nous n'avons pas l'intention de construire une école ou de creuser un puits, notre but n'est pas de *faire* quelque chose mais simplement d'*être*, de partager le quotidien des pauvres car ils ont assurément des choses à nous apprendre. Nous voulons sortir de nous-mêmes et de chez nous pour partir à la rencontre des plus petits et des chrétiens qui ont donné leur vie pour leur venir en aide. Ce projet a mûri en nous pendant de longs mois depuis que nous en avons parlé au cours d'un déjeuner, il y a plus d'un an.

***

4 juillet 2013

En ce début d'été à Paris, ce déjeuner ressemblait à tous les autres, Jean nous concoctant sa spécialité : des pâtes au pesto. Dans un excès de gourmandise, il a mis plus de pesto que de pâtes. Au moment du café, nous sommes tous les trois confortablement installés dans le salon quand je me tourne vers mes deux compères et leur lâche :

« Les gars, j'ai un truc à vous proposer. »

Jean et Geoffroy, que mon excitation ne surprend plus, semblent presque blasés à l'idée de me voir encore emballé pour je ne sais quelle nouvelle lubie. Ils me pratiquent depuis plusieurs années et ont appris à ne pas prendre au sérieux toutes mes élucubrations.

« Quoi ? m'interroge Geoffroy qui accepte gentiment de me poser la question.

— Ça vous dirait qu'on parte faire le tour du monde ? »

Moment de silence où mes deux interlocuteurs boivent une longue gorgée de café. Jean et Geoffroy sont d'une nature plutôt calme alors que je suis sanguin. Ils sont patients autant que je suis pressé, blonds autant que je suis brun et parisiens autant que je suis marseillais. Nous nous sommes rencontrés sur les bancs d'une classe préparatoire il y a cinq ans.

« J'avoue que j'y ai déjà pensé », répond Geoffroy.

Il a l'âme de l'aventurier, bricoleur, débrouillard, et il ne dit jamais non à un nouveau projet.

Chez Jean, jamais de surexcitation. Avec son flegme habituel, il nous laisse d'abord nous monter la tête avec Geoffroy, avant d'intervenir :

« Un tour du monde, c'est vu et revu les gars, dit-il, désabusé.

— Jean, même un tour du monde de la bière ? » dis-je, en plaisantant pour garder l'attention de mon ami dont je connais le goût pour ce breuvage.

Jean, pour qui l'ironie n'a pas de secrets, accepte évidemment d'entrer dans le jeu :

« Voilà, là on parle ! Ça c'est original !

— Un tour du monde pour quoi faire ? relance Geoffroy qui commence à envisager plus sérieusement la chose.

— Si on part juste voyager pendant un an, on va tourner en rond au bout de trois mois », prévient Jean.

En réfléchissant tout haut, je poursuis :

« C'est évident, il faut qu'on trouve un sens à ce voyage.

— Un prétexte ? », provoque Jean.

Avec sa présence d'esprit habituelle, Geoffroy rétorque :

« Un prétexte, ça ne nous tiendra pas trois mois non plus. »

Ce n'est pas la première fois que je me prends à rêver de projets un peu fous avec des amis, mais ce déjeuner est différent. Même si nous sommes tous les trois grisés par la perspective de partir à l'aventure, nous sentons vite, au fil des discussions, que le seul fait de voyager ne nous suffit pas. À la manière de l'entrepreneur qui cherche une nouvelle idée, nous passons méthodiquement en revue tous les désirs que nous portons au fond de nous-mêmes. Nous évoquons l'aventure, la découverte du monde mais surtout cette foi catholique qui nous unit. Cette foi nourrit notre amitié depuis que nous nous connaissons et s'incarne dans un engagement commun au sein de l'Association des Brancardiers et Infirmiers d'Île de France (ABIIF) qui accompagne tous les ans des personnes malades et handicapées à Lourdes au mois d'avril. Si nous traînons un peu des pieds avant d'y aller, nous faisons toujours l'expérience qu'en nous mettant au service des plus faibles au cours de cette semaine de pèlerinage, nous en revenons grandis.

Cette foi nous a été transmise par nos familles. Nous sommes toujours allés à la messe le dimanche, par habitude et parfois par contrainte. Nos parents ne nous ont jamais vraiment posé la question de savoir si nous en avions envie ou pas, c'était comme ça, en tout cas jusqu'à 18 ans. Cette foi en

Dieu nous l'avons reçue en héritage, mais il est temps pour nous de décider ce que nous voulons en faire. Même si nous avons chacun traversé des périodes de doute, nous sommes toujours restés pratiquants. Aujourd'hui nous voulons franchir un pas de plus dans notre vie spirituelle. Nous ressentons le besoin de poser un choix personnel et radical par rapport à ce qui nous a été transmis. Quelle place occupe Dieu dans notre vie ? La religion fait-elle uniquement partie de cet ensemble de valeurs censé constituer une « bonne éducation » ? Si elle n'est qu'un ensemble de valeurs ou de règles à suivre, comment se fait-il que des gens décident de donner leur vie entière à Dieu ?

Enfin, nous réalisons que si nos études nous plaisent, certains enseignements manquent cruellement. Après notre classe préparatoire, nous avons intégré des écoles de commerce. Ces écoles de management ne proposent pas de formation humaine. Or pour diriger d'autres hommes, encore faut-il consacrer du temps à connaître l'homme. En réalité, on s'astreint à apprendre telle ou telle technique, à mettre en pratique tel ou tel outil mais on ne se construit pas humainement. À part quelques associations qui proposent aux étudiants de vivre d'autres types d'expériences, la vie associative organisée en dehors des cours ressemble davantage à une fête permanente – dont nous sommes très heureux d'avoir profité par ailleurs – qu'à des lieux qui font grandir. Prendre du temps pour mener des projets qui nous dépassent, consacrer du temps pour se mettre au service des autres devrait être un passage obligé pour tout étudiant qui suit ce genre de parcours académique. Cette impression de vide en arrivant en école est mal vécue par un grand nombre d'étudiants qui ne savent plus à quelle cause se vouer. Faire la fête ou s'investir dans des projets sportifs vide la tête mais ne remplit pas le cœur. Ce désir de se former humainement nous anime tous les trois et nous voulons que ce projet y réponde.

Alors que la discussion bat toujours son plein, les idées fusent, et Jean se résigne à taper sur internet « tour du monde, hommes, Dieu ».

Orgueilleux, je lui lance :

« Non mais Jean, on ne va quand même pas s'abaisser à chercher sur Google ! »

Au bout de trente secondes, nous voici tous les trois agglutinés devant l'ordinateur en train d'essayer toutes les combinaisons de mots clés pour trouver des idées. Nos recherches aboutissent à des résultats plus ou moins saugrenus si bien que nous abandonnons assez vite.

« De toute façon, on ne va pas faire un tour du monde qui a déjà été fait, soupire Geoffroy.

— Ce n'est pas une question de ce qui a été fait ou pas fait, il faut qu'on construise un projet qui nous ressemble, c'est tout !

— Mais qu'est-ce qui nous ressemble… », me demande Jean mi-songeur mi-moqueur.

Je décide de ne pas répondre à cette nouvelle provocation. Geoffroy, lui, continue de réfléchir en levant les yeux comme s'il attendait que la réponse tombe du ciel.

« Qu'est-ce qui nous rend vraiment heureux ?

— Quand on rentre de la semaine de l'ABIIF, on est toujours sur un nuage après, pendant un mois. Imaginez qu'on se mette au service pendant un an, dit Jean, qui a quitté sa réserve du début.

— C'est évident, il faut que nous nous mettions au service des autres cette année ! »

À l'issue du déjeuner, tout n'est pas encore clair dans notre esprit mais quelque chose est en marche. Nous savons que nous voulons voyager, autant que nous voulons nous mettre au service des autres. Des semaines de maturation vont façonner notre projet taillé petit à petit. Pendant le mois de juillet 2013, des millions de jeunes sont rassemblés à Rio autour du pape François qui ne cesse d'appeler les chrétiens « à se rendre aux périphéries », à se décentrer pour se tourner vers les autres. À force d'en parler, cet appel du pape trouve en nous un écho de plus en plus retentissant. « Je préfère une Église accidentée à une Église recroquevillée sur elle-même[2] », dit le Saint-Père. Et son invitation à « sortir de son propre confort » et à « avoir le courage de rejoindre toutes les périphéries » sonne tout à coup comme une réponse à notre envie de « sortir de chez nous » pour partir à l'aventure. Ses multiples messages nous encouragent à retrousser nos manches, à bousculer nos habitudes et à prendre le risque de nous laisser mettre à mal dans notre foi et notre vision du monde.

Au fil des discussions, nous réalisons que les désirs dont nous avions fait la liste tous les trois lors de ce déjeuner coïncident avec cet appel du pape. Nous voyons alors se construire sous nos yeux ce voyage qui nous ressemble : une aventure autour du monde nourrie d'une quête intérieure que nous

2. Pape François, *Evangelii Gaudium*, p. 29.

souhaitons partager dans l'amitié. En réponse à l'appel du pape, nous décidons donc de partir aux périphéries rencontrer les plus petits et les chrétiens engagés à leur service. Comment des gens peuvent-ils encore, aujourd'hui, décider de renoncer à ce que la société leur offre en termes de bien-être et de réussite pour consacrer leur vie aux plus pauvres ? Ces chrétiens qui composent l'Église sont des témoins vivants du message évangélique : « Ce que vous avez fait au plus petit d'entre les miens, c'est à moi que vous l'avez fait[3]. »

Lors de ces deux mois d'été, nous alternons les phases d'euphorie et de doute. Avec le recul, le plus difficile n'est pas de savoir comment on va organiser un tel voyage mais surtout pourquoi on veut le faire. Afin de répondre définitivement à cette question, nous décidons à la fin de l'été de ne plus nous donner de nouvelles pendant deux semaines et d'écrire chacun une lettre pour coucher sur le papier nos attentes, nos désirs et nos peurs concernant le projet. Nous nous sommes pliés à cet exercice tout en sachant que c'est, en réalité, à nous-mêmes que nous écrivions.

Extraits de la lettre de Jean

Il est difficile pour moi de vous écrire cette lettre [...], elle me pousse à prendre conscience de mon manque d'implication à la création de notre projet. Qui ne résulte pas d'un manque de motivation mais de la distance qui nous sépare. Mais cet exercice est salvateur. M'interroger sur mes attentes et mes doutes, me confier sur mon état d'esprit et mes peurs est un moyen de sceller mon engagement à vos côtés. Suite à cet

3. Matthieu 25,40.

itinéraire de questionnement, notre projet pourra sereinement franchir de nouvelles étapes et se développer entièrement.

Je vous avoue que j'ai eu, au départ, un peu le sentiment d'avoir été traîné dans ce merdier. Comme à chaque fois d'ailleurs ! Je suis incapable de prendre mon courage à deux mains et de m'engager sur des sentiers, qui – et je le sais au fond de moi – sont les bons. Mais lorsque j'ai vu votre motivation et votre entrain, j'ai totalement changé de perspective. Aujourd'hui, le projet ne vous appartient plus, il nous appartient. Il ne s'agit plus de traîner les pieds en vous suivant, mais bien de courir à vos côtés tout au long de cette année dont ne sortira que du bien.

Pourquoi faire ce projet avec vous ?

Le Père, le Fils, le Saint Esprit. Le trio gagnant.

Il ne s'agit pas de s'envoyer des fleurs mutuellement ou de favoriser la surenchère permanente. Mais en réalité Messieurs, je ne me vois pas entreprendre un projet d'une telle ampleur avec d'autres. Nous sommes amenés à vivre un an ensemble. Compagnons dans la joie, la galère et plus tard la nostalgie. Et cette perspective ne m'effraie pas du tout. Quelle grâce en effet de pouvoir approfondir des amitiés déjà si fortes ! Certes, il y aura des tensions – éphémères je l'espère, des moments durant lesquelles nous désirerons être seuls –, mais je ne doute pas un seul instant que « tout sera pour le mieux dans le meilleur des mondes possibles ».

Pourquoi mettre la foi au cœur de notre projet ?

Indéniablement, cette année marque une rupture dans ma vie spirituelle. D'une vision passive de ma vie chré-

tienne, je suis passé à une vision active. Ma foi n'est plus simple animation ou occupation, elle est grâce, entrain, essence. Je désire ardemment poursuivre dans cette voie. Quoi de mieux pour y parvenir que de consacrer une année entière au Seigneur !

De plus, la foi est quelque chose qui nous a toujours unis. Elle a forgé notre amitié depuis quatre ans […]. Si ma courte vie spirituelle m'a appris quelque chose, c'est bien que grandir dans la foi et dans l'amour est difficile seul, mais tellement facile poussé par d'autres. Je compte donc sur vous pour continuer à me faire grandir ! […]

Quelles sont mes attentes ?

J'ai trois grandes attentes par rapport à notre projet :

Me faire petit et devenir pauvre : l'orgueil est un de mes plus grands défauts. Or, la position que nous devons et que nous allons adopter pendant un an est celle du pauvre. Nous serons pauvres matériellement. Et sortir de mon petit confort quotidien va me permettre de me recentrer sur l'essentiel. Nous serons pauvres spirituellement. Car nous allons rencontrer des gens qui auront tout à nous enseigner sur le Christ.

Recevoir gratuitement : durant cette année, bien plus que donner, je souhaite recevoir. Il n'y a rien d'égoïste dans cette déclaration. Premièrement, car recevoir gratuitement suppose une disposition d'esprit difficile à adopter, celle de se dire : « Face à cette personne, je suis pauvre et c'est à elle de m'enrichir. » Deuxièmement, car nous aurons beaucoup plus à recevoir qu'à donner.

Donner gratuitement : cela prendra place à notre retour. Après avoir reçu, il est impératif et vital de se mettre dans une disposition de don gratuit. Alors la boucle sera bouclée et l'aventure pourra continuer, même à Paris.

Quelles sont mes peurs ?

Incontestablement, notre projet renvoie l'image de trois catholiques un peu rigides. À nous de nous libérer du regard des autres. Cela sera difficile. Et passera, à mon avis, par une définition précise de l'objet de notre démarche, afin que celle-ci corresponde entièrement et collectivement à ce que nous sommes et à l'état d'esprit qui nous habite. Enfin, et pour finir sur une note plus amère, j'ai peur qu'un de mes grands-parents meure alors que je serai à l'autre bout du monde.

Messieurs, soyez sûrs de ma grande motivation.

Je pense fort à vous et continue de prier pour nous et notre projet !

Jean

Extraits de la lettre de Geoffroy :

Chers amis, cher moi,

Pourquoi partir ?

M'interroger sur mes motivations pour l'année prochaine me pousse irrésistiblement à m'interroger sur mes deux dernières années d'école. Je retire plusieurs enseignements de ces deux années, auxquels correspond chacune des motivations profondes pour partir avec vous deux pendant un an.

En deux ans, j'ai enraciné en moi la volonté de construire ma vie autour, ou du moins avec, le Christ. Ma vie spirituelle a connu des hauts et des bas. En prépa, ma relation à Dieu était, je crois, profonde, sincère, authentique, mais elle s'inscrivait encore dans un certain confort et une certaine passivité. Et lorsque je pensais à la place de ma foi dans ma vie, je me voulais confiant : « Cela se fera naturellement. » Mais depuis deux ans ma vie spirituelle a été plus difficile à vivre. J'ai ressenti, de manière inédite à ce point, la difficulté de concilier convictions intimes, vie quotidienne et grands choix de vie. Ces difficultés ont aussi été l'occasion d'un rapprochement avec le Christ par des prières plus intenses et régulières. [...]

Ce projet c'est aussi un coup de pied au cul que je me mets. Une envie de me prendre en main, en quittant mon confort parisien. C'est aussi à la découverte de moi-même que je veux partir, en me mettant en situation de pauvreté matérielle. C'est, je pense, un moyen de s'ouvrir à une rencontre authentique avec les gens que nous croiserons. Cette quête spirituelle ne commence pas en septembre 2014, elle ne finira pas non plus en juillet 2015. Mais je veux en revenir enrichi, grandi et mieux armé pour guider ma vie.

Depuis que je suis tout petit, ma pratique de la foi s'est toujours faite dans un cadre social et culturel homogène. Et depuis deux ans, ça ne s'est pas arrangé : scouts du 7e, aumônerie de grande école, pèlerinage parisien. L'année prochaine, je veux aller à la rencontre de ces chrétiens du bout du monde, de cultures radicalement opposées et à qui le Christ s'adresse autant qu'à moi. Faire cette expérience de l'universalité de l'Église, c'est aussi un moyen de mieux comprendre ce qui fait son identité, de se recentrer sur l'essentiel, et in fine de mieux comprendre son message. Enlever les œillères en quelque sorte.

Vous faites partie de mes amis les plus chers. Mener ce projet avec vous est naturel. Et je l'envisage comme l'opportunité d'enraciner encore plus notre amitié. J'aimerais que nous expérimentions plus qu'une simple complicité, une amitié qui élève (l'amitié vertueuse d'Aristote). À ce niveau je suis très confiant. Même s'il y aura peut-être des moments plus difficiles, je crois que nous sommes complémentaires et que nous allons nous tirer les uns les autres vers le haut pendant les deux prochaines années et après.

Un autre constat que je fais depuis deux ans : l'Église est aujourd'hui, en France, divisée, inaudible, critiquée, voire même attaquée, combattue. Cette situation me fait souffrir personnellement, d'autant plus que, selon moi, les responsables sont parfois, si ce n'est souvent, des membres de l'Église elle-même. Je veux être le témoin de cette Église composée de chrétiens qui consacrent leur vie aux plus pauvres. Une Église moderne, ouverte, accueillante tout en restant fidèle à elle-même. Mais surtout je veux être témoin du message de l'Évangile qui n'est plus entendu. Au fond, je ne saisis pas encore ce que « témoigner » implique dans notre projet, je fais confiance à la Providence pour ça [...].

Pour finir, je réalise que je ne sais pas encore de quoi cette année sera faite, mais je suis résolu à monter le projet que nous choisirons, quel qu'il soit. J'avoue avoir eu des hésitations fin août. Avec du recul, elles étaient principalement dues à une peur inconsciente de l'inconnu. Aujourd'hui je m'abandonne avec une certitude : je ne regretterai pas mon choix.

Geo

À l'issue de ces lettres, nous nous sommes dit oui en scellant notre union. Le plus dur dans ce type d'aventure est d'entériner l'enthousiasme de chacun par un engagement ferme et définitif. Même lorsque le doute s'est immiscé en nous pendant la préparation ou le voyage, jamais nous n'avons eu l'idée de remettre en cause cette union, elle était indissoluble.

Une fois engagés les uns envers les autres, il nous fallait trouver des communautés religieuses qui acceptent de nous accueillir tous les trois pour une durée d'un à deux mois. Afin de concilier notre désir de voyage et de service, nous avons imaginé organiser l'année autour de quatre principales missions dans des communautés chrétiennes engagées auprès des plus petits. Entre ces missions, nous avions prévu des périodes plus itinérantes afin de vivre cette expérience du voyage et d'abandon à la Providence. Au Chili, nous vivrions au sein de l'association Misericordia qui œuvre auprès des délinquants, au Cambodge avec les sœurs du Bon Pasteur qui aident les jeunes filles à sortir de la prostitution, au Bénin avec les frères de Saint-Jean de Dieu qui dirigent l'hôpital de la Tanguiéta et en Jordanie nous participerions à la vie du centre Notre-Dame de la Paix consacré à la prise en charge d'enfants handicapés.

***

4 septembre 2014

À la sortie de Notre-Dame de Paris, nous nous retrouvons tous les trois sur le parvis, nous regardant dans le blanc des yeux, sans trop savoir quoi dire. Nous sourions.

Je lance :

« Bon bah voilà, on y est.

— Peut-être qu'on devrait vérifier si on n'a rien oublié avant de partir, non ? »

Trop heureux de faire durer ce moment, nous passons en revue le contenu de nos sacs pour éviter les étourderies des départs précipités. Nous avions décidé de ne prendre qu'un seul téléphone portable à utiliser en cas d'urgence et c'est le mien qui avait été sélectionné pour faire le tour du monde. Geoffroy avait tout de même pris sa carte SIM car, pendant la préparation du voyage, nous avions inscrit son numéro sur toutes les lettres adressées au pape François. Comme nous répondions à son appel, dans nos rêves les plus fous nous avions imaginé rencontrer le pape à Rome pour qu'il nous bénisse et nous envoie personnellement en mission « aux périphéries ». Pour cela, nous avions envoyé des demandes d'audience papale tous azimuts dont la quasi-totalité étaient restées sans réponse. Le jour du départ, nous attendions une confirmation qui tardait à arriver. Dans nos fantasmes, le pape comptait nous appeler personnellement – ça lui est déjà arrivé de le faire. Le problème est que seul Geoffroy parle espagnol pour le moment. Jean et moi en sommes restés à la première leçon Assimil : « *Hola. Una tapa de tortilla por favor.* » À moins que le pape veuille nous inviter à manger des tapas dans un petit resto argentin de Rome, cette phrase ne nous sera d'aucun secours. Or nous nous rendons compte que la carte SIM de Geoffroy n'est pas compatible avec mon portable…

Nous filons dans la première boutique Orange pour remédier à ce problème technique. Sur la vitrine est écrit en tout petit : « Ouverture à 10 heures. » Une heure à attendre. On aurait voulu imaginer un faux départ qu'on n'aurait pas trouvé mieux. Nous pensions quitter la ville en aventuriers et nous nous retrouvons tout penauds, debout dans la rue, à attendre l'ouverture d'un magasin. Le problème résolu, nous plaçons la nouvelle carte SIM dans mon téléphone en attendant l'appel du pape – appel qui n'arrivera jamais, mais à ce moment du voyage on y croyait encore. Non sans excitation, nous prenons le métro pour la dernière fois de l'année. Si les gens qui nous observent dans la rame savaient ce qui nous attend ! Direction la Porte d'Orléans où nous comptons commencer le stop. À la sortie du métro – nous nous en rendrons compte plus tard –, nous perdons un des accessoires du matériel vidéo que nous avons emporté avec nous, le micro-cravate. Cela fait à peine deux heures que nous sommes partis. Les branques. Après un bref passage chez Franprix pour acheter notre premier kilo de riz, le premier d'une longue série, nous nous dirigeons vers les abords du boulevard périphérique.

Au niveau de la station essence, nous nous positionnons au feu pour attraper les automobilistes qui tournent à gauche vers l'A6. Nous ne sommes pas les seuls. À 100 mètres devant nous, un couple de *backpackers* ne voit pas notre arrivée d'un très bon œil. L'épreuve de la réalité commence. Cela fait un an que nous crions sur tous les toits que nous partons en stop pour être dépendants des autres, que nous voulons nous laisser guider. Bref, que le stop est le meilleur plan du monde. Oui sauf que nous sommes trois garçons, avec trois énormes sacs. Si nous avons pris le strict minimum pour nous vêtir, la tente, le réchaud, le sac de couchage et le matériel vidéo pèsent leur poids.

Au bout de vingt minutes d'attente, les visages amusés de ceux qui doutaient de l'efficacité de notre méthode viennent nous hanter. Nous pensons à marcher pour sortir de Paris. Impossible. Une première voiture s'arrête. Ulysse, interloqué par notre pancarte « A6, on a rendez-vous avec le pape », flaire la mauvaise blague :

« C'est vrai que vous allez voir le pape ? »

Nous acquiesçons – sans avouer que l'audience n'était pas vraiment confirmée – et lui proposons d'écrire une intention dans notre carnet de prière. Dans nos affaires, nous avons en effet pris un carnet pour garder une trace de ceux que nous rencontrerons. Ulysse finit par écrire non seulement une intention, mais aussi son adresse postale. Il nous quitte sans penser un seul instant nous prendre en stop, et nous demande :

« Est-ce que je pourrais aussi écrire mon numéro de téléphone ? »

L'exercice de patience prend fin au bout d'une heure. Un automobiliste ralentit à notre niveau et finit par s'arrêter, lui aussi interpellé par notre pancarte. Khalid, commercial et père de trois enfants, accepte de nous emmener jusqu'à Massy. C'est la délivrance ! Le stop à trois, c'est possible. Khalid, qui est musulman, nous branche avec un air enjoué sur la Genèse dans la Bible, et nous parle très vite du mystère de la Trinité. « Comment quelqu'un peut-il être trois personnes à la fois, hein ? Quand Jésus est mort sur la croix, est-ce l'homme qui est mort ou Dieu ? » Khalid nous précise que, pour les musulmans, Jésus n'est pas mort, c'est un faux-semblant : Jésus est toujours vivant. Là-dessus, nous sommes d'accord ! Après Massy, une autre voiture nous prend, puis une autre, puis une autre… jusqu'à cinq ! Alors qu'une bonne âme nous propose de nous emmener jusqu'à Lyon, nous préférons nous arrêter à Vézelay pour la nuit où nous espérons être accueillis par les membres des fraternités monastiques de Jérusalem. Après avoir prié et dîné avec eux, nous obtenons l'autorisation de planter notre tente au pied de la basilique. Notre première nuit de vadrouille est perturbée par les ronflements de Geoffroy. À trois heures du matin, je confie à Jean :

« T'imagines ça pendant un an ?

— Le cauchemar… »

***

En nous levant, nous n'imaginions pas encore la nouvelle qui allait transformer cette journée. Nous avions pris avec nous un ordinateur pour pouvoir mettre à jour notre blog et stocker nos vidéos. Alors que Jean se connecte machinalement sur notre boîte mail, nous avons du mal à contenir notre excitation. Après avoir essuyé de nombreux refus, la libération vient du cardinal Tauran, président du conseil pontifical pour le dialogue interreligieux, qui nous confirme notre invitation à l'audience générale du pape le 10 septembre à la cérémonie du *bacciamano*.

« Quand même ! Nous avons répondu à son appel, c'est la moindre des choses, s'exclame Jean, feignant d'être offusqué.

— Surtout qu'on doit être les premiers à demander c'est sûr ! », raille Geoffroy.

L'humeur sarcastique de mes camarades me pousse à surenchérir :

« En plus, ce n'est pas comme s'il avait d'autres trucs à faire, non ? »

Même si le mot *bacciamano* a l'air d'être quelque chose de sérieux, notre niveau d'italien – aussi bon que notre niveau d'espagnol – ne nous permet pas de comprendre ce que cela signifie. Impatient, je me tourne vers Geoffroy qui cherche déjà la traduction sur internet :

« Ça veut dire qu'on va le voir ou pas ?

— Ben je ne sais pas, *bacciamano* ça a l'air de vouloir dire baise-main, donc au pire si on ne lui parle pas, on pourra lui baiser la main.

— Ou alors c'est lui qui nous baise la main ? », rétorque Jean, pince-sans-rire.

Pas encore au clair sur le protocole du *bacciamano*, nous nous imaginons être reçus en grande pompe dans les appartements du pape à Sainte-Marthe. Dans nos délires, non seulement François aurait été personnellement mis au courant de notre projet mais il nous féliciterait chaleureusement. Lui le pasteur accessible, simple et à l'écoute de ses brebis. Il nous lâcherait en français avec un petit accent argentin : « Les gars, bravo pour votre projet, franchement vous faites rêver. » Puis le souverain pontife rirait aux éclats, nous bénirait, puis on poserait pour le *selfie*…

***

En attendant, nous sommes comme des clowns sur une aire d'autoroute en train de supplier les voitures de nous prendre pour nous avancer jusqu'en Italie. À l'entrée d'un péage, un 4x4 ralentit puis s'arrête. Sa conductrice baisse la vitre et m'avoue sans préambule :

« Je n'ai jamais pris d'autostoppeur. Vous n'allez pas m'égorger ? »

Je lui promets d'essayer de me retenir. Quand je lui demande pourquoi elle nous a pris, elle nous avouera dans un rire nerveux :

« Je ne sais pas, vous aviez un sourire sympa. »

Elle nous dépose à la sortie d'un péage avant Annemasse où nous poireautons quatre heures, à court d'idées pour attirer l'attention des automobilistes. Nous chantons, enchaînons les chorégraphies et sourions à nous en décrocher la mâchoire. Alors que nous commençons à perdre espoir, une vieille 106 blanche pleine comme un œuf et lancée à toute allure pile juste devant nous. À bord, deux types casquettes à l'envers, veste Lacoste et chaînes autour du cou. Visiblement notre dégaine les fait rire. Même si la leur nous inspire moins confiance, pas le temps de faire les fines bouches, nous sautons sur l'occasion. Entassés à l'arrière, nos sacs font office de ceinture de sécurité. La voiture s'affaisse jusqu'à toucher le sol, on dirait qu'on ne va jamais pouvoir redémarrer. Mais le conducteur appuie sur la pédale jusqu'à 170 km/h, double dangereusement par la droite en slalomant entre les voitures. Son voisin qui se retourne de temps en temps vers nous est littéralement mort de rire en voyant nos visages se décomposer. Les basses crachent si fort qu'on ne s'entend plus et, au moment où ils s'allument un joint, je vois poindre une certaine inquiétude dans les yeux de Geoffroy, pourtant assez doué pour cacher ses émotions.

Arrivés à un rond-point, ils nous déposent précipitamment car ils ont repéré un véhicule de police. Je suis soulagé de poser le pied à terre, j'ai vraiment cru qu'on allait finir entre quatre planches… Nous sommes sains et saufs mais la journée n'est pas terminée : il nous faut trouver un logement pour la nuit.

« Allez, c'est parti, on va sonner chez l'habitant », propose Geoffroy qui, lui aussi, a repris des couleurs.

— Mmh t'es sûr ? On pourrait planter notre tente là-bas sinon, dis-je, craintif. Il est 19 heures et le prochain village est à 3 km.

— Non je suis d'accord avec Geo : on essaie, regardez, il y a des maisons là-bas, go ! », s'exclame Jean.

Je me laisse alors conduire par mes compères tout en maugréant dans ma barbe. Ça ne marchera jamais, on a failli mourir, je suis fatigué… Se remettre dans l'incertitude alors qu'on pourrait planter notre tente à deux pas dans un champ… Je ne sais pas ce qui m'énerve le plus à cet instant : ne pas savoir où je vais dormir et devoir attendre avant d'être fixé ou voir mes deux camarades optimistes alors que je ronchonne.

Nous approchons d'un petit pâté de maisons où nous espérons trouver un peu de vie. Demander l'hospitalité est une manière pour nous de vivre pauvrement en nous mettant à la merci des autres. Il ne s'agit pas d'éviter de payer un logement par économie mais de chercher avant tout à faire dépendre notre sort de la bonté des gens. Nous voudrions accueillir de manière nouvelle ce que la vie nous donne au quotidien et recevoir chaque événement comme un don et non comme un dû. Beau programme, même si nous sommes poliment mais promptement refoulés du premier jardin dans lequel nous débarquons. Notre deuxième tentative n'est pas plus concluante. Alors que nous nous avançons vers la porte d'entrée, un chien bondit de son chenil et Jean manque d'y laisser une jambe. Aussi exaspéré que surpris, il peste :

« Je déteste les chiens ! Ces animaux ne servent à rien !

— Sauf peut-être à garder une maison », lui fait intelligemment remarquer Geoffroy.

À la troisième maison, nous apercevons des gens qui prennent l'apéritif sur leur terrasse. Allez ! Cette fois je me sens du courage, nous engageons les pourparlers :

« Bonsoir ! Nous sommes trois étudiants, nous faisons un tour du monde et nous cherchons l'hospitalité pour ce soir. »

Le petit groupe sur la terrasse se lève mais aucun d'eux ne sait pas trop quoi dire, ni s'ils sont censés rire. Ils se regardent l'air surpris. On les comprend.

« Euh… c'est une caméra cachée ? », lâche Sylvie, qui semble être la maîtresse de maison.

Bien décidé à ne pas me laisser démonter, je tente de faire la conversation.

« Non, mais on a une caméra si vous voulez ! On est partis de Paris il y a trois jours, pour un tour du monde d'un an, et on a décidé de demander l'hospitalité aux gens pour faire des rencontres.

— Ah, comme Pékin Express ?!

— Oui, si vous voulez … »

Sylvie semblerait presque disposée à nous accueillir, et se tourne un instant vers son mari pour confirmation. Je profite de ce flottement :

« Je propose que vous nous invitiez pour l'apéritif, et si tout se passe bien on reste, sinon on repart ! », confiant sur le fait qu'après quelques blagues de Jean, ils ne pourront résister.

Le sourire approbateur de Sylvie nous libère. Nous passerons une longue et belle soirée en leur compagnie. Nous ne le savions pas encore, mais Sylvain et Sylvie deviendront nos plus fidèles soutiens pendant toute l'année. Ils nous enverront régulièrement des messages pour prendre des nouvelles.

***

Après trois jours passés sur les routes françaises et italiennes, nous sommes accueillis à Rome au 25 Via dei Soldati, à cinq minutes à pied de la place Saint-Pierre où se tiendra l'audience générale le lendemain. Notre hôte d'exception, un ami d'ami, nous laissera les clés de sa demeure pendant toute la durée de notre séjour romain. Dans son superbe appartement qui surplombe la vieille ville, Gaël a accueilli pas moins de 4 500 personnes – chaque invité laisse une trace de son passage dans un des grands albums photos soigneusement rangés dans l'étagère du salon. Il connaît tout Rome et tout Rome le connaît. Après de brèves consignes sur les quelques règles de vie à respecter chez lui, il nous invite au restaurant. Savourer des spaghetti requiert de l'éducation. Faire délicatement tourner sa fourchette dans le sens des aiguilles d'une montre afin de saisir une bouchée. Sans tomber dans l'excès de vouloir trop en prendre d'un seul coup, il faut veiller à enrouler suffisamment de spaghetti pour que le tout tienne ensemble. Devant notre circonspection, Gaël redouble de patience et nous invite à l'imiter méthodiquement. Il insiste également sur la nécessité d'être aimable avec les serveuses dont la prévenance envers notre hôte nous laisse penser que c'est un habitué. Nous tombons sous le charme de ce vieux monsieur tout de blanc vêtu, raffiné, pédagogue, amoureux des rencontres et des gens. Il est grand, fin, sa tunique à col ouvert lui donne des airs de baba cool. Nous nous regardons avec les garçons, émerveillés par cet homme de culture qui met un point d'honneur à nous répéter l'importance de savoir se fixer des objectifs en quelques mots :

« Quel est votre objectif pour cette année ? », demande-t-il avec le sourire du maître qui place tous ses espoirs dans son élève.

Geoffroy, qui ne parle jamais sans avoir réfléchi, esquive en retournant la question. Je prends les devants mais je me rends compte que ma réponse ne suffit pas pour exprimer tout ce qui nous a poussés à partir, et Jean nous délivre en demandant un délai de quelques jours. En réalité, cet objectif en une phrase se révèlera à chacun de nous petit à petit tout au long de l'année.

Notre zélé professeur nous raconte des anecdotes sur Rome toute la soirée, l'histoire de l'empilement des maisons, caractéristique de ces villes bimillénaires, l'enfouissement des stades, l'accueil historique des pèlerins français dans les différents quartiers bretons, bourguignons, lorrains… Ses récits nous passionnent mais la fatigue nous guette. De plus, demain, nous avons rendez-vous avec le pape. Ou plutôt, nous sommes invités à l'audience générale en *prima fila* mais rien ne nous dit que nous pourrons le rencontrer personnellement. Selon le protocole, il suffit qu'un chef d'État, un ministre ou un évêque nous vole la priorité au dernier moment et nous ne pourrons pas l'approcher. Ce qui est sûr c'est que si nous le voyons ce sera de derrière les cordons de sécurité à côté de l'estrade. Nous sommes loin de l'entretien privé imaginé à Sainte-Marthe…

***

Après avoir récupéré nos places en *Reparto Speziale Destra*, nous débarquons place Saint-Pierre. Fièrement munis de nos sésames, nous fendons la foule déjà nombreuse, franchissant un à un les contrôles de sécurité. À chaque fois, notre petit billet suscite l'approbation des *carabinieri* et des gardes suisses. Après la dernière barrière, nous apercevons trois chaises rouges parfaitement disposées en face de l'estrade. C'est la foire aux fantasmes dans ma tête. Ces chaises sont pour nous. « Mais non, pourtant *destra* ça veut dire à droite, non ? »

Un garde suisse s'approche :

« Suivez-moi s'il vous plaît. »

Confiant, je me tourne vers Jean et Geoffroy convaincu que nous serons récompensés dans quelques instants. Déçus, nous dépassons les chaises rouges sans nous y arrêter, et on nous indique trois places sur la droite de l'autel donc. Puis on nous fait signe d'attendre. Il n'est que 8h30 mais déjà le soleil tape. Il fait trente degrés à l'ombre. Il n'y a pas d'ombre. L'audience est censée commencer à 10 heures. L'attente nous permet de peaufiner les quelques mots que nous pourrons peut-être dire au successeur de Saint Pierre.

« Bon Geo, de toute façon c'est toi qui parles, se rassure Jean.

— Et tu n'oublies pas de lui demander de bénir le carnet, hein ? »

Patient et concentré, Geoffroy répond sereinement pour la énième fois :

« Oui. »

Au micro, un évêque prend le temps de remercier les groupes de pèlerins qui sont venus. Des Argentins en pagaille, des Italiens bien sûr, des Coréens, des Africains, des gens venus du monde entier. Lorsque nous entendons nommer oralement plusieurs groupes de pèlerins français, nous tendons l'oreille pour être sûrs de ne pas rater le nom de notre association, Petit à Petit. Nous avons beau tendre l'oreille, nous n'entendons rien qui, durant l'appel, ressemble à ce nom. Aïe, première désillusion. Et si après avoir partout proclamé que nous allions le voir, nous ne le voyions pas ? Pas le temps pour le doute puisque la fameuse papamobile fait son entrée sous les applaudissements de la foule en liesse.

Au loin, nous distinguons un homme en blanc debout dans une petite voiture qui sillonne la place. Lors de son passage, on lui tend des nourrissons qu'il prend le temps d'embrasser affectueusement. Une marée de téléphones portables et de drapeaux flottent au-dessus de l'assemblée. Ne sachant plus où donner de la tête, certains fidèles ont les yeux rivés sur leurs clichés alors que le pape est juste devant eux. L'évêque de Rome finit par descendre de son carrosse, il monte les marches d'un pas assuré, sa silhouette se précise et on distingue maintenant son visage. Son sourire laisse penser qu'il est heureux d'être là. Pas autant que nous. Il est à quelques mètres.

L'audience peut commencer.

Le pape commence son enseignement. Difficile de se concentrer sur son propos aujourd'hui tant nous sommes dans l'expectative de savoir si nous allons le rencontrer. S'il avait parlé de pêche à la ligne plutôt que de résurrection, il n'est pas sûr que nous aurions remarqué la différence. Devant nous, se tient le successeur de Saint Pierre. Les traductions en cinquante-quatre langues et le soleil n'ont pas eu raison de la foule qui est encore nombreuse à la fin de l'audience. Le moment de vérité approche autant que le pape s'éloigne. L'audience terminée, il descend les marches et se dirige vers les personnes malades et handicapées. Il les bénit. Un jeune se lève difficilement de son fauteuil et prend le pape dans ses bras. Celui-ci l'embrasse comme un père embrasserait son fils.

En attendant, nous sommes toujours bloqués derrière ces maudites barrières. Le pape semble nous avoir oubliés. Va-t-il remonter les marches pour revenir vers l'autel ? Cette fois pourtant, après quelques rappels, le pape semble bien se diriger dans notre direction. Les battements de mon cœur s'accélèrent, le pape se rapprochant. Le service d'ordre nous demande de nous aligner sur deux files mais à cet instant, je ne comprends pas la consigne. Le pape commence à serrer la main des gens devant moi lorsque j'aperçois soudain Mgr Gänswein, chef du protocole du Vatican que nous avions contacté pour décrocher une audience papale. Je l'apostrophe en français dans l'espoir qu'il se souvienne de nous et qu'il signale notre présence au pape. J'interromps ma phrase quand j'aperçois le pape juste à ma droite en train de bénir notre carnet d'intentions de prière. Ébloui par la blancheur de sa soutane, je me rue littéralement sur lui et le scrute avec admiration. Je lui tends mes deux mains qu'il serre chaleureusement. Ensuite tout va très vite. Geoffroy, qui se sent pousser des ailes, lui explique notre projet en espagnol, le pape nous sourit et lève son pouce en signe d'approbation.

« Très Saint-Père, nous allons particulièrement prier pour vous cette année », lui promet Geoffroy.

Le pape nous répond avec douceur en français :

« J'en ai besoin. »

À peine ai-je le temps de réaliser que je sens une grosse main me marteler l'épaule. Un garde du corps me fait comprendre qu'il est temps de circuler. Un sourire me reste accroché au visage. Le pape existe, nous l'avons rencontré.

Des étoiles dans les yeux pendant une semaine encore, nous échangeons abondamment sur cette rencontre pas comme les autres. Cet homme est d'une douceur et d'une simplicité contagieuse, son sourire vous transperce jusqu'à l'âme. Il avait l'air fatigué certes, mais lumineux. Nous goûtons à la chance d'avoir pu lui dire que nous avions répondu à son appel.

« C'est sûr qu'il a compris ce que je lui disais, puisqu'il nous a répondu en français, fait remarquer Geoffroy pas peu fier de sa performance en espagnol.

— C'est fou comme il regarde intensément chaque personne qu'il rencontre et prend le temps de serrer la main, dis-je d'un air rêveur, en guise de réponse.

— Messieurs, interdiction de se laver les mains pendant un an après cette poignée », plaisante Jean.

***

C'est sur sa terre natale que nous atterrissons quelques jours plus tard. Après avoir envisagé sans grande conviction le bateau, nous avons opté pour l'avion, moins long et surtout moins cher.

Le mois et demi qui s'offre à nous s'annonce nomade, avant le début de notre première mission fin octobre au Chili. Nous ne connaissons pas grand-monde en Argentine, à part quelques amis à Buenos Aires. Nous avons néanmoins été mis en contact avec la supérieure de la communauté des petites sœurs de l'Agneau, la sœur Marie-Madeleine, qui a proposé de nous accueillir le temps de notre passage à Buenos Aires. À la sortie de l'aéroport, nous décidons de passer chez nos amis avant de rejoindre les sœurs. C'est reparti pour le stop. Quelques voitures s'arrêtent mais n'acceptent de nous prendre qu'en échange d'une contribution. Même si les montants proposés sont raisonnables, vu le prix des autres moyens de locomotion disponibles, ce n'est pas l'esprit dans lequel nous voulions faire du stop. On attend donc deux heures avant de croiser une dame à un arrêt de bus avec qui nous engageons la conversation. Elle nous invite à monter dans le *colectivo* qui fait le tour de tous les patelins alentour avant de desservir le centre-ville. C'est plus long mais cela ne coûte quasiment rien. Nous acceptons. À la descente du bus, elle écrit une intention de prière dans notre carnet et insiste pour nous offrir le trajet.

Nos amis, en échange universitaire à Buenos Aires, nous accueillent dans le quartier branché de Palermo : « La ville est incroyable. » Prudent, je leur demande :

« Il y a un quartier à éviter ?

— Oui, c'est le quartier de Constituciòn. »

Je ne sais pas pourquoi, mais ce nom me dit quelque chose. Je me tourne vers Geoffroy, rieur. Il me le confirme, c'est bien là que nous sommes attendus par les sœurs de l'Agneau.

« La semaine dernière un touriste traversait le quartier en vélo, il s'est fait braquer avec un pistolet semi-automatique. Toute la scène a été enregistrée par sa caméra, vous voulez voir la vidéo ?

— Ça va aller », leur dis-je, peu rassuré.

L'Amérique du Sud m'a toujours fait rêver. Combien de fois me suis-je imaginé sur la route traversant la cordillère des Andes, perdu dans la pampa ou dormant à la belle étoile au beau milieu d'un désert de sel… À peine arrivés en Argentine, je suis prêt à partir sur les routes à la rencontre des gens, à me jeter dans les bras de cette nature grandiose dont les paysages et les étendues m'ont toujours fasciné. Quel bonheur de se retrouver assis seul en haut d'une montagne, entre ciel et terre, à l'écart du monde ! Prendre le temps de contempler, de méditer ou simplement de faire silence. Apprendre à vivre un autre rapport au temps, le goûter, savourer chaque minute comme si elle était irremplaçable. Le voyage permet de faire cette expérience de liberté à laquelle nous aspirons cette année. Libres de rester dans un endroit plus longtemps que prévu, sous le charme de telle personne ou tel paysage. Libres de ne pas vouloir tout contrôler, lâcher prise au quotidien sur nos petits programmes. Et ce lâcher-prise viendra à nous plus tôt que je ne l'avais imaginé.

***

Si quelqu'un m'avait dit : « Tu renonceras à dix jours de voyage en Argentine pour rester dans une communauté de bonnes sœurs à prier la moitié de la journée », j'aurais répondu, sûr de moi : « Jamais de la vie ! » Et pourtant… Après avoir traversé non sans inquiétude le quartier de Constituciòn tristement rendu célèbre pour sa pauvreté et sa violence qui le ronge, je suis content que nous arrivions sains et saufs au 1131 calle Santiago del Estero. Les petites sœurs de la communauté de l'Agneau nous attendent. Elles sont huit, d'origines et d'âges différents. Elles nous invitent à partager leur vie communautaire pendant quelques jours. Leur générosité me touche et la simplicité dans laquelle elles vivent m'édifie. Elles dorment sur une planche de bois, se lavent avec un seau d'eau et mangent ce que les gens veulent bien leur donner.

Ces petites sœurs mendiantes ne possèdent rien et mènent une vie contemplative. Elles prient la moitié de la journée et le reste de leur temps, elles le consacrent aux pauvres du quartier. Sitôt arrivés, nous sommes plongés au cœur de leur mission. Vers 17 heures, nous nous apprêtons à partir en procession en direction de la gare de Constitución, à pied. La petite sœur Trinidad nous explique que, tous les vendredis après-midi, elles quittent leur monastère pour aller passer du temps avec les enfants travailleurs de la gare :

« Vous savez, ces enfants sont victimes des trafics de drogue qui se déroulent non loin de la gare, raconte Trinidad.

— Quel âge ont ces enfants ? demande Geoffroy.

— La plupart ont entre 5 et 13 ans, certains sont orphelins et d'autres vivent au sein de familles où la violence règne, poursuit-elle.

— Cette gare est un lieu d'une grande pauvreté. Le cardinal Bergoglio aimait venir y célébrer des messes », précise la religieuse, pleine d'admiration pour l'ancien évêque de Buenos Aires devenu pape.

En tête de cortège, Jean porte une statue de la Virgen de Luján – la sainte patronne de l'Argentine – dans les bras. Soulagé d'être entouré de nos huit anges gardiens tout de bleu vêtus, je me sens infiniment plus en sécurité dans ces rues qu'il y a quelques heures. À notre passage les gens s'écartent, s'inclinent, se signent. Cela me conforte dans l'idée que nous devrions être plus décomplexés dans la manière de vivre notre foi. Ça y est, nous y sommes. À notre entrée dans la gare, je me sens moins fier qu'il y a cinq minutes. Parmi le flot de voyageurs pressés de rentrer chez eux, nous apercevons des groupes de mamans avec trois enfants dans les bras et cinq qui courent autour, des gens seuls, le visage fermé. Dans ce coin mal éclairé, des jeunes sont attroupés autour d'une minuscule enceinte qui crache des décibels. J'ai l'impression que les gens ont noté l'incongruité de notre présence au milieu de ce cortège féminin. Je veille soigneusement à ne pas perdre mon escorte.

Heureusement ou malheureusement, je ne sais pas encore, nous nous arrêtons près des mamans. Les gamins affluent de toute la gare, visiblement enchantés de voir les sœurs. Sur les consignes des sœurs, nous formons un cercle et les gamins nous donnent la main comme si nous nous connaissions depuis toujours. Déroutante familiarité de ces enfants qui nous accueillent dans leur quotidien avec une spontanéité touchante et inattendue. La petite assemblée entonne un chant que nos rudiments d'espagnol, à Jean et moi, ne nous permettent pas de suivre. Nous échangeons un regard puis un sourire. À la fin du chant, qui n'a pas perturbé un seul instant le flot continu des voyageurs sillonnant la gare, une petite fille se précipite sur la statue de la Virgen de Luján que Jean avait précautionneusement déposée sur une chaise. Pas encore vraiment rassurés, nous imaginons un instant qu'elle va la voler... Mais saisissant la statue de manière un peu gauche, la fillette s'incline et l'embrasse. Puis, le plus naturellement du monde, se tourne vers nous et nous exhorte vivement à faire de même. Nous nous conformons à son désir sans broncher, honorés de participer à ce qui semble être une tradition du vendredi après-midi.

D'abord honteux d'avoir pensé une telle chose de cette enfant, nous oublions nos maladresses et nous laissons gagner par la bonne humeur générale. Dessins, lecture de petites histoires, parties de foot endiablées avec ce qui ressemble à une balle de ping-pong en mousse – on fait avec les moyens du bord. Notre plus grosse erreur est de commencer à prendre un petit garçon sur les épaules. D'abord surpris, les autres enfants ne tardent pas à saisir cette opportunité et se ruent sur nous. Impossible de reculer. Des dizaines de mômes nous encerclent et nous supplient de les faire monter sur nos épaules. Nous découvrons alors le jeu du *caballito*[4] qui fera le bonheur de tous les enfants que nous croiserons pendant l'année... et le malheur de nos cervicales. Les mères, dont certaines n'ont pas 14 ans, nous toisent d'un air réprobateur. Quelques minutes plus tard, aucun accident n'étant à déplorer, elles se détendent devant la joie de tous les enfants. Les enfants rigolent. Pas autant que nous.

4. Petit cheval (en espagnol).

Notre petit groupe est devenu l'attraction de la gare. Certains passants, qui ne peuvent plus ignorer le vacarme que nous faisons, finissent par s'arrêter. Ils commencent tous par embrasser la statue de la Virgen de Luján, puis interrogent les sœurs sur ce qu'elles font ici. Difficile de répondre puisque, en soi, elles ne font rien. Elles prennent le temps d'écouter les mères, jouent avec les enfants, donnent un goûter à l'un, une caresse à l'autre. Certains semblent encore trouver notre présence suspecte, si bien que la sœur supérieure nous demande de ne pas trop nous éloigner. Autour de ce petit îlot de paix, le mal rôde mais n'entre pas. Par leur présence maternelle et lumineuse au cœur de l'obscurité de la misère, les sœurs s'efforcent de donner un peu d'amour à des gens abandonnés de tous. « Le manque d'amour est la plus grande des pauvretés », disait mère Teresa. En me couchant le soir – sur ma planche de bois –, je ne peux m'empêcher de me demander : « Comment font-elles pour ne pas se décourager quand on sait que les enfants qu'elles occupent tous les vendredis volent le reste de la semaine et prennent inexorablement un chemin de délinquance qui les mènera en prison ? Aller jouer une heure par semaine avec des enfants condamnés dans une gare miteuse change-t-il vraiment la face du monde ? »

***

Ce matin, je me réveille le premier à 6 heures et toque à la porte de la cellule de Jean. Les sœurs nous ont installés dans une maison attenante à leur monastère composée de quatre cellules de six mètres carrés. Un coffre couvert d'une planche de bois qui nous sert de lit et une table minuscule face à la fenêtre sont les uniques meubles de la pièce. C'est la maison des frères mais, pour l'instant, les *hermanitos*[5] c'est nous. Les deux cernes violets sous les yeux vides de mon ami me laissent penser que lui non plus n'a pas beaucoup dormi. Content de partager ma plainte, je lui demande :

« Bien dormi ou pas ?

— J'ai pas fermé l'œil !

— Vraiment je n'ai plus de dos…

— Tu as entendu les cris dans la rue ?

— Non, que s'est-il passé ?

— J'ai été réveillé par des coups de feu suivis de *putaaaa*[6] à 3 heures du matin », m'avoue-t-il dans un éclat de rire nerveux.

Je me dis alors que c'est aussi ça, le quotidien des sœurs : vivre avec les pauvres dans un quartier pauvre, c'est vivre dans les mêmes conditions de saleté, d'insécurité, mais aussi de bruit. Leur vocation n'est pas humanitaire et leur engagement n'est pas militant. Elles ne considèrent pas les pauvres comme un problème à résoudre, elles vivent avec eux, sont une présence aimante et souffrent jour et nuit des mêmes maux dans leur chair.

À 7 heures, nous avons rendez-vous pour les laudes, coup d'envoi de la prière quotidienne des sœurs. Je réveille Geoffroy de manière énergique, et nous filons à la chapelle. Après les laudes, nous avons droit à quarante-cinq minutes d'adoration puis l'eucharistie à midi, les vêpres en fin de journée, et les complies avant de se coucher, soit un total de cinq heures

5. Petits frères.
6. Putain.

de prière par jour. Étant si chaleureusement accueillis, nous tenons à participer à la vie de prière de ces sœurs. Mais devant cette cadence spirituelle, je m'essouffle un peu et l'excitation de la découverte laisse maintenant place au murmure. Cela fait maintenant trois jours que nous sommes ici et je me demande comment je vais tenir le rythme. Est-on obligé de suivre tous les offices ? Combien de temps va-t-on encore rester ici ? L'enthousiasme de mes deux camarades m'étonne d'abord puis finit par m'agacer tant ils semblent plus à l'aise que moi dans cet environnement. Je m'en plains auprès d'eux :

« Les gars, je ne suis pas fait pour ces trucs-là franchement, moi, mon truc, c'est l'action. Prier cinq heures par jour, c'est trop ! En plus, nous avions prévu de partir voyager dans le nord de l'Argentine avant de commencer notre mission au Chili… »

Jean et Geoffroy manifestent néanmoins leur envie de poursuivre notre séjour ici chez les sœurs. Dans un élan qui n'a rien de démocratique, je résiste :

« Les gars, je suis désolé, mais on avait dit qu'on restait trois jours et cela fait déjà une semaine. Moi je tiens à notre mois d'itinérance, le temps de la mission viendra ! ».

Les deux autres insistent, je me résous. Je n'imagine pas encore à cet instant que, dans une semaine, j'aurai changé d'avis et que j'aurai bien du mal à quitter ces sœurs… C'est la première fois de l'année que je dois renoncer à ce que j'avais imaginé et, au début, cela me coûte. Nous avons beau avoir pris soin de discuter de nos attentes dans la préparation de ce projet, de partager notre envie de laisser place à la Providence, nous ne mettons jamais exactement les mêmes choses derrière les mêmes mots. Les notions d'abandon, d'imprévu et même d'aventure ont été sujettes à débats pendant un an. La vie à trois nécessite des concessions.

***

Immergé dans la vie communautaire de ces huit sœurs toutes très différentes, je prends conscience du défi de notre vie à trois pendant un an. Ce mot de « communauté », j'ai d'abord refusé de nous l'appliquer ; en réalité il m'a toujours fait peur car je lui trouvais une connotation trop religieuse. Pourtant je réalise petit à petit que c'est bien de ça dont il s'agit. On ne grandit pas dans l'amitié simplement en passant du temps ensemble, en partageant des souvenirs. Notre équilibre communautaire, nous l'avons cherché à tâtons chaque jour. Nous avons tous les trois des caractères très différents, et c'est peut-être, d'ailleurs, ce qui nous a sauvés. Quand je nous compare aux sœurs, deux différences forcent mon admiration pour ces religieuses. Premièrement, j'ai choisi de vivre avec Jean et Geoffroy pendant un an alors qu'elles ne choisissent pas leurs sœurs. Deuxièmement, nous nous sommes engagés ensemble seulement pour l'année alors qu'elles, c'est pour la vie. Comment est-ce possible ? Que de renoncements pour vivre en communauté dans la pauvreté et la contemplation…

Aujourd'hui, Gloria et Zoé ont réussi à mendier du fromage et des tomates, ce qui permet à Lourdès de cuisiner des pizzas maison. Je les soupçonne de ne pas en manger tous les jours et d'avoir, dans leur grande délicatesse, concocté cela spécialement pour nous. Nous sommes aux anges. Comme cela est devenu une habitude depuis que nous partageons leurs repas, nous assaillons de questions les sœurs et le père Sergio qui a décidé, après de nombreuses missions paroissiales, de s'engager au service de la communauté. À l'ordre du jour, la question de la vocation religieuse et des renoncements que Dieu nous demande de faire pour devenir ses disciples.

Réunis dans le réfectoire du monastère, une petite pièce très basse de plafond, nous voilà à table entourés de toutes les sœurs de la communauté dans leurs habits bleu azur. La sœur Marie-Madeleine, supérieure de la communauté, une très belle dame au sourire éclatant, écoute nos questions avec une attention presque intimidante.

« Comment avez-vous décidé d'être religieuse ? », engage Jean, curieux.

La sœur Marie-Madeleine esquisse un sourire amusé :

« Quand j'étais petite je m'étais toujours dit : bonne sœur, jamais ! Je suis née dans une famille pas vraiment croyante et cela a été un choc pour eux quand je suis entrée dans les ordres.

— Si vous ne vouliez pas être religieuse, que pensiez-vous devenir ?

— Je voulais au moins cinq enfants et une grande maison toujours ouverte pour recevoir du monde tout le temps… »

Sans que l'on puisse percevoir une quelconque nostalgie, je crois néanmoins déceler une certaine émotion chez elle dont je n'arrive pas encore à déterminer la nature. La clarté de son visage dégage une grande sérénité qui nous encourage à poursuivre nos questions avec sincérité :

« Est-ce que ce renoncement a été dur pour vous ?

— Vous savez, nous aimerions tous porter plus de fruits dans tous les domaines, être plus ceci ou cela, mais nous sommes appelés à faire le deuil, parfois douloureux, de certaines formes de fécondité. Dieu ne nous appelle pas à renoncer à un mal pour un bien, mais à un bien pour un bien qui est toujours supérieur. Le désir de maternité que je portais en moi a été comblé au-delà de ce que j'imaginais avec la vie que Dieu m'a donnée ! »

Marquant un instant de pause, elle reprend :

« Aujourd'hui, j'ai une grande maison qui est toujours ouverte et j'ai au moins quarante enfants qui ne demandent que ma tendresse maternelle ! »

À voir le sourire rayonnant de Marie-Madeleine, une chose est sûre, elle est profondément heureuse. Elle n'a jamais été contrainte d'adhérer à quelque chose qu'elle ne désirait pas intimement. Et je crois que c'est peut-être ça le sens de cette phrase d'Évangile que je comprends soudain : « Si quelqu'un veut venir à ma suite, qu'il se renie lui-même[7] […] » Se renier ne veut pas dire renoncer à notre volonté pour obéir à celle d'un autre comme si elles étaient contradictoires. Suivre le Christ n'implique pas d'étouffer nos désirs mais que nous renoncions à ce qu'on avait imaginé pour nous sans Lui, pour le laisser nous révéler ce que nous désirons profondément.

« En renonçant à ma fécondité naturelle, j'ai été comblée dans ma fécondité spirituelle ! Renoncer à soi-même c'est accepter de se recevoir soi-même des mains de Dieu et voir ses désirs comblés au-delà de nos rêves les plus fous. »

***

---

7. Matthieu 16,24.

L'après-midi, nous accompagnons les sœurs au quartier de Laferrère, un *barrio pobre*[8] en périphérie de Buenos Aires. Deux heures de *colectivo* nous conduisent à cette petite maison où les sœurs se rendent chaque samedi pour passer du temps avec les enfants du quartier. Au moment de monter dans le dernier bus, je vois le visage de la sœur Trinidad se décomposer à mesure qu'approche un groupe de trois jeunes. Elle sort son chapelet et nous lance tout de go : « On va faire un *Dios te salve Maria*[9]. » Sans vraiment comprendre la raison de ce soudain élan de piété, nous acceptons volontiers. Je remarque ces trois types à la trogne patibulaire s'asseoir sur les sièges du fond. En présence des sœurs et de *padre* Sergio, je me dis qu'on ne craint rien, même si je prends conscience à cet instant que, dans mon sac, se trouve notre caméra dont la valeur est une insulte aux conditions de vie du reste des passagers de ce bus. Bus qui est le seul « représentant public » dans ce quartier de Laferrère, véritable zone de non-droit. Un quart d'heure passe qui me paraît une éternité, les jeunes parlent fort à l'arrière, mais ne semblent pas disposés à en découdre, nous quittons le bus non sans une pointe de soulagement. Une fois arrivés, Trinidad nous apprend que la semaine dernière, des jeunes ont tué le chauffeur de ce bus qui leur demandait de payer le trajet.

Dans le rez-de-jardin se trouve une bicoque composée de deux pièces : une cuisine et une salle à manger destinée à l'accueil d'une vingtaine d'enfants du quartier, invités à

8. Quartier pauvre.
9. Je vous salue Marie.

venir tous les samedis déjeuner puis jouer. Nous déposons les quelques jouets que nous avons apportés du monastère. Lourdès se met à l'épluchage des pommes de terre et les sœurs Trinidad et Zoé nous proposent de faire la tournée des maisons pour inviter les gamins, ce que nous acceptons avec enthousiasme et, je dois l'avouer, non sans une pointe de curiosité.

Sur le bord de la route, non goudronnée, les ordures brûlent, des poubelles sont entreposées dans des petits casiers en hauteur pour éviter qu'elles ne soient éventrées par les chiens. Nous zigzaguons entre les bouteilles vides, les plastiques en tout genre et les chaussures esseulées qui jonchent un sol irrégulièrement nivelé. Au détour d'une rue, des câbles électriques s'entremêlent avec des bouts de ferraille pour former un talus qui interdit l'accès à tout véhicule. Comme les chemins sont en terre, la moindre pluie emporte tous les déchets pour former des torrents de boue qui ravinent les axes de passage.

La première maison est un taudis où s'entasse une famille de neuf enfants.

« *¡Hola! ¡Las Hermanitas estan aqui! ¿Como estay?*[10] »

Au bout de plusieurs minutes, un chien bondit de nulle part et se met à aboyer en faisant des rondes dans le jardin. Une jeune fille de 14 ans fait alors son apparition avec un nourrisson dans les bras. Elle nous explique que sa mère n'est pas là et qu'ils n'ont pas le droit de sortir à cause de ce qui s'est passé hier dans la rue. Mon niveau d'espagnol ne me permet pas – encore – de comprendre les détails de ce fait divers que j'espère éclaircir grâce à Trinidad. Quand nous quittons ce baraquement, la petite sœur d'ordinaire si joviale a mainte-

10. « Salut ! Les sœurs sont là, comment ça va ? »

nant une triste mine. Je réfrène ma curiosité. Je ne sais pas pourquoi on veut souvent se faire expliquer tous les tenants et les aboutissants d'un malheur. Le mal exerce sur nous une fascination et nous procure un étrange sentiment de supériorité. Cette année, nous avons été sujets à cette tentation. En découvrant des situations de grande misère, on est tenté d'apercevoir le monde sous un jour odieux et de prétendre en connaître plus que les autres : « Après ce que j'ai vu, je peux dire que je connais la vraie vie. Ceux qui ne sont jamais sortis de leur petit cocon n'ont rien compris. » Et on s'imagine un instant profiter de cette expérience pour en parler d'un air grave lors d'un dîner.

Au bout de l'allée, un groupe d'enfants se chamaillent ; ils courent partout, sur des éclats de verre, certains sont pieds nus mais cela n'a pas l'air de les déranger. Un petit garçon au ventre arrondi par une mauvaise alimentation s'enfuit à toutes jambes ; il vient de chiper une sucette en chocolat à sa grande sœur qui tient un nourrisson dans les bras. Les mères restent imperturbables et continuent mécaniquement de donner le sein debout dans la rue. À notre arrivée, je distingue un groupe de jeunes sur notre droite. Encore une fois, je suis content que nous soyons accompagnés de nos anges gardiens en habit bleu. Leur regard d'amour et la pauvreté qu'elles ont choisie sont notre meilleure défense. Les grands frères nous saluent d'un signe de tête. Ils sont une dizaine autour d'un type qui inspecte fièrement sa bécane. Il fait vrombir le moteur de son bolide devant une foule d'admirateurs. Cette moto flambant neuve contraste avec la pauvreté des habitations alentour. Les sœurs demandent la permission aux mamans pour emmener les enfants, et celles-ci n'opposent aucune résistance. « Les enfants sont toujours enchantés quand ils rentrent de chez vous. » Le matin, certains ont la chance d'aller à l'école, et l'après-midi ils se retrouvent tous dans la rue jusqu'à pas d'heure. Je tends la main à Benjamin qui commence par la refuser. Difficile d'être naturel dans ce genre de moments car j'ai vraiment l'impression de faire tache. On est là, la bouche en cœur, à faire des sourires en espérant que les gens, s'ils ne nous trouvent pas complètement idiots, nous trouvent au moins polis.

Une maman insiste pour que nous entrions chez elle. Un poteau électrique s'est récemment abattu sur le toit de sa maison faite de bric et de broc. Dans les deux pièces s'entassent pas moins de six personnes. Slalomant entre les vêtements qui pendent, l'odeur de saleté mêlée à la transpiration nous prend à la gorge. La maman nous montre fièrement la table qu'ils viennent de construire et autour de laquelle ils prennent l'habitude de manger sur le conseil des sœurs. Jusque-là, la plupart des grignotages avaient lieu sur le lit parental devant la télévision. Le grand-père aveugle, assis sur une chaise à bascule, boit son maté (infusion traditionnelle) sur le seuil. Les chiens viennent renifler nos pieds tandis que deux adolescentes se goinfrent de barbe à papa sur une balançoire. Elles nous en proposent gentiment. Nous refusons aussi poliment que possible. Nous sommes plantés là comme trois piquets ne sachant quoi dire. Jean brise la glace en premier :

« *¡Muy linda casa!*[11]

— *Si claro*[12] », surenchérit Geoffroy, à qui je fais signe de parler car Jean et moi sommes incapables de dire autre chose.

11. « Très belle maison. »
12. « Et si claire. »

Trinidad parle des enfants avec la maman, qui nous montre le poteau électrique. Cette fois, pas besoin de traduction pour comprendre le problème. Son mari travaille en ce moment mais a prévu de s'en occuper prochainement. Benjamin sort de la maison en courant avec des chaussures, il est fin prêt pour partir. Je n'ose pas lui reprendre la main tout de suite mais je me promets de retenter ma chance plus tard.

Notre petite troupe est au complet, nous rentrons à la maison des sœurs, entourés d'une dizaine d'enfants. Yann, Allan, Loti et Benja – surnom de Benjamin – passent devant un jeune occupé à réparer sa voiture en écoutant à fond une musique qui ne nous est pas inconnue. Il est de ces tubes planétaires qui rapprochent des gens qui n'ont *a priori* rien en commun. Cette après-midi, c'est David Guetta avec son tube « Memories » qui met de l'ambiance à Laferrere. Et l'avantage, c'est que tout le monde peut en profiter. Je doute que la notion de tapage nocturne soit très répandue ici. À l'angle, des poules batifolent dans un jardin, loin de s'imaginer que quatre monstres ont prévu de venir troubler leur tranquillité. Yann se met à courir dans leur direction jusqu'à ce qu'un malheureux chien se mette en travers de son chemin. Il balance alors son pied dans la cage thoracique de la pauvre bête qui laisse échapper un glapissement. La bestiole, qui n'avait plus que des lambeaux de peau sur les os, repart en boitillant. Ici, les chiens aussi sont pauvres. David Guetta retentit une dernière fois sans couvrir le vacarme des deux motos qui nous doublent en soulevant des nuages de poussière.

***

À notre arrivée, le déjeuner est prêt. Chacun se met à table – ce que les enfants n'ont pas l'habitude de faire chez eux puisqu'ils passent leur journée à ingurgiter des cochonneries dans la rue –, petit bénédicité et on attaque. D'abord silencieux, les enfants, maintenant habitués à notre présence, nous observent en ricanant. Geoffroy prend alors l'initiative de se présenter.

« *Me llamo Geoffroy, yo soy de Francia*[13]. »

Éclat de rire général.

« *¿Comó?*, répondent-ils en chœur.

— *Geoooooffroyy.* » Même effet.

Contrairement au prénom Jean, qui se prononce dans toutes les langues, Geoffroy et moi aurons beaucoup de mal à faire prononcer les nôtres pendant l'année. Quentino, Kentin, Godofredo, Jeffery ont été nos principaux pseudonymes selon les pays que nous avons traversés. Alan, un des enfants les plus âgés, finit par oser :

« *¿Y como se dice Maradona en frances?*[14] »

Sans attendre la réponse, Yann surenchérit :

« *¿Como se dice Papa Francesco?*[15] »

Soudain tous les enfants veulent savoir en même temps comment on dit leur prénom en Français. À nos réponses, ils rient à gorge déployée même si leur prénom est identique dans les deux langues. De moins en moins intimidés, ils se montrent au contraire de plus en plus curieux, et je dois dire que nous sommes bluffés par la pertinence de leurs questions dont certaines nous laissent sans voix :

---

13. « Je m'appelle Geoffroy et je suis français. »
14. « Comment on dit Maradona en Français ? »
15. « Comment on dit pape François ? »

« Vous allez raconter à vos amis ce que vous avez vu en Argentine ?

— Oh ben oui, on leur montrera des photos, des vidéos, on écrira peut-être un livre aussi pour leur raconter. »

Ce à quoi Yann rétorque spontanément :

« Mais pourquoi ils ne sont pas venus avec vous, vos amis ? »

Et Alan d'ajouter :

« Vous prenez des vidéos de nous pour les montrer à vos amis en France, mais est-ce que vous avez pris des vidéos de vos amis pour nous les montrer ? »

La logique de cette dernière question nous désarçonne et nous nous sentons complètement idiots de devoir lui répondre que non. Après le déjeuner, nous nous dirigeons vers la *capilla*[16] pour un petit moment de prière avant l'après-midi de jeux. Quelques chants mobilisent les enfants contents de pouvoir se défouler une dernière fois, puis la sœur Trinidad sort le Saint-Sacrement. Le petit Josué s'avance à genoux pour mettre de l'encens dans une écuelle qui fume. Il fait son signe de croix et reste à genoux pendant un moment. Je n'en reviens pas. Lui qui tout à l'heure tirait les cheveux des filles, mordait ses copains et balançait des pommes de terre sur tout le monde, prie maintenant dans le calme. Bouleversant pour des enfants à qui on n'a jamais appris à se concentrer plus de trente secondes. Dans la rue, ils sont sans cesse en train de courir à gauche, à droite, ils se battent pour un oui ou pour un non et n'ont pas beaucoup d'occasions d'être dans la contemplation. Pourtant à ce moment, Josué semble prendre goût au silence et son recueillement m'aide à prier.

16. Chapelle.

La suite de l'après-midi se déroule sans encombre même si parfois nous devons faire la police. Les filles, plus calmes, discutent avec les sœurs, mais les garçons sont fatigants et infatigables. Jean se dépatouille comme il peut avec deux jumeaux qui lui en font voir des vertes et des pas mûres. On oublierait la misère à voir Yann, Alan, Loti, Benjamin et les autres s'amuser comme le font les enfants de leur âge : cache-cache, gamelle et loup glacé. On entend soudain une grosse moto pétarader dans le chemin d'en face, avant de s'arrêter devant le portail. La sœur Trinidad nous présente le père de Benjamin et de Yann. Après avoir brièvement mais gentiment remercié les sœurs, il fait signe à ses deux fils de monter à l'arrière de son bolide. Avec un large sourire, je tends la main à Benjamin pour une ultime tentative. Il me donnera la sienne d'un œil complice.

C'est important pour les sœurs que ce soient les parents qui viennent chercher leurs enfants à la fin de l'après-midi. Certains parents les laissent volontiers traîner dans la rue pour ne pas avoir à s'en occuper. Les sœurs ne sont pas là pour remplacer les parents, elles ne sont pas animatrices d'un centre aéré ni assistantes sociales. Elles ne cherchent ni à éduquer ni à nourrir ces enfants. Elles ne font pas de prévention contre la drogue, n'entreprennent pas de grands projets de construction pour offrir des maisons plus décentes à ces pauvres gens. Elles savent que la dignité des pauvres passe d'abord par l'attention qu'on témoigne à leur égard. Elles donnent leur vie à ces jeunes afin qu'ils se sentent aimés et puissent redevenir des enfants le temps d'une après-midi. C'est l'incroyable raison de leur humble présence.

***

Mes craintes des premiers jours laissent place à une joie simple mais profonde à partager la vie des sœurs dans ce monastère. L'amitié que nous nouons avec la communauté, les temps de prière, les différentes activités quotidiennes remplissent nos journées que nous ne voyons pas passer. Aucun de nous trois n'a désormais envie de partir. Nous sommes tombés sous le charme de cette communauté dont la vocation est pourtant si étonnante, incompréhensible même. Je saisis qu'on ait besoin de se retirer pour méditer parfois, mais comment en vient-on à décider de se cloîtrer à vie pour prier à l'écart du monde ? N'y a-t-il pas dans ces choix une forme de fuite de la réalité ? Pourtant, pas d'angélisme car leur contact avec la misère les maintient bien ancrées dans le réel. Ces questions-là, nous nous les posions déjà avant de partir cette année. Aujourd'hui, ce genre de vocation me paraît toujours surprenant, mais je découvre la joie de la contemplation qui rythme la vie de ces sœurs. Elles n'ont jamais cherché à être des exemples pour nous, elles se sont oubliées pour nous accueillir, elles nous ont écoutés sans juger, elles ont répondu à nos interrogations en partageant leur quotidien en toute simplicité.

Leur cœur déborde d'une joie mystérieuse qu'elles nous ont communiquée. Le dernier jour, elles nous offrent des énormes croix – à mettre autour de nos cous pour faire du stop en toute sécurité –, des livres et elles nous composent même une chanson. Séquence émotion où Gloria, une des sœurs, nous remercie de notre visite, les larmes aux yeux :

« Vous nous avez renouvelées dans notre foi… »

Nous ne trouvons rien à répondre. Nous avons plutôt l'impression que ce sont elles qui nous ont transmis leur joie et leur foi ! Pourtant, nous en ferons l'expérience pendant l'année : en s'abandonnant à Dieu et en se rendant disponible à son action dans nos vies, il peut se servir de nous pour dispenser ses grâces. En mettant la prière au centre de notre vie à tous les trois, nous nous faisons petits pour laisser la place à Dieu. Et parfois, sans le savoir, il vient toucher les cœurs à travers nous.

***

Conduits par un ami de la communauté de l'Agneau qui se rend à Tucumán pour son travail, nous quittons Buenos Aires et les sœurs pour nous diriger vers le nord de l'Argentine. Nous prenons la Panamericana[17] pour aller nous perdre dans la cordillère des Andes : les nuits à la belle étoile, les 100 grammes de riz par jour, le cœur léger, libres comme l'air ! Après cette première étape plus longue que prévue, nous voici sur la route, abandonnés aux gens et aux rencontres sans véritable programme. La route est longue jusqu'à San Miguel de Tucumán et nous devons faire une étape dans un bled qui fait froid dans le dos : Bandera. Après huit heures de route, nous nous arrêtons en pleine pampa dans une espèce de village qui ressemble un peu à Laferrere. Les routes ne sont pas gou- dronnées, les poules courent après les chiens boiteux, les cochons houspillent les chevaux qui errent comme des âmes en peine. Arrivés au niveau d'un hameau de maisons de tôle, nous pénétrons dans ce qui ressemble à un magasin. Accoudés au comptoir, un groupe de locaux nous voit arriver d'un œil

17. La route panaméricaine.

goguenard. On n'en mène pas large. Le patron nous indique un endroit où nous pourrons dormir. Il s'agit d'une pièce à l'arrière du magasin qui donne sur un monceau de poubelles. À l'intérieur, trois lits semblent avoir été jetés là par erreur. L'unique ampoule de la pièce grésille et la peinture du plafond menace de se décoller à tout moment. En jetant mon sac sur un des lits envahis de poussière, j'aperçois au sol se carapater un cafard, visiblement dérangé par ce tintamarre inhabituel.

« C'est peut-être l'endroit le plus angoissant du monde, fais-je remarquer sans exagérer.

— Mais non, arrête, on est trop bien », ironise Jean.

Geoffroy lui ne réagit pas. Il n'en pense pas moins, mais il n'est pas du genre à dire les choses quand elles sont évidentes, cela n'avance à rien.

« Je vais prendre une douche !

— C'est quoi, ça ? », fait mine de demander Jean.

Lorsqu'on entend l'eau qui commence à couler, nous espérons que Geoffroy va nous confirmer qu'elle est chaude. Malheureusement, non seulement elle est froide mais une odeur pestilentielle se dégage du pommeau et vient se joindre au parfum de poubelles qui embaume déjà la pièce.

« Ah mais, Geoffroy, t'es sérieux ? s'esclaffe Jean.

— Les gars, je sais pas ce que c'est, on dirait l'eau des égouts à Paris. »

Geoffroy, qui habite dans le 7e arrondissement depuis toujours, aime comparer les événements qu'il vit avec les choses à Paris. Jean lui rend bien la pareille. Et moi, marseillais, je souris à chaque fois. Après vérification, le doute n'est plus permis : il s'agit bien d'eaux usées.

***

À Tucumán, nous sommes accueillis par un couple, autres amis de la communauté des sœurs de l'Agneau. C'est ainsi que la Providence fonctionne. Nous n'avions rien prévu pour notre temps en Argentine et les sœurs nous ont aidés à trouver une voiture pour nous conduire au nord du pays et un toit à notre arrivée ! Adriana est de Tucumán et a rencontré Joaquim, français, à Taizé. Hasard ou Providence, ils partent l'an prochain à Misericordia, l'association dans laquelle nous sommes attendus fin octobre pour notre première mission. Pas peu fiers de découvrir la culture argentine, nous sommes initiés au *dulce con leche*, à l'histoire des gauchos et au principe du *tecito*[18]. En Argentine, il y a au moins quatre vrais repas par jour et le troisième, qu'on appelle en France le goûter, s'appelle ici le *tecito*. On le prend sur les coups de 19 heures. Au menu : du thé, du café et du *dulce con leche* – sorte de Nutella au beurre de cacao – jusqu'à plus faim. Vers 22 heures on peut commencer à penser au dîner, mais pas avant. Joaquim et Adriana nous font visiter Tucumán dont nous n'aurions pas retenu grand-chose si nous n'avions pas rencontré Don Luis, un de leurs amis que nous ne sommes pas près d'oublier.

Ce soir, Luis est invité à dîner pour nous raconter son étonnante histoire. Don Luis est un Argentin d'une soixantaine d'années, ses cheveux gris et sa barbe parfaitement taillée lui donnent l'allure d'un jeune retraité au sommet de sa forme. Derrière de grandes lunettes rondes, la clarté de ses yeux laisse entrevoir une profondeur d'âme que nous ne mettrons pas longtemps à reconnaître. Alors que nous présentons brièvement

18. Goûter avec du thé.

notre projet, son écoute et l'attention qu'il porte à chacun nous surprend. Vient son tour de se présenter et, au bout de quelques minutes, nous comprenons que nous avons en face de nous une personne exceptionnelle. Au risque de briser le charme de la rencontre et en proie à des réminiscences de prépa, je lui demande la permission de prendre des notes. Jean, pourtant moins sujet à la peur d'oublier que moi, fait de même.

Après avoir dirigé une affaire d'architecture pendant plusieurs années, Luis quitte le monde ordinaire pour mener une vie de pauvreté et de contemplation, reclus dans la montagne. À l'époque, l'hyperinflation qui sévit en Argentine et la crise économique précipitent toutes les entreprises au bord de la faillite. Alors que les entreprises flanchent, celle de Luis prospère, les contrats se multiplient. Il y a tant de travail qu'il y sacrifie ses heures de sommeil. Cela dure deux ans et demi. Pendant ces années, Luis entame un chemin de discernement spirituel qui va le mener à tout plaquer. Il en profite également pour léguer tous ses biens à ses ouvriers qui découvrent que si l'entreprise a survécu à contre-courant durant tout ce temps, c'est que leur patron ne se payait pas afin de maintenir leurs emplois. Quittant sa vie professionnelle et répondant à un désir profond, il s'installe dans la montagne à proximité de villages très pauvres en bordure de Tucumán. Abandonné à la Providence, il mène une vie de contemplation et de vulnérabilité. Son charisme ne passe pas inaperçu et bientôt des gens viennent lui rendre visite pour lui demander conseil.

Un jour, Norma fait son apparition. Leur intimité spirituelle et intellectuelle les conduit à cheminer ensemble jusqu'au mariage. Ce qui était un choix personnel se transforme en un choix de couple. Aujourd'hui chargés de mission par l'évêque de Tucumán, ils sont responsables d'une vingtaine de chapelles où ils dispensent certains sacrements, célèbrent la parole et organisent des retraites. Le reste du temps, ils peignent et vendent de somptueuses icônes. Ils en tirent juste le nécessaire pour vivre et reversent le reste aux pauvres. Plusieurs fois par heure, Luis répète dans son cœur comme une respiration : « *Señor, ten piedad de mi pecador*[19]. » Il nous confie que cette vie de pauvreté et de prière l'a conduit sur le chemin de la tête au cœur. Je ne le sais pas encore, mais je goûterai toute l'année à l'inépuisable sagesse de cette phrase qui continue de m'habiter.

***

La réalité du stop nous rattrape vite, et ce matin nous nous arrêtons au bord de la route qui doit nous mener de Tucumán à la province de Salta encore plus au nord de l'Argentine. Il est 11h30 – nous n'avons pas réussi à nous lever pour y être plus tôt – et nous commençons à lever nos pouces au passage des voitures. Nous sommes en périphérie de la ville, à l'entrée d'un village qui nous rappelle le quartier de Constituciòn à Buenos Aires. Les gens nous regardent avec des yeux écarquillés, certains nous saluent, d'autres nous gratifient d'un sourire narquois. Des jeunes passent en mobylette, une fois. Deux fois. Trois fois. Je me retourne vers Jean :

« Bon les gars, on fait gaffe, les types n'arrêtent pas de faire des allers-retours en nous regardant.

19. « Seigneur, prends pitié du pécheur que je suis. »

— Arrête de t'inquiéter, tu te fais des films », relativise Jean.

La mobylette repasse et les deux types nous lancent encore une fois un regard noir.

« Et ça, c'est un film ?

— Ouais t'as peut-être raison, mais de toute façon, tu veux qu'on fasse quoi ? », me demande Jean.

Effectivement, il n'y a rien à faire. Geoffroy reste silencieux. Je me sens bête et inutile. Cela fait trois heures que nous attendons sur cette route. Le doute dont nous sommes désormais familiers ressurgit : « C'était de la folie de vouloir se déplacer en stop. On a proclamé ça fièrement à tout le monde, mais on n'y arrivera pas. » L'humour, comme souvent, permet de détendre l'atmosphère. Nous nous regardons et explosons d'un rire nerveux devant cette situation dont nous ne pensions pas qu'elle pouvait être pire. Jusqu'au moment où le ciel s'obscurcit. Il ne manquait plus que ça. Pas d'endroit pour s'abriter… Nous prenons une rincée mais nous rions.

Au bout de quatre heures, un pick-up bourré à craquer nous dépasse et s'arrête à une cinquantaine de mètres. Nous courons dans sa direction avec l'énergie du désespoir. Juan Carlos, un Argentin de 60 ans, descend de son véhicule. Il ne s'est pas arrêté pour nous mais pour resserrer les sangles qui maintiennent un énorme frigidaire à l'arrière de son 4x4. En avançant vers lui, nous découvrons que trois gars sont assis sur leurs valises à l'arrière dans le coffre, et à l'intérieur toutes les places sont déjà occupées. Geoffroy demande à Juan Carlos s'il peut nous accompagner au moins jusqu'à Tafi del Valle pour que nous sortions de Tucumán. Il nous dit que c'est impossible, ils sont tous entassés. Geoffroy, à qui nous mettons la pression, insiste. Il parle de notre projet, du sens de notre démarche de stop. Juan Carlos a l'air sceptique et nous demande d'un air inquisiteur :

« *¿Misioneros católicos?*

— *¡Si!* » répondons nous dans un cri de soulagement qui a dû le surprendre.

Le visage de Juan Carlos s'illumine. Il appelle son fils qui retrouve une corde sous son siège. Il la donne à son père. Juan Carlos se saisit de mon sac et nous lâche : « *¡Vamos!* » Aussi soulagés qu'excités par ce stop qui risque d'être sportif, vu le peu de place, nous aidons Juan Carlos à sangler nos sacs au-dessus du frigidaire. Nous nous installons sur la banquette arrière de la voiture, Jean sur les genoux du fils, et Geoffroy sur les miens. En comptant les deux types à l'arrière du pick-up, entre le frigo et nos sacs nous sommes neuf dans une voiture prévue pour cinq. La voiture démarre doucement et se dirige vers une route de montagne sinueuse. À chaque virage, je me tords le cou pour vérifier que nos sacs sont toujours là. Toutes nos affaires sont dedans : la caméra, l'ordinateur, les passeports. S'ils tombent, c'est la catastrophe. Mais ils ne tomberont pas.

Pas peu fier de son incroyable chargement, Juan Carlos nous assaille de questions sur notre projet. Jean se dévoue pour tout expliquer. Se « dévoue » oui, parce que nous avons du mal à garder la même fraîcheur quand cela fait un an que nous utilisons les mêmes mots pour en parler. Pourtant ces discussions sont toujours des occasions de découvrir des choses chez les deux autres. Nous avons beau communiquer, tout partager, l'autre conserve toujours une part de mystère. Toujours est-il que Juan Carlos s'intéresse très gentiment à notre projet. Il se tourne régulièrement vers son fils de dix-huit ans : « Tu vois, mon fils, ça c'est des jeunes bien, prends-en de la graine. » Nous sommes gênés pour lui. À l'arrivée à Tafi del Valle, il nous demande si nous avons un endroit où dormir. Face à des gens humbles, nous sommes souvent mal à l'aise quand il s'agit de demander quelque chose. En fait si, il y a une chose que nous avons toujours su demander dans notre adolescence, c'est de l'argent à nos parents. Nous en avons souvent plaisanté tous les trois en nous remémorant faire des ronds de jambe pour obtenir des rallonges parentales :

« Allô papa ?

— Ah mon fils, ça me fait plaisir de t'entendre, comment ça va depuis le temps ?

— Très bien. Vraiment très bien ! En fait, je ne veux pas vous déranger longtemps mais je voulais vous demander, vous savez c'est par rapport à ce dont je vous ai parlé l'autre jour concernant ma carte qui ne fonctionne plus.

— Tu as besoin de combien ? »

Mais pour le reste, on nous a toujours appris à ne rien demander, surtout à ceux qui *a priori* ont moins que nous. Il y a quelque chose de plus facile dans l'acte de donner que dans celui de recevoir. Apprendre à recevoir avec humilité a été un long travail pour nous cette année. Nous finissons par accepter la proposition de Juan Carlos. Il nous montre notre chambre. Alors que nous pensions ce matin planter notre tente je ne sais où au bord de la route, nous voilà dans un lit ce soir ! Et ce que nous n'avions pas compris, c'est qu'il amenait son fils et ses amis – les trois gars assis sur leurs valises à l'arrière du pick-up – dans sa maison de vacances à Tafi del Valle pour le week-end et que lui redescendait à Tucumán. Nous voilà donc tous les trois, imposés par le père et accueillis par le fils qui s'était prévu un week-end entre amis. Non seulement son fils ne se plaint pas, mais il redouble d'attention envers nous, comme si nous nous connaissions depuis toujours. Nous dînons avec la bande en évoquant les sujets de conversation qui rassemblent au-delà des frontières : le foot et la politique. Nous parlons des dribbles de Maradona, de l'instabilité du peso, de l'impopularité de Cristina Kirchner[20] et de la manière dont le gouvernement achète le vote des pauvres en offrant à chaque foyer une télévision au moment de la Coupe du monde de foot. Le lendemain, nos hôtes nous préparent un *asado*, barbecue argentin par excellence, dont les proportions nous laissent penser que nous ne manquerons pas : ils ont prévu six kilos de viande pour huit…

Le voyage permet ces rencontres inattendues. Le bon souvenir de ces deux jours passés à Tafi a continué de nous habiter jusqu'à ce que nous soyons accueillis, quelques jours plus tard et à quelques centaines de kilomètres au nord, dans la ville de Cafayate chez Marianna, « *la loca de las plantas*[21] ». Pas très grande, cette quarantenaire aux boucles brunes et au teint mat a deux enfants. Elle est végétarienne, anticapitaliste, hippie, pro-Kirchner – la seule qu'on ait rencontrée – et très croyante. Elle vit de ce qu'elle cultive dans son jardin où les chats, les chiens et les poules font bon ménage. Nous sommes fascinés

20. La présidente de la République de l'époque.
21. La folle des plantes.

par cette femme qui a un tas d'histoires sans queue ni tête à raconter. Arrivés chez elle au bout d'une journée de voyage, elle nous invite à dîner et nous donne l'autorisation de planter notre tente dans son jardin. Au cours de la conversation, elle nous explique qu'elle fait « ses propres messes ». Nous lui posons quelques questions détournées pour vérifier mais nous avons bien entendu. Un mélange de prières, de méditation et de communion avec Mère nature. Dans des situations comme ça, il arrive un moment où il est vain de contredire ou d'espérer donner son avis ; il s'agit d'écouter. Ne sachant plus discerner les faits réels des plus extravagantes affabulations, je jette un regard à mes compères dont le sourire me signifie que nous pensons la même chose. Parmi le flot de contes et d'anecdotes que nous raconte Marianna il y a néanmoins un conseil que nous aurions dû prendre avec moins de légèreté : commencer le stop le plus tôt possible le lendemain. Cafayate est une cuve et la température monte jusqu'à quarante degrés l'été. Or le lendemain, le temps de réveiller Geoffroy, de démonter la tente et de grignoter les restes de pizzas d'hier en guise de petit déjeuner, nous quittons notre hôte un peu loufoque vers 10h30. Il fait déjà chaud. Nous ne le savons pas encore, mais nous nous apprêtons à vivre le jour le plus long de l'année.

***

À pied, sacs fixés sur le dos, nous traversons la petite ville de Cafayate, bastion touristique, pour rejoindre la route 68 qui doit nous mener à Salta dans une petite semaine si tout se passe bien. Les voitures sont rares à la sortie de la ville, donc nous décidons de commencer à marcher sur le bord de la route. Nous avons le temps de contempler la beauté du paysage si atypique que nous découvrons à mesure de notre avancée. La verdure des vignes qui s'étendent à perte de vue fait presque oublier l'aridité des montagnes qui surplombent la ville. Trois chiens errants croisent notre route à la sortie de la ville et ne nous lâcheront plus. Même s'ils ont l'air en meilleure forme, ils nous rappellent les pauvres clébards du quartier de Laferrere. Visiblement habitués à être maltraités, ils semblent heureux d'avoir trouvé en nous de bien doux compagnons. Si cela nous fait sourire au début, nous ne tardons pas à réaliser les inconvénients de leur présence. Au rare passage d'une voiture, nos trois chiens se précipitent sous les roues en aboyant à tue-tête. D'une part, ils effraient les gens qui – supposons-le – auraient accepté de s'arrêter pour nous prendre et, d'autre part, leurs aboiements incessants nous cassent les oreilles. Poursuivant notre chemin, pas à pas, nous apercevons au détour d'un virage des dunes de sable blanc qui nous rappellent que nous sommes dans un désert. Il est 13 heures et la température avoisine les trente degrés à l'ombre. Il n'y a toujours pas d'ombre. Cela fait bientôt deux heures que nous marchons en direction d'un prétendu fleuve censé croiser la route au bout du treizième kilomètre. Nos gourdes sont déjà vides. Aucun de nous trois n'ose le dire mais chacun mesure désormais l'inconscience de notre escapade dans le désert à une heure pareille, avec nos sacs de vingt kilos, sans eau. Nous décidons alors de nous arrêter pour nous accorder un peu de répit et manger un morceau. Le moral des troupes est bien bas et pour tromper la faim – c'est une technique que nous emploierons à de nombreuses reprises pendant l'année – chacun imagine le plat de ses rêves.

Ces diversions sont malheureusement de courte durée puisque la réalité reprend vite ses droits.

« Et ben tu vois, mine de rien, je commence à avoir une petite soif quand même, dis-je dans un euphémisme.

— Moi ça va super », réagit Jean, cynique.

Nous sommes tous les trois assis en tailleur dans le sable, agglutinés sous l'ombre d'une branche, nous sentant vraiment seuls. Les yeux rivés sur le sol, nous sommes désormais bien silencieux. Nous essayons de nous tenir le plus cambré possible pour ne pas que nos tee-shirts humides de transpiration nous glacent le dos. Je m'imagine passer la journée ici sans eau, et planter la tente en plein désert au bord de la route. Difficile de penser à autre chose qu'à nos gorges asséchées. Pourtant, alors que nous n'étions pas visibles de la route, nous entendons soudain une voiture venir de nulle part. Un ouvrier argentin baisse sa vitre. Nous lui expliquons que nous faisons du stop et que ça serait génial s'il pouvait au moins nous avancer de quelques kilomètres. Malheureusement, il est là pour récupérer du sable avant de rentrer à Cafayate. Dépités, nous n'insistons pas. Pourtant il va à l'arrière de sa camionnette et revient avec un bidon de cinq litres d'eau : « Vous avez soif ? » Nous nous regardons et sourions en pensant à notre bonne étoile. Nous ne nous faisons pas prier pour remplir nos gourdes et remercions chaleureusement notre bon Samaritain. Dix minutes plus tard, nous mesurons d'autant plus notre chance que, arrivés au fleuve, nous découvrons qu'il est sec en cette saison – ici, il pleut uniquement en été, c'est-à-dire entre décembre et janvier. Nous sommes en octobre.

Néanmoins, requinqués par cette rencontre providentielle, nous reprenons le stop. On est en plein cagnard et à cette heure-là les Argentins font la *siesta*, moment sacré dont nous réalisons la popularité dans ces malheureuses circonstances. Pas une voiture en trente minutes. Je trouve notre expédition de plus en plus dangereuse et je plaide pour que nous nous mettions à l'ombre en attendant une température plus décente. Jean n'est pas de cet avis. Le ton monte. Avec Jean, on ne discute jamais car il sait éviter la confrontation. Il préfère se taire même s'il sait qu'il a raison. Mais en ce moment il suggère que nous nous relayions toutes les dix minutes au bord de la route au cas où une voiture passerait. Ça ne marchera jamais ! Geoffroy semble être, quant à lui, complètement dans son monde, il ne parle plus. Peut-être a-t-il attrapé une insolation – il n'a même pas de chapeau. Alors que notre querelle reprend de plus belle, nous apercevons au loin un nuage de poussière. Jean lève son pouce. La voiture nous dépasse, puis s'arrête. Un couple de vacanciers argentins nous propose de monter à l'arrière de leur petite automobile.

« Ça vous dérange si vous êtes tous les trois derrière avec vos gros sacs ?

— Non, c'est parfait, un immense merci de nous prendre ! Où allez-vous ?

— À Salta. »

C'est la ville qu'on n'espérait pas rejoindre avant une semaine. Après l'eau en plein désert, c'est le deuxième clin d'œil de la journée. Nos charmants conducteurs nous offrent même du maté. Quel bonheur d'être confortablement installés à l'ombre, assis dans une voiture et de voir défiler des paysages à couper le souffle ! Nous traversons la fameuse

Quebrada de la Conchas, une chaîne de montagnes vertigineuses sculptées au fil des années par l'eau et le vent. Entre les ravins et les dunes, d'incroyables roches aux couleurs rouges se tiennent dans cet immense désert lunaire, presque magique. La cordillère des Andes n'est plus très loin.

Malgré cette deuxième rencontre décisive qui nous conduit jusqu'à Salta sur les coups de 19 heures, nous ne sommes pas au bout de nos peines car nous n'avons pas d'endroit où dormir. Salta est une ville, nous ne pouvons donc pas planter la tente n'importe où, et nous aimerions dans la mesure du possible éviter de dormir sous un pont. C'est ce qui fait la magie de notre démarche : il y a trente minutes nous sirotions du maté bien installés dans une voiture, et maintenant que la nuit tombe, nous débarquons dans une nouvelle ville sans savoir où aller. Nous sommes sans filet. Avec le recul, ces moments sont souvent les meilleurs mais aussi les plus éprouvants. Nous partons avec Geoffroy à la recherche d'un toit. Jean, lui, reste dans le café pour lancer des appels à l'aide sur Facebook. Toquer chez l'habitant à la tombée de la nuit ? Nous n'osons pas. Tandis que nous sommes encore en train de nous persuader que tout n'est pas perdu, Geoffroy aperçoit le clocher d'une église.

La messe se termine à l'instant. C'est alors que nous décidons d'entreprendre quelque chose que nous n'aurions jamais osé faire en France : aborder les paroissiens un à un pour demander l'hospitalité. En vain. Il ne nous reste plus qu'à supplier le curé avant qu'il ne s'en aille. Nous courons à la sacristie, en vain encore une fois. Ils sont deux, très gentils, mais ne peuvent pas nous recevoir. Je ne peux pas m'empêcher d'avoir un petit pincement au cœur en pensant au passage d'Évangile : « Demandez et l'on vous donnera, cherchez et vous trouverez, frappez et l'on vous ouvrira[22]. » Bien décidés à secouer la poussière de nos sandales en quittant cette « maison », nous repartons la boule au ventre. Il est 20 heures passées, il fait nuit, le scénario commence à se compliquer. Le temps joue contre nous car personne ne nous ouvrira sa porte en pleine nuit. Les prêtres nous ont parlé d'un couvent franciscain à dix minutes à pied. C'est notre dernière chance : Geoffroy court au couvent et moi je rejoins Jean dans l'espoir que quelqu'un l'ait miraculeusement abordé pour lui proposer de nous accueillir cette nuit.

Au lieu de ça, je retrouve Jean seul à sa table qui me dit, l'air penaud, que rien n'a avancé de son côté. Le serveur commence à nous regarder de travers, se demandant ce que nous pouvions bien manigancer avec nos sacs et nos allers-retours incessants. Nous nous résignons, prenons nos affaires, et sortons retrouver Geoffroy pour lui faire part de notre découragement. Nous le croisons haletant et en sueur dans une rue sombre :

« Les gars, c'est bon, nous dit-il le souffle coupé.

— Quoi c'est bon ? lui demande Jean.

— Ben, c'est bon.... Il y a un franciscain là-bas, il m'a dit qu'il voulait bien nous accueillir pour la nuit. J'avais mis ma croix franciscaine autour du cou avant d'arriver, je crois qu'il a kiffé.

— Geo, c'est pour ça qu'on t'aime. »

---

22. Luc 11,5–13.

Libération vers 21 heures : cette nuit nous aurons un toit. Ce que nous ne savons pas encore, c'est que la Providence n'a pas fini de nous en mettre plein la vue aujourd'hui. Notre hôte nous fait monter dans le couvent et nous indique notre dortoir. Nous avons un lit chacun, une douche chaude et une cuisine. Au moment où nous sommes sur le point de faire cuire les trois cents grammes de riz qui doivent faire office de dîner, une religieuse toque et entre dans la cuisine. Elle arbore un sourire d'ange, porte une croix franciscaine autour du cou – entre-temps nous avons mis les nôtres avec Jean – mais surtout elle tient dans ses mains un plateau arborant trois hamburgers. Amusée par la surprise qu'elle crée, la sœur nous demande :

« C'est vous les trois Français ?

— Oui, répondons-nous, l'eau à la bouche.

— Il reste trois hamburgers, c'est pour vous. »

À peine avons-nous le temps de réaliser, qu'elle nous interroge :

« C'est vous, Petit à Petit ?

— Euh… oui, répondons-nous d'un air surpris.

— Ma sœur qui habite à Buenos Aires m'a parlé de vous. Bienvenue à Salta ! »

Nous n'en croyons pas nos oreilles. Échangeant un furtif regard complice, sans avoir besoin de nous concerter, nous savons que nous pensons la même chose. Entre le fourgon de ce matin, la voiture de cet après-midi, l'hospitalité de ce soir, les hamburgers et ce clin d'œil de fin, nous croyons de moins en moins en une succession de hasards…

***

Nous quittons Salta pour rejoindre l'extrême nord de l'Argentine, à sa frontière bolivienne. Au bout d'une semaine de vadrouille entre Purmamarca, Tilcara et Humahuaca, nous rejoignons Iruya en bus. Un bus, oui, car si on avait attendu d'être pris en stop pour y aller, on y serait peut-être encore au moment où j'écris ces lignes ! Nous empruntons des routes de terre à flanc de montagnes qui zigzaguent entre des sommets à perte de vue. Au détour d'un virage nous apercevons, ici et là, des lamas ruminant tranquillement des épis. Notre présence ne semble pas les gêner le moins du monde. Nous passons le col du Condòr qui culmine à 4 000 mètres d'altitude avant de traverser bruyamment des grands plateaux, où même les cactées se font rares. Iruya est un tout petit village encerclé par des falaises verticales, comme perché dans les montagnes, à plus de 3 000 mètres d'altitude. Il marque la fin de la route. Arrivés là-bas, nous sommes sous le charme de ce patelin et de ses habitants tous rassemblés sur la place de l'église à l'occasion de ce qui ressemble à une fête patronale. Au cours de cette cérémonie, visiblement très populaire, une dizaine d'indigènes vêtus d'habits traditionnels se déhanchent et se bousculent. Ils portent des masques blancs en papier mâché et des coiffes en forme de têtes de taureau et de cheval ; soudain, l'un ou l'autre fonce tête baissée dans l'assemblée avant qu'un autre lui saute dessus pour simuler je ne sais quelle chasse. Les phases de combat sont relativement violentes mais ne manquent pas de provoquer l'hilarité de cette foule multigénérationnelle. Autour de ce bruyant pugilat, on aperçoit des statues de saints et de la Vierge, vêtus eux aussi en habits plus ou moins traditionnels. La Vierge Marie porte une superbe robe fluo à paillettes sur laquelle ont été soigneusement disposées des fleurs en plastique multicolores. Les spectateurs semblent heureux, les enfants courent partout, se querellent et rient à gorge déployée. Soudain, un homme s'avance et le calme s'empare des protagonistes : c'est l'évêque. Il prononce une longue bénédiction à l'adresse des danseurs, les villageois se signent. Dans un rituel qui n'est pas sans rappeler celui du baptême, il finit par asperger d'eau le chef des acteurs qui porte un masque de taureau noir sur la tête. Sitôt bénie, la foule se met à scander en cœur : « *¡Viva el pueblo! ¡Viva la Iglesia! ¡Viva Jesu!*[23] »

Ce savoureux mélange de christianisme et de paganisme nous a d'abord laissés perplexes. Dans les jeunes églises, la superposition des croyances unit les gens autour d'une piété populaire respectueuse des coutumes et de l'histoire d'un peuple. C'est une réalité en développement permanent qui est, selon les termes du pape François[24], « l'expression authentique de l'action missionnaire spontanée du peuple de Dieu ». Nous aurons d'autres occasions de nous étonner, cette année, de la diversité de l'Église. À la fin de cette fête du village, Ricardo, un vacancier argentin d'une cinquantaine d'années, nous aborde – nous ne passons pas inaperçus dans cette foule, vu que nous faisons deux têtes de plus que tout le monde – et au fil de la discussion, il finit par nous inviter à dîner. Il nous initie aux feuilles de coca à mettre entre les dents et la joue, et nous parle de cette région du nord de l'Argentine et d'un autre village, plus loin, plus haut et plus isolé encore que Iruya. Pas

23. « Vive le village ! Vive l'Église ! Vive Jésus ! »
24. *Evangelii Gaudium.*

vraiment pressés par le temps cette année, nous pouvons nous permettre de nous laisser guider par les rencontres. Sur le conseil de Ricardo, nous décidons de prolonger notre séjour et de partir en direction de San Isidro, ce petit village encore plus reculé, à quelques kilomètres seulement de la frontière bolivienne.

Sacs sur le dos, nous partons le lendemain aux aurores car il risque de faire chaud. Nous avons retenu la leçon de Cafayate. Nous marchons une quinzaine de kilomètres entre des montagnes aux roches de couleur pourpre, orange et violette dans le lit d'un fleuve asséché. Les montagnes nous entourent et des condors nous survolent. Le condor de la cordillère des Andes est une espèce de vautour de grande taille, mondialement connu car l'amplitude de ses ailes déployées peut atteindre trois mètres et demi, c'est une véritable force de la nature. Après une *siesta* – coutume locale à laquelle nous n'avons pas eu beaucoup de mal à nous adapter – au bord d'un affluent, nous entamons la dernière ascension vers San Isidro que nous dépassons. Nous atteignons un sommet qui doit, selon nos calculs, approcher les 3 600 mètres. Un belvédère nous permet de planter notre tente sur un sol à peu près plat. Je sors la caméra pour immortaliser ce moment tandis que Jean et Geoffroy vont chercher du bois pour faire un feu. Nos cent grammes de riz n'ont jamais été aussi bons. Perdus au milieu de la cordillère des Andes, nous savourons chaque minute. Le bout du monde. Fascinés par un ciel comme pulvérisé d'étoiles, nous nous allongeons un instant pour le contempler et chercher la seule constellation que nous connaissons : la Grande Ourse. Nous essayons de la trouver pendant vingt minutes, sans résultat. Nous comprendrons plus tard la raison de notre échec : c'est une constellation de l'hémisphère nord.

***

Le mois que nous devions passer en Argentine touche désormais à sa fin, si bien que nous prenons la direction du Chili, en traversant la frontière au nord pour rejoindre San Pedro de Atacama, destination touristique par excellence. Je tanne donc les autres pour y aller car j'ai très envie de voir à quoi ressemble un désert de sel. Pendant la préparation du voyage, je nous avais souvent imaginés, assis tous les trois devant notre tente, au milieu d'un désert d'une blancheur éblouissante. En arrivant à San Pedro, nous entendons parler français. Bigre. Nous décidons de quitter la ville au plus vite pour fuir les touristes et aller nous perdre dans le désert près des Ojos del Salar situés à trente kilomètres. À une telle distance, nous n'avons pas d'autre choix que de sauter sur des vélos, sans prendre en considération la souffrance de pédaler avec un sac de dix-huit kilos sur les épaules.

Munis d'un plan de fortune récupéré à l'office du tourisme et de deux litres d'eau chacun, nous prenons la direction du désert, chevauchant nos bicyclettes le nez en l'air et les cheveux au vent. À l'entrée du *salar* d'Atacama[25], le vent de face nous oblige à redoubler d'efforts. Les petites vaguelettes de sable formées par le vent et les cailloux de boue séchée éparpillés

25. Dépôt salin le plus grand du Chili.

sur le sol provoquent d'incessantes secousses dans les bras mais surtout de désagréables entrechoquements entre mon postérieur et la selle du vélo. En amateur du tour de France, Jean nous propose de nous relayer en tête de peloton pour que nous puissions alternativement profiter de l'aspiration du premier. C'est une très bonne idée sur le principe mais cela nous oblige à mettre un grand coup d'accélération quand il faut passer de la troisième à la première place ; et chaque coup de pédale est un supplice, je suis exténué. Les minutes passent, le compteur des kilomètres défile lentement et ma patience s'amenuise. À bout de nerfs, je suis maintenant à deux doigts d'exploser. Je me vois déjà balancer violemment mon vélo et le fracasser par terre. Je crois que ce qui est le plus dur, c'est que Jean et Geoffroy n'ont pas l'air de souffrir. En tout cas, pas autant que moi. Non seulement ils ne se plaignent pas mais ils n'ont pas l'air de forcer. Quand le physique est à bout, on tape dans la réserve du mental. À mi-parcours, nous faisons une pause bien méritée près de la laguna Cejar – un lac d'eau turquoise au milieu du désert –, et nous posons nos vélos pour aller nous baigner dans la lagune. Le garde nous annonce qu'il faut payer. Hors de question. Tous ces efforts pour se rendre compte qu'il faut payer le droit de se baigner dans un lac ! Après avoir vainement tenté de négocier avec le garde, il nous autorise néanmoins à nous avancer vers l'étendue d'eau. Alors qu'on se dirige vers le bord de la lagune, au détour d'un mauvais pas, Jean s'enfonce brusquement dans la vase jusqu'aux genoux, ce qui déclenche chez lui une avalanche de grossièretés.

La situation est cocasse, mais personne n'ose rigoler. Et il achève ainsi sa plainte :

« C'est interminable, on n'arrivera jamais aux Ojos del Salar avant la tombée de la nuit ! »

Ce ras-le-bol exprimé par Jean, d'habitude si flegmatique, est pour moi une véritable libération : j'ai enfin quelqu'un avec qui partager mon supplice ! Ce moment d'humanité me réconcilie soudain avec les deux autres.

Le fait que l'un d'entre nous témoigne d'un signe de faiblesse remobilise notre petite équipe. « Allez les gars, on galère mais ce soir on va se faire un coucher de soleil en plein désert d'Atacama ! » Nous reprenons alors nos vélos et arrivons onze kilomètres après aux Ojos del Salar, deux lacs d'un bleu somptueux, étendus côte à côte au milieu d'un désert infini. Le soleil couchant s'enfuit à vue d'œil, et nous éprouvons soudain un étrange vertige à être seuls dans ce décor presque irréel. À l'instant où le soleil disparaît pour se lever de l'autre côté du globe, nous goûtons au silence presque terrifiant qui règne dans ce désert. C'est comme si le temps avait brusquement suspendu son cours pour nous offrir quelques minutes d'éternité. Dans sa fuite, le soleil a emporté quelques degrés si bien que nous avons bientôt froid. La nuit sera plus fraîche que prévue. Même s'il fait maintenant sombre, je note avec une légère déception que le désert d'Atacama est loin d'être de la blancheur éblouissante que j'avais imaginée. La terre craquelée par la chaleur est formée par un mélange de sel séché, de sable et de boue à cause du fort vent qui y souffle. Les rares pousses qui survivent dans cette aridité extrême sont sèches et très salées. Au moins ce soir nous ne manquerons pas de sel dans notre pitance. Après une plâtrée méritée, nous ne sommes pas mécontents de nous coucher malgré l'irrégularité de ce sol dont nos dos se souviennent encore.

Remonter sur nos selles le lendemain est de l'ordre du calvaire. Chaque secousse est une torture et, ce matin, la chaleur devient vite étouffante. Le soleil nous brûle les yeux et la gorge. Avaler sa salive n'aide en rien. Les lanières de mon gros sac noir me lacèrent les épaules que je tente de maintenir en avant le plus possible. Mes bras sont tendus de manière à ce que mes mains ne lâchent le guidon sous aucun prétexte. À chaque soubresaut de ma roue arrière, j'imagine mes vertèbres se tasser une à une sous le poids des dix-huit kilos et serre les dents pour oublier la douleur. Soudain, Geoffroy nous offre malgré lui un instant de répit :

« Attendez les gars, je crois que j'ai un problème…

— Tu ne te sens pas bien ?

— Si, mais je crois que mon pneu arrière est crevé. »

En effet, son pneu est complètement à plat. Nous voilà au beau milieu du désert, en plein cagnard, complètement à sec. L'histoire se répète. Sauf qu'ici il n'y a pas de voitures. Nous sommes livrés à nous-mêmes. Après quelques débats sur la meilleure solution à adopter, nous parvenons à confectionner une rustine de fortune qui devrait au moins tenir pour les quinze kilomètres qui nous séparent encore de San Pedro de Atacama. La première chose que nous ferons, en arrivant dans la ville, sera de nous ruer dans le premier magasin pour acheter des chips, du pain et du jambon, un dessert, mais surtout une grande bouteille de Coca frais pour un pique-nique qui sera pour nous un banquet de Noël.

Nous continuerons à vagabonder dans les alentours d'Atacama et notamment dans la vallée de la Lune pendant quelques jours. Coupés du monde dans ces canyons désertiques, notre trio commence à souffrir d'une fatigue collective. Arrivés au terme de notre période d'itinérance, nous sommes ravis à la perspective de bientôt commencer notre mission à Misericordia et de nous stabiliser dans un endroit. Même si le voyage permet de découvrir de nouvelles choses tous les jours, le fait de devoir se déplacer, trouver un endroit pour dormir, refaire son sac quotidiennement est usant. N'ayant plus la même fraîcheur, et la fatigue aidant, nous sommes gagnés par une lassitude générale et les sujets de désaccord se multiplient entre nous. Nous n'avions pas anticipé la difficulté de nous mettre d'accord chaque jour pour savoir où aller, quoi manger, où dormir. Ces discussions ont souvent été l'occasion de subtils et interminables débats où personne n'a raison ni tort. Chacun a des désirs différents et ce n'est pas toujours facile de comprendre ceux des autres. C'est donc non sans soulagement que nous nous dirigeons désormais vers le sud du Chili, en direction de Santiago où nous sommes attendus pour notre première mission.

Misericordia, Chili

À la sortie Vespucio Norte, au bout de la ligne 2 du métro de Santiago, nous nous trompons dans les indications qui nous avaient été données, pour nous égarer dans des endroits où il aurait mieux valu ne pas trimballer nos têtes de *gringos*. Ceux à qui nous demanderons notre route cacheront mal leur surprise quand nous leur dirons chercher à rejoindre le quartier de La Pincoya. C'est le cas de cet homme que nous apercevons en train de laver sa voiture dans la rue, et à qui nous demandons en espagnol :

« Bonjour, nous cherchons la rue Reina Isabel, s'il vous plaît ?

— Reina Isabel ? nous répond l'homme, torse nu et dégoulinant de sueur.

— Oui, c'est ça, c'est dans le quartier de La Pincoya, répond poliment Geoffroy.

— La Pincoya ? dit-il en haussant le ton. Ce n'est pas un endroit pour vous là-bas, même les taxis refusent d'y aller ! »

Cette dernière phrase n'est pas vraiment de nature à nous rassurer, pourtant c'est bien dans ce quartier que nous sommes censés vivre pendant notre mission. Heureusement pour nous, un couple de retraités, inquiet de nous voir arpenter des rues peu fréquentables, accepte de nous prendre dans leur voiture et de nous amener jusqu'au 45 rue Reina Isabel, la maison des fondateurs de Misericordia, Romain et Réna.

Chaleureusement accueillis par Romain, nous nous dirigeons ensuite vers l'église du quartier pour une messe. À la sortie, il nous chuchote, content de lui : « J'ai organisé un anniversaire surprise à la maison pour Réna, venez, il y aura tous les autres volontaires et pas mal de gens du quartier ! » Plus vraiment habitués à voir autant de monde d'un coup, nous avons quelques moments d'absence que nous partageons d'un sourire avec mes deux compères. Les habitants du quartier nous accueillent de bon cœur, nous chantons et dansons avec les jeunes et les moins jeunes. Au milieu de ce cortège de Chiliens au teint mat et aux cheveux noirs, se tient un grand brun au visage clair : Romain. Son sourire de playboy nous laisse penser qu'il n'a pas dû laisser les filles indifférentes. Nous tombons en admiration devant ce bel homme de dix ans notre aîné qui a donné sa vie à Dieu. Nous tombons également amoureux de sa femme Réna, ce qui est plus embêtant. C'est son anniversaire, elle semble plus rayonnante que jamais. La noirceur de ses yeux n'a d'égale que la clarté de son regard. Ses boucles brunes, pourtant consciencieusement nouées en queue de cheval, dansent sur ses épaules au rythme des chorégraphies que tous les invités reprennent joyeusement. Mariés depuis plus de dix ans, et parents de cinq enfants, rien ne laissait pourtant présager que Romain et Réna allaient se rencontrer. Leur histoire est à faire pâlir les plus romantiques des scénarios hollywoodiens.

Au milieu de ses études d'architecture qu'il mène dans sa ville natale à Marseille, Romain décide de partir poursuivre sa formation pendant un an au Chili. Là-bas, il fera tout sauf étudier, si bien qu'au bout de six mois, le directeur de l'université le reçoit dans son bureau et lui dit :

« Monsieur de Chateauvieux, c'est ça ?

— Oui, répond l'étudiant pas très studieux.

— Tout le monde vous apprécie beaucoup ici, le problème c'est que l'on ne vous a jamais vu en cours. »

En effet, à cette époque, Romain préfère les bars aux salles de classe et les soirées aux examens, si bien qu'il décide de mettre un terme à cette « formation » en quittant le Chili. Rejoignant un ami de ses parents, qui est prêtre, au Brésil, il est envoyé en mission pour se mettre au service de familles pauvres dans une *favella* de Salvador de Bahia. Il porte en lui un désir de réordonner sa vie et de découvrir ce Jésus dont on lui a tant parlé dans son enfance mais dont il ne connaît pas grand-chose. C'est là qu'il rencontre Réna qui, elle, a grandi dans une *favella*. Rien ne semble *a priori* les rapprocher. Dans une délicatesse qui caractérisera leur couple plus tard, ils se lient d'abord d'amitié et ont à cœur de garder une distance car ils sont soucieux de respecter la liberté de l'autre. Chacun croit en effet que l'autre est appelé à une vocation religieuse. Au bout d'un an, Romain retourne en France et entame alors une longue traversée du désert dont ils s'accordent aujourd'hui à dire qu'elle leur a été utile. Un an et demi de distance, pas une lettre, pas un Skype, pas un texto, pas un signe de vie. Un jour pourtant, Romain, dont le cœur bat toujours pour Réna, décide de retourner au Brésil pour trouver des réponses aux questions qu'il se pose. Il reviendra sept jours plus tard avec une fiancée qui deviendra la mère de ses cinq garçons.

Ils se marient dans une grande simplicité au Brésil et se sentent rapidement appelés à mener une vie de mission à la suite du Christ. D'abord au sein d'organismes de volontariat, ils partent vivre aux États-Unis où leur expérience avec les migrants latino-américains embrasera leur cœur programmé pour aimer. Leur couple interpelle, tant leur union est improbable. Il est français, elle est brésilienne, il est riche, elle est pauvre, il est classique, elle est originale. Ils ne remplissent pas vraiment les critères qu'on pourrait attendre d'un « bon mariage », pourtant ils ont choisi de s'aimer. Ce qui les unit est plus fort que ce qui les sépare : leur alliance est un signe visible que l'amour de Dieu transcende les différences. Pendant plus de trois ans, ils sillonnent l'Amérique Latine à bord d'un bus scolaire rebaptisé *holy bus*, devenu mythique. Compassion et évangélisation sont leurs deux mots d'ordre. Sur leur passage les gens retrouvent la foi, d'autres se convertissent. Les quelques tournées qu'ils font en France pour financer leurs œuvres leur permettent de poursuivre cette vie de mission au cœur d'un quotidien pourtant si simple. Mais leurs enfants grandissent et il est temps pour eux de se sédentariser.

Ils acceptent une proposition de l'évêque de Santiago et s'installent dans le quartier délaissé de La Pincoya en 2013. Ici, la drogue est un fléau, les familles recomposées vivent dans une promiscuité où violence et inceste sont monnaie courante. Les mères et les enfants s'avachissent devant la télévision, les plus petits se gavent de friandises tandis que les hommes zonent dans la rue comme des âmes en peine. Beaucoup d'entre eux se droguent ou sont directement impliqués dans le trafic. Au milieu des rues jonchées de poubelles, des petits bouquets de fleurs rendent mémoire à ceux que la mort fracasse sur le bitume chaque semaine. L'Église est très peu présente dans ce quartier, et Misericordia est là pour rappeler sa présence fraternelle.

Au milieu de cette fête, nous réalisons soudain que nous ne savons pas très bien ce que nous allons faire pendant notre mission. Comme nous aurons souvent l'occasion de nous en rendre compte pendant l'année, la transition entre les temps de mission et les périodes d'itinérance se fera à chaque fois de manière brutale. Du fin fond de la vallée de la Lune, où le seul être vivant connu dans ces contrées est une espèce de lézard portant le nom de *liolaemus*, nous avons atterri dans un endroit plein de vie où tout un petit monde s'active pour venir en aide aux habitants du quartier le plus pauvre de la ville. À l'issue de la soirée, on nous installe dans la maison des volontaires, la casa Alberto Hurtado, à quelques minutes à pied en direction de l'une des collines qui surplombent le quartier. En me couchant, je fais part de ma circonspection à Jean et Geoffroy :

« L'ambiance a l'air très sympa ici mais je ne sais vraiment pas ce qu'on va faire…

— En fait, ce qui est très bizarre, c'est d'enchaîner directement après le mois d'itinérance qu'on vient de passer, confesse Jean.

— Je ne sais pas très bien ce qu'on fait ici », surenchérit Geoffroy.

Tous les trois embarqués dans la même affaire, nous sommes contents de pouvoir partager ensemble la difficulté de cette transition.

***

La casa Alberto Hurtado – du nom du saint chilien – est une petite maison qui se situe au sud de La Pincoya, dans la commune de Huechuraba, à quelques minutes à pied de chez

Romain et Réna. Au bout de la rue se trouve un terrain de foot synthétique qui est toujours très animé : la journée par les cris stridents des enfants qui se chamaillent et, à la nuit tombée, par les rires étouffés des petits groupes de jeunes qui s'y ameutent. Notre maison se trouve au pied des collines qui contiennent l'expansion urbaine au nord de Santiago. Désireux de pouvoir bénéficier d'un point de vue, nous grimpons un jour à flanc de colline jusqu'à ce que nous tombions nez à nez avec un type armé d'un fusil. Difficile de faire demi-tour sans donner l'impression d'avoir peur, si bien que nous continuons notre route vers lui l'air de rien. Nous retenons notre souffle. Il passe sans un regard. Nous avons alors l'impression d'avoir frôlé la mort. En réalité – Romain nous l'apprendra plus tard –, certains habitants chassent le lapin dans ces collines. Nous nous trouvons alors un peu ridicules de nous être sentis en danger.

À la casa Alberto Hurtado, nous partageons une chambre pour trois avec des lits et même une salle de bain. Cette petite maison est loin d'être luxueuse mais savoir que nous allons pouvoir dormir sous le même toit pendant un mois est pour nous source de réconfort. Dans l'entrée, une imposante statue de la Vierge veille sur le reste de la pièce. Cette Vierge porte autour du cou les multiples chapelets que les locataires successifs ont laissés en souvenir de leur passage ou pour rendre à Marie un peu de ce qu'elle leur a donné. À gauche se dresse une table ronde sur laquelle nous prendrons nos repas. Manger à une table est un luxe dont nous n'avons pas toujours pu profiter pendant le mois de voyage qui a précédé. S'asseoir sur des chaises et non par terre, manger dans des assiettes et non dans la casserole qui a servi à la cuisson du riz sont autant de choses que nous retrouvons avec plaisir. Au début du couloir qui sépare notre chambre de la salle de bain, se trouve une étroite cuisine ouverte sur le reste de la pièce.

La rumeur de notre arrivée s'est répandue dans le quartier et déjà nos voisins Hermann et Irénée nous accueillent comme si nous étions leurs enfants. Dès que nous passons devant chez eux, c'est-à-dire trois fois par jour, ils nous invitent à grignoter, à boire un Coca ou *una cerveza*[26]. Le bar qu'ils tiennent depuis longtemps dans le quartier est mitoyen de notre maison si bien que nous profitons du tintamarre des clients ivres qui jacassent jusque tard dans la nuit. Mais ce tapage ne trouble pas autant notre sommeil que le rire inimitable d'Hermann. Il peut le déclencher sur commande. Reconnaissable entre mille, son rire est largement contagieux, ce qui est assez incommode quand nous sommes sur le point de nous endormir. Irénée et lui sont tous deux chiliens et depuis qu'ils se sont mariés, à respectivement 14 et 12 ans, ils ne se sont plus quittés. 14 et 12 ans… Il fallait les rencontrer pour le croire. Cela paraît complètement inconscient. Comment peut-on prendre une décision aussi engageante pour une vie à cet âge-là ? Aujourd'hui, ceux qui désirent encore se marier n'imaginent pas trop le faire avant la trentaine. Pourtant, leur couple rayonne de bonheur et leur foyer est toujours ouvert pour ceux qui cherchent une oreille attentive. Nous nous lions très vite d'affection avec Irénée, notre Mamá, qui nous comblera de sa tendresse maternelle tout au long de notre séjour ici.

---

26. Une bière.

Ce matin, comme tous les autres pendant un mois, nous quittons notre petite maison pour nous rendre à pied au Rodeo, à l'extrême nord de La Pincoya où se trouve le *centro educativo*[27] construit par Misericordia. Pour venir en aide aux enfants du quartier qui traînent dans la rue l'après-midi, l'association a construit ce centre et accueille toute la semaine une vingtaine de jeunes pour du soutien scolaire et des temps de jeux. Ce centre, un bâtiment de plain-pied composé de deux pièces séparées par une fine cloison, est situé juste à côté de la chapelle du quartier : la chapelle de Notre-Dame des Douleurs. La vie au sein de l'association Misericordia est en effet organisée autour de deux activités principales : la prière et la présence auprès des pauvres du quartier. Chaque matin, les volontaires se retrouvent dans la chapelle pour les laudes – prière du matin dans la liturgie des heures[28] – puis pour une heure d'adoration devant le Saint-Sacrement qui manifeste, pour les catholiques, la présence réelle de Jésus. Ce matin, l'un d'entre nous a eu plus de mal à se lever, si bien que nous avons dû prendre un raccourci au lieu de passer par l'habituelle avenue Recoleta. Alors que nous attendons le reste des volontaires pour commencer la prière, voici que l'un d'entre eux arrive en courant, à bout de souffle.

« Toujours à l'heure ! », lui lâche-t-on, moqueurs.

D'un naturel plutôt détendu, notre camarade semble aujourd'hui paniqué :

« Un gars vient de se faire descendre mais je sais pas qui c'est, nous dit-il encore en état de choc.

27. Centre éducatif.
28. La grande prière quotidienne de l'Église, les « heures » sont réparties tout au long de la journée.

— Où ça ?

— Sur Recoleta... Je viens de croiser un groupe de flics près d'un drap blanc. Y avait un corps dans une mare de sang... »

Même si nous connaissons la réalité du quartier, la violence se fait parfois oublier jusqu'à ce que le mal ressurgisse brutalement. Ce matin, Romain nous demandera de prier plus particulièrement pour cet homme et pour sa famille.

Chaque volontaire a une mission plus spécifique mais nous avons tous en commun de participer, le matin, aux visites des familles du quartier. Après la prière, nous sommes répartis par petits groupes de deux ou trois et nous partons à la rencontre des habitants. Quand on m'explique le principe des visites, la première fois, je ne sais pas trop quoi penser.

« Après avoir rencontré Dieu dans la prière, on va le rencontrer dans les pauvres, nous dit Romain.

— Qu'est-ce qu'on est censé leur dire ?

— Oh rien de très compliqué, juste leur demander comment ils vont, passer un moment avec eux, les écouter, les aimer… »

Si par chance certains acceptent de nous ouvrir leur porte et qu'ils nous parlent, je crains de ne pas les comprendre. Notre niveau d'espagnol s'améliore mais nous ne sommes pas encore à l'abri de malentendus. Faire répéter quelqu'un dans une conversation entre amis est une chose, mais si les gens nous parlent de leurs problèmes, je ne veux pas faire de gaffes. J'imagine déjà des gens nous faire part de bonnes nouvelles et moi de répondre : « *¡Mmmh qué pena!*[29] » Ou alors, ce qui

29. « Quel dommage ! »

serait pire, écouter des gens confier leurs problèmes et moi, ne comprenant rien : « *¡Mmmh qué bueno!*[30] » Lors des premières visites, je suis heureusement accompagné par des volontaires qui ont l'habitude de faire du porte à porte. Je fais des sourires, j'écoute et observe la marche à suivre même si je ne tarderai pas à découvrir que, comme nous le disait Romain, il n'y a pas vraiment de règles en la matière. L'idée est simplement de se mettre à l'écoute des gens, prendre de leurs nouvelles, discuter ou parfois prier avec eux quand ils nous confient des intentions lourdes à porter. Les discussions sur la météo et la santé du chien laissent vite place aux confidences et les gens se livrent sans retenue. Nous sommes touchés par la confiance que les habitants nous portent alors que nous ne les connaissons pas. Beaucoup d'entre eux ont des vies brisées par la drogue, l'alcool et la violence qui en découle. Ce qui m'émeut le plus, en réalité, n'est pas tant la misère matérielle dans laquelle les gens vivent mais l'absence totale d'échappatoire pour quelqu'un qui naît là-bas. Un fatalisme dans lequel ils sont englués et contre lequel ils ne peuvent rien. La pauvreté matérielle, même si c'est difficile, les gens peuvent s'en sortir, mais la drogue anéantit tout. La drogue tue tout. Les vies, les relations amicales, les liens familiaux. Elle décourage le moindre travail et déclenche des escalades de violence inouïes. Elle règle ses comptes en plein jour à coup de pistolet, elle tue la nuit dans l'obscurité d'une chambre quand on prend une dose de trop. Dans la plupart des familles que nous avons rencontrées, la drogue a emporté un enfant, un cousin, un oncle, une fille…

30. « Quelle bonne nouvelle ! »

Gladys a 60 ans et élève seule sa fille cadette qui est trisomique et son petit-fils, car sa fille aînée, Jessica, complètement accro à la drogue, est incapable de l'assumer. Nous lui rendons visite ce matin pour inviter sa fille à participer à une des activités proposées par Misericordia et prendre des nouvelles de Jessica. En descendant la rue Pedro Aguirre Cerda, au pied des collines qui bordent le flanc nord-ouest de La Pincoya, nous nous arrêtons au niveau d'une grille blanche derrière laquelle une petite dame balaie le pas de sa porte.

« Je crois que c'est ici, me dit Geoffroy, avec qui nous faisons cette visite.

— T'es sûr ? J'aurais dit que c'était plus bas, mais bon, essayons ! »

Geoffroy sonne :

« Bonjour, nous sommes les volontaires de Misericordia ! »

Interrompant son ménage, la petite dame se rapproche péniblement de la grille, de derrière laquelle elle nous jette un coup d'œil inquiet.

« Bonjour », dit-elle, sans paraître décidée à nous ouvrir.

Je tente de la rassurer :

« Nous venons pour inviter votre fille à venir jouer avec les enfants du centre. »

Lorsqu'elle nous ouvre la porte, nous sommes loin d'imaginer le bouleversement intérieur que va provoquer en nous cette rencontre.

Gladys nous emboîte le pas et nous fait entrer dans l'intimité de sa maison. Ses cheveux noirs tombent en bataille sur son front légèrement ridé. Un peu courbée, cette dame usée par la vie, se déplace lourdement. Si elle nous fait gentiment signe de nous asseoir, son regard est fuyant. Visiblement tourmentée, la pâleur de son visage laisse peu de doutes sur le motif du tracas de cette mère, désespérée par la souffrance de sa fille. Comme nous ne la connaissons pas, nous n'osons pas tout de suite prendre des nouvelles de Jessica dont nous savons qu'elle a récemment quitté son compagnon qui l'avait initiée au *paco*[31]. Si elle veut nous en parler, elle le fera, ce qu'elle ne tarde pas à faire dans un soupir :

« Jessica n'est pas là, je n'ai plus de nouvelles depuis des mois. »

Après avoir arrêté la drogue à la suite de sa douloureuse rupture amoureuse, Jessica est venue voir sa mère pour demander de l'aide. Mon cœur s'enflamme en imaginant la joie pour une mère de retrouver sa fille perdue. À cette époque, Jessica est si rachitique que sa mère la reconnaît à peine. Elle l'accueille et la nourrit pendant plusieurs jours. Jessica reprend doucement vie et renoue progressivement avec sa mère et son fils. Puis, très vite, le manque ressurgit, Jessica rentre de plus en plus tard à la maison, parfois elle sort et ne revient que plus d'une semaine après. Jusqu'à récemment, Jessica venait tous les trois jours chez sa mère pour demander de la nourriture. Avec une sincérité bouleversante, Gladys nous raconte comment son cœur de mère est malade de voir sa fille s'enliser de cette manière. Inquiète de la voir dépérir, elle avait pris l'habitude de lui donner un peu d'argent avant de se rendre compte que Jessica dépensait tout pour se droguer.

31. Autrement appelée la drogue du pauvre, c'est un dérivé de la cocaïne largement consommé à La Pincoya.

« Comment aurais-je pu faire autrement ? », nous interroge-t-elle.

Bien incapables de répondre, nous écoutons Gladys, enfoncés dans son canapé, nous sentant soudain si petits à côté de l'amour de cette mère pour sa fille.

Elle nous raconte qu'un jour, elle lui a acheté une paire de chaussures que Jessica s'est empressée de vendre aussi.

« Je ne peux plus faire confiance à ma fille, je l'aime et je veux l'aider mais je ne peux pas. Il me reste la prière. »

Bouleversés, nous ne parvenons pas à retenir nos larmes. Un long moment de silence s'installe, l'émotion est au-delà des mots.

Que dire dans cette situation qui ne soit pas décalé ? Pourtant nous sommes là, à l'écouter et, de manière inattendue, notre présence permet à Gladys de partager son fardeau. Désarmé par la dignité de cette dame, qui contient noblement son chagrin, Geoffroy propose :

« Gladys, ça vous dirait qu'on prie quelques instants pour Jessica, pour vous et votre famille ? »

Elle nous fait un signe de tête pour marquer son approbation. Que peut-on faire d'autre ? C'est dans l'exercice de cette compassion que les visites auprès des habitants du quartier trouvent leur sens profond. En partant cette année, nous avions renoncé à l'idée de « *faire* » quelque chose de précis lors de nos missions. Nous ne sommes pas partis pour apporter du matériel ou mettre nos « compétences » au service d'un projet humanitaire. Notre but n'était pas non plus de nous renseigner sur tel ou de tel sujet pour en faire un rapport détaillé en rentrant. Nous avons choisi de partir pour « *être* » avec ceux que nous rencontrions, tout simplement. Et nous faisons l'expérience que c'est précisément quand nous ne calculons pas, quand nous nous abandonnons avec humilité, que Dieu passe à travers nous pour féconder nos gestes, nos regards et nos paroles. Accepter un instant sa propre impuissance, renoncer à entreprendre je ne sais quel ambitieux programme de lutte contre la drogue. Il en faut bien sûr, mais ce n'était pas notre but en venant ici ni ce dont les gens ont le plus besoin au quotidien. Simplement être là, aux côtés de celui qui souffre et souffrir avec lui. Au cours de la conversation, j'ai d'abord eu envie de trouver une parole réconfortante, d'offrir mes services à Gladys pour casser la gueule de celui qui avait fait plonger sa fille, de retrouver Jessica pour l'aider à s'en sortir. Je me voyais déjà toquer à la porte des hôpitaux les plus proches, expliquer la situation, demander de l'aide à des gens plus compétents que moi. Puis j'ai réalisé que ma place, à ce moment-là, était simplement d'écouter. Offrir une épaule sur laquelle pleurer. Dans notre impuissance, nous avons laissé Dieu agir et consoler le cœur souffrant de Gladys. Après avoir passé plus d'une heure en sa compagnie, Gladys nous confie, la voix tremblante :

« Merci d'être passés me voir, merci pour ce que vous faites dans ce quartier. »

Pourtant nous n'avons rien fait. En guise de réponse, nous esquissons un sourire d'admiration. C'est nous qui aimerions la remercier de l'exemple de courage qu'elle vient de nous donner.

« Je ne sais pas ce que je ferais sans les volontaires de Misericordia », nous dit-elle en baissant les yeux.

***

Nous repasserons plusieurs fois devant la maison de Gladys et elle nous gratifiera toujours d'un sourire plein d'une reconnaissance que nous n'avons pas l'impression d'avoir méritée. Son espérance, malgré les souffrances, et l'amour qu'elle portera toujours à sa fille qu'elle ne peut pas sauver resteront gravés dans nos mémoires. J'imagine l'épreuve des parents qui voient leurs enfants souffrir à cause de mauvais choix ou de mauvaises influences. Alors évidemment, il n'y a pas de chemin tout tracé, mais ceux qui passent par la drogue sont parsemés de tant de douleurs. Ici, la drogue montre son vrai visage : elle tue à grands coups de feu mais aussi à petit feu, emprisonnant progressivement ses victimes comme l'araignée qui tisse méticuleusement sa toile autour de sa proie.

Quand on se promène dans le quartier, tout laisse à penser que l'on est dans un quartier normal. La vie quotidienne est plutôt calme, les parcs sont remplis d'enfants qui jouent, les petits marchés en pleine rue donnent un côté gai et paisible à cet endroit dont on ne palpe pas d'emblée le drame permanent. Pourtant le mal rôde comme un lion qui fait ses va-et-vient dans sa cage. Il sait se faire oublier. Mais soudain le regard vide d'un enfant titubant en pleine rue, une détonation, les sirènes des *carabineros* ou la découverte de ce corps dans une mare de sang nous ramènent violemment à la réalité de cet enfer. Au milieu de ces ténèbres, Romain et Réna ont senti le besoin de lumière. S'ils tentent aussi de sensibiliser les autorités chiliennes qui ont délaissé ce quartier, ils sont avant tout une présence fraternelle pour les gens. Ce ne sont pas des travailleurs sociaux, leur engagement, tout comme celui des sœurs de l'Agneau, n'est pas militant. Ils ne viennent pas à

La Pincoya la journée pour « travailler » et repartir dormir le soir à Vitacura, une banlieue riche de l'autre côté de la colline. Ils vivent avec ces habitants au quotidien, partageant avec eux les mêmes maux : la saleté, l'insécurité, la violence, la délinquance. Ils le vivent dans leur chair.

Ces visites que nous faisons chez les habitants sont une épreuve pour moi et j'ai toujours du mal à y aller. En sortant de la prière du matin, j'ai plutôt le cœur à m'investir dans d'autres activités qui me paraissent plus utiles. Des activités manuelles comme ranger tel ou tel matériel ou faire le ménage dans le centre. Au lieu de ça, nous partons tous les matins, deux par deux, rencontrer les habitants. J'ai parfois l'impression qu'écouter les gens qui nous déballent leur misère est une perte de temps. Je ne sais jamais quoi dire ni faire ; parfois certains nous refoulent, ce qui n'est pas très agréable, tandis que d'autres nous parlent pendant des heures. Je me mets la pression pour trouver des moyens de rebondir sur tel ou tel sujet pour entretenir la conversation. J'essaie sincèrement de témoigner le plus d'intérêt possible à ceux qui nous racontent toujours les mêmes histoires loufoques, même si ce n'est pas toujours facile de garder son sérieux. Il nous arrive même de nous sentir profondément inutiles et de penser que nous serions mieux employés ailleurs. Or cette inutilité, que nous vivions comme un échec au début de l'année, sera en réalité pleine d'enseignements.

***

Contrairement à la conception habituelle que nous nous faisons de la famille, à La Pincoya celle-ci n'est pas le lieu d'épanouissement dans l'amour et la confiance mais plutôt le théâtre de tous les abus. Les maisons microscopiques sont occupées par plusieurs générations qui cohabitent dans une promiscuité qui favorise le déchaînement des violences. Les enfants, qui n'ont école que le matin au Chili, ne sont pas pressés de rentrer chez eux l'après-midi, et les parents les laissent volontiers s'occuper dans la rue. Désœuvrés, ils essaient de se distraire comme ils peuvent. Certains volent des voitures, comme Allan avec qui Jean va nourrir un lien privilégié. Connu des services de police depuis son plus jeune âge, Allan passe pour être un des meilleurs voleurs de voitures du quartier. En général, les braqueurs volent des véhicules dans le centre de Santiago et reviennent non sans fierté à bord de leurs engins rutilants. Il n'est pas rare que nous voyions débouler au coin d'une rue les derniers modèles de 4x4 BMW avec, au volant, des gamins de 14 ans. Depuis que son père est parti en prison, Allan se drogue et passe le plus clair de son temps à enchaîner les mauvais coups.

Comme il nous le confie souvent, Jean est particulièrement touché par l'histoire de cet adolescent contemporain de son petit frère. Un matin, il aperçoit au loin la tante d'Allan qui titube. S'appuyant sur les murs pour se maintenir en équilibre, elle marche péniblement et Jean va à sa rencontre. Elle lui explique les souffrances de sa famille, sa rechute dans la drogue mais surtout la détresse de son neveu Allan. Il y a quelques jours, Allan a croisé pour la première fois, depuis sa sortie de prison, l'assassin de son grand frère dans la rue. Un règlement de compte entre jeunes de 17 ans pour une histoire de drogue. Comme son père est en prison, Allan a été désigné par sa famille pour venger l'honneur de son frère. C'est à son tour d'appuyer sur la gâchette. Après cette rencontre, Jean, profondément marqué par l'histoire d'Allan, demandera aux autres volontaires :

« Quel âge a ce garçon ?

— 12 ans.

— Il est plus jeune que mon petit frère », relève Jean, attristé.

C'est pour venir en aide à ces enfants livrés à eux-mêmes que Misericordia a créé le centre éducatif mais également un certain nombre d'activités ouvertes à tous. C'est ainsi que, tous les samedis après-midi, les volontaires se rassemblent sur le terrain de foot du quartier pour organiser des jeux pour les enfants. Il y a six mois, Allan avait participé aux activités à la surprise générale. Mais depuis, il n'est plus revenu. Saisi de compassion pour cet enfant et conscient qu'il ne peut rien faire pour changer quoi que ce soit dans sa vie, Jean finit par écrire une prière à son intention :

Reviens Marie. Reviens et serre-le dans tes bras, le plus fort possible, qu'il sente la douceur du sein maternel qu'il n'a jamais connu.

Reviens Marie. Reviens et donne-lui le sentiment qu'il n'a jamais eu et que tout enfant de 12 ans devrait avoir, celui d'être aimé par une mère.

Reviens Marie. Reviens et chasse loin de lui le mal qui est entré en lui par le tuyau de sa pipe à crack.

Reviens Marie. Reviens et détruis tout désir de vengeance pour que l'amour et la joie puissent rayonner de nouveau.

Reviens Marie. Reviens, je t'en supplie.

C'était un samedi matin. L'après-midi, comme tous les samedis, les enfants du quartier nous rejoignent sur le terrain de foot sur lequel nous avons disposé des tables pour tenir les différents ateliers. Comme à son habitude, Jean tient celui de dessin, non qu'il soit particulièrement doué pour cette discipline, mais il préfère laisser la peinture à Geoffroy, et à moi le foot. Rendant hommage à mes origines marseillaises, il m'encourage dans ce sport si populaire ici en Amérique du Sud. Les ateliers se remplissent et l'ambiance est joviale comme toujours. C'est alors que j'aperçois Allan traverser nonchalamment le terrain et se diriger vers l'atelier de dessin. Je crains d'abord un mauvais coup et interromps donc mon match pour observer cette scène inédite. Allan s'assoit à côté de Jean. Il lui demande une feuille et ils se mettent à dessiner en silence l'un à côté de l'autre. Je sens mes entrailles se retourner en pensant à l'émotion de mon ami Jean à cet instant. Pendant près d'une demi-heure, tous les deux vont partager ce moment privilégié sans rien se dire. Jean aurait pu l'encourager à ne pas se venger, lui dire que la drogue était une calamité, lui dire que lui aussi pouvait être un enfant comme les autres. Il n'a rien fait de tout cela. Dans son cœur, il remerciait la Vierge d'avoir exaucé sa prière. Aujourd'hui, Allan est venu s'asseoir à côté de lui, s'abandonnant avec confiance pour redevenir un enfant, le temps d'un dessin.

Connue dans tout Santiago pour son commerce peu recommandable, La Pincoya est le lieu de rencontre de tous les trafiquants. Les plus vieux menacent les plus jeunes qui n'ont pas d'autre choix que de rentrer dans le système. À La Pincoya, tout le monde sait où, quand et auprès de qui se fournir. Nous apercevons souvent des petits groupes de jeunes dont on sait qu'ils ne sont pas du quartier. La raison de leur venue ne fait pas l'ombre d'un doute. On n'arrive pas ici par mégarde. Ils viennent se fournir à la source, pas très loin de la *media luna*, la dernière rue au pied des montagnes. Les échanges se font au vu et au su de tous, souvent devant la chapelle de Notre-Dame des Douleurs. Un jour, une dame à qui on demandait ce que faisait son mari, a répondu, sûre d'elle :

« Il est commerçant. »

Sacré commerce en effet puisqu'ils ont la plus grosse maison du quartier dans laquelle ils se sont même fait construire un aquarium. Leurs enfants vont à l'école dans le centre de Santiago. Ils vivent ici en bonne entente avec les services de police qui connaissent les principaux dealers de La Pincoya mais ne viennent que très rarement. Quand ils font le déplacement en revanche, ils ne viennent pas les mains vides et repartent rarement bredouilles. Il nous arrive d'assister à de violentes interpellations.

Un après-midi, alors que nous sommes au centre éducatif avec les enfants, nous voyons soudain débouler dans la rue, devant la chapelle, plusieurs véhicules de police blindés. Même si les enfants commencent à être habitués, ils n'en sont pas moins curieux, d'autant que certains ont des frères introduits dans le milieu. C'est alors que nous entendons des cris dans une direction que nous ne parvenons d'abord pas à identifier. Deux hommes surviennent brusquement d'un pâté de maisons et s'enfuient à toutes jambes dans la direction opposée à celle des camions de police. Des flics armés comme des militaires surgissent de leur véhicule et se lancent à la poursuite des fuyards. Ils les rattrapent très vite et leur tombent violemment dessus. Après une féroce résistance, les interpellés sont embarqués et le convoi repart tandis que les sirènes résonnent si fort qu'on doit se boucher les oreilles.

Le but de Misericordia avec le centre éducatif est de proposer un lieu où les enfants peuvent faire l'expérience de l'amour et de la confiance qu'ils ne vivent pas chez eux et encore moins dans la rue. Même si ce sont des moments très éprouvants, l'affection que nous portent les enfants est très touchante. Ils nous ont vite adoptés et à chaque fois que nous arrivons au centre, ils se pendent à nos bras en nous suppliant de jouer au *caballito*, le jeu du cheval que nous avons découvert à la gare de Constituciòn avec les sœurs de l'Agneau. Ce jeu très simple pour eux est assez fatiguant pour nous. Ces courses hippiques nous opposent avec Jean et Geoffroy, et nos jockeys respectifs n'hésitent pas à nous balancer des coups de pied dans les côtes pour nous faire avancer. C'est le jeu préféré de Juanito, un des habitués du centre. Ce petit garçon d'à peine 11 ans est une véritable boule de nerfs mais je dois dire que je me suis vite attaché à lui car il est toujours de bonne humeur.

Je me souviens de la première fois où je l'ai vu. Il faisait un tintamarre pas possible et empêchait ses voisins de travailler. Au début, ses espiègleries m'amusaient puis, en voyant qu'il n'avait aucune limite, je me suis dit que j'allais essayer de lui apporter un cadre. Je me suis assis à côté de lui et nous avons commencé à prendre l'habitude de faire ses devoirs.

Je me reconnais dans ce petit bout d'homme toujours enthousiaste. Il n'arrête jamais. Il court partout, pleure et rit dans la seconde qui suit. Toujours disposé à jouer, il l'est en revanche beaucoup moins lorsqu'il s'agit de travailler. Tous les après-midis, Juanito participe, comme les autres enfants, aux temps de jeu, à la prière et au soutien scolaire.

La plupart des enfants sont en échec scolaire, et l'environnement dans lequel ils évoluent ne les pousse pas au travail. Plus les semaines passent, plus je me rapproche de Juanito, mais quand je pense avoir trouvé la clef pour capter son attention, il m'échappe. Je ne connais pas les détails de son histoire familiale que je devine compliquée et me rends compte que ses réactions restent inattendues et ses sautes d'humeur imprévisibles.

Aujourd'hui, Juanito n'a que faire des consignes, Réna menace même de le ramener chez lui, menace ultime que l'on n'a rarement besoin de mettre à exécution. Malheureusement rien n'y fait. Dissipé, il empêche tout le monde de travailler et se rend véritablement insupportable. Jusqu'au moment où il dépasse les bornes : il broie la main d'un autre enfant, plus petit que lui, en la serrant de toutes ses forces. Cette dernière injustice me fait sortir de mes gonds et je sors violemment Juanito de la pièce. Dans le jardin je lui explique une énième fois qu'il doit changer de comportement. Son rictus me signifie qu'il se moque éperdument de mes sermons et, perdant patience, je lui prends la main et la serre fortement. Je voulais lui montrer le mal qu'il a dû faire à son copain. Grossière erreur dont je mesurerai plus tard la gravité. La violence est un terrible aveu d'échec. Juanito se met à pleurer toutes les larmes de son corps et beugle que je l'ai tapé. Même si c'est un mensonge, c'est de bonne guerre quand on cherche un moyen de défense contre plus fort que soi. Réna, à qui j'ai rapidement le temps d'expliquer la situation, nous prend à part pour faire la médiation. Elle explique à Juanito que je suis là comme un frère pour lui :

« Tu comprends Juanito, *tio Quentin* – les enfants appellent les volontaires *tío* et *tía* – vient ici tous les après-midis parce qu'il aime passer du temps avec toi. »

Encore sous le choc, Juanito ne me donne pas l'impression d'écouter, mais Réna poursuit :

« Il aime jouer et travailler avec toi aussi.

— Moi aussi, reconnaît-il dans un sanglot étouffé.

— Il faut écouter quand *tío Quentin* te demande de faire quelque chose. »

Conscient de ses torts, il finit par me demander spontanément pardon et levant les yeux vers moi, il me fait la grâce d'un sourire qui soulage mon cœur repentant. Cela ne m'empêche pas d'avoir honte à l'idée que cet incident ait pu briser la relation de confiance que j'entretenais avec lui. À force de passer du temps avec ces enfants, nous finissons par oublier d'où ils viennent et ce qu'ils vivent chez eux. Manifester à leur égard une forme de violence, qu'elle soit physique ou verbale, est la plus sûre manière de les replonger dans l'enfer du quotidien duquel Misericordia s'efforce de les sortir.

***

Ce premier temps de mission après le voyage est pour Jean, Geoffroy et moi une nouvelle étape dans notre petite vie de communauté. Désormais intégrés à une équipe d'autres volontaires qui viennent d'horizons tous différents, nous n'avons plus trop d'occasions de nous retrouver seuls tous les trois si ce n'est pour nos temps de bilans communautaires. Pendant la phase de préparation du projet, j'avais beaucoup imaginé la difficulté de devoir affronter des réalités humaines terribles en me demandant ce que j'allais bien pouvoir faire devant des situations de pauvreté extrême. Je craignais de ressentir une révolte devant ces gens qui meurent de faim à l'autre bout du monde. Comment se battre pour les faire sortir de cette misère ? En revanche, je n'avais pas mesuré l'exigence de la vie en communauté et les efforts qu'elle nous demanderait au quotidien. Nous avions d'autant moins anticipé ces difficultés que nous avions l'impression de déjà bien nous connaître. En classe préparatoire, nous avions eu l'occasion de nous voir sous des jours plus ou moins favorables. Nous avions donc déjà partagé des moments de joie mais aussi beaucoup de moments de galère…

Cette impression de les connaître je l'ai toujours aujourd'hui mais paradoxalement, cette année m'a aidé à la relativiser. Pourtant je peux dire que je les connais mieux qu'avant. En réalité, nous avons souvent tendance à faire rentrer les gens dans des cases car, même si c'est une illusion, nous avons besoin de sentir que nous contrôlons notre environnement extérieur. Nous aimons avoir la maîtrise et sommes rarement à l'aise avec les gens que nous avons du mal à cerner. Afin de nourrir notre vie de communauté avec Jean et Geoffroy, nous avons décidé, un peu comme une thérapie de couple, de mettre en place tous les quinze jours ce que nous appelons des bilans communautaires. Le but de ces bilans est d'apprendre à vivre ensemble mais surtout à nous pardonner au quotidien. Ce partage est un moyen pour chacun de porter un regard sur sa place au sein du groupe. L'idée est de se retrouver tous les trois dans un lieu choisi pour l'occasion pendant une bonne heure, afin que chacun ait l'opportunité de mettre des mots sur ce qu'il a vécu au cours des semaines précédentes. Au début, cet exercice n'est pas très naturel, nous nous donnons la parole à tour de rôle comme dans une réunion d'alcooliques anonymes, et souvent nous sommes plus concentrés sur ce que nous avons à dire que sur ce que les autres peuvent exprimer. Nous sommes parfois davantage préoccupés par le fait de trouver la formule qui mettra tout le monde d'accord plutôt que d'être vraiment à l'écoute des autres.

Le lundi est « officiellement » un jour de repos pour les volontaires à Misericordia, si bien que nous prévoyons de faire cet après-midi le premier bilan de notre vie ici. Nous nous retrouvons tous les trois dans le *holy bus* de Romain et Réna, garé dans leur jardin. Pas spécialement confortable, ce bus a été aménagé en une véritable maison roulante avec une cuisine, une salle d'eau, des chambres et une table ovale entourée d'une banquette derrière le siège du conducteur. Cet endroit exigu est néanmoins cosy. Clos et à l'abri des regards, il se prête bien à l'intimité d'un bilan. Nous nous installons tous les trois sur la banquette, pas encore très à l'aise avec cet exercice qui commence dans une ambiance de travail de groupe :

« Le but de ce bilan est donc de passer en revue les dernières semaines d'itinérance ainsi que le début de la mission à Misericordia… »

Accoudés à la table, bras croisés, Jean et Geoffroy acquiescent avec un sourire en coin comme s'ils attendaient les résultats d'un examen.

« On procède par ordre chronologique, propose Jean.

— Parfait, répondons-nous avec Geoffroy, contents de ne pas avoir à commencer.

— Alors, sur la partie voyage en Argentine et au Chili, quelqu'un veut commencer ? »

Comme ce sera toujours le cas, Geoffroy refuse de prendre la main car il préfère la position de celui qui tranche et fait la synthèse. Nous encourageons Jean, qui est visiblement prêt à parler. Avant de partir, nous avions déjà discuté des périodes de voyage entre les différentes missions mais nous nous sommes rendu compte que nos attentes demeuraient inégales. Jean aurait bien imaginé des missions plus longues avec moins d'itinérance alors que je penchais plutôt pour l'inverse. Même si nous avions choisi de mêler le voyage et la mission dans la préparation du projet, nous n'avions pas minuté chaque période. Ces visions différentes ne semblent pas fondamentales mais elles ont tout de même été sujettes à débats jusqu'au dernier jour du voyage.

Si chacun peut partager ses joies, ces bilans sont aussi des occasions de mettre des mots sur ce qui est moins évident. C'est ainsi que je fais part à mes compères de mon besoin de partager avec eux non seulement les bons moments, mais aussi les plus difficiles. Comme ils ont moins le réflexe d'exprimer ce qu'ils ressentent, je me sens souvent seul dans les difficultés que nous traversons :

« Tu te rappelles, Jean, quand tu as explosé de rage à Atacama ?

— Oui…, me dit-il en cherchant dans ses souvenirs.

— Tu sais, le moment où tu t'es enfoncé dans la vase jusqu'aux genoux près de la lagune ?

— Ah oui, me répond-il désormais disposé à en rire.

— Et bien pour moi, cela a été une vraie libération de me rendre compte que je n'étais pas le seul à galérer sur mon vélo avec mon sac de trois tonnes. Comme vous ne vous confiez pas quand ça ne va pas, j'ai l'impression d'être le seul à souffrir. »

Geoffroy, qui n'avait pas encore parlé jusque-là, saisit alors la perche que je viens de lui tendre :

« C'est une réflexion que je me suis déjà faite te concernant, Quentin. »

Aïe ! Quand une phrase commence comme ça, même si je connais la bienveillance de mon ami, je m'attends à recevoir des reproches.

« Oui ? lui dis-je dans l'expectative.

— En fait, je ne comprends pas l'intérêt, dans une situation où tout va mal, d'en faire part aux autres à voix haute. Surtout quand c'est uniquement pour se plaindre et qu'on n'a de toute façon pas d'autre solution. »

La réflexion de Geoffroy est tout à fait logique et je dois dire qu'à ce moment-là je ne trouve rien à répondre. À leur contact, je découvre mon besoin de partager ce que je ressens et, inconsciemment, j'attends la même chose des autres. Aucun d'entre nous n'a raison ou tort mais cet exercice nous permet d'apprivoiser nos différences :

« Mon Geo, la prochaine fois que je t'entends te plaindre, on n'oubliera pas de te faire remarquer que ça ne sert à rien ! », relève Jean.

Je surenchéris avec un clin d'œil :

« Et sois certain qu'on sera particulièrement attentif demain matin à ton réveil. »

Nous en profitons pour rire une énième fois du sommeil si profond de Geoffroy qui, dès qu'il se trouve en position horizontale, demeure imperturbable.

C'est ce travail à la fois d'introspection et d'attention envers l'autre que je n'avais pas mesuré en décidant de partir à trois. En se confiant aux autres, nous découvrons nos contradictions mais surtout les trésors que nous pouvons mettre en commun pour grandir. Outre cette quête communautaire que nous partageons, chacun de nous suit un chemin plus personnel, et le mien va me conduire à des horizons intérieurs que je n'imaginais pas.

***

La religion a toujours fait partie de mon éducation puisque mes parents m'ont élevé dans la foi catholique. Pourtant, même si j'ai le souvenir d'avoir vécu des moments de grâce dans mon enfance, j'étais arrivé à un moment où j'avais besoin de prendre une décision personnelle. Faut-il croire en Dieu comme il faut se conformer aux choses qui se font et celles qui ne se font pas ? La foi est-elle un héritage culturel qu'il faut défendre par fidélité à une identité ? Dans ce cas, comment des gens peuvent-ils décider de tout quitter au nom de Dieu pour aller à l'autre bout du monde s'occuper des pauvres ? L'exemple de ces chrétiens que je savais engagés auprès de leurs frères souffrants m'interpellait vivement. Tout cela restait néanmoins assez mystérieux et j'éprouvais un désir d'unité entre ce en quoi je croyais et ce que je vivais au quotidien. Je croyais en Dieu amour qui a caché l'Évangile à des sages et à des intelligents et l'a révélé à des tout-petits[32]. Plus proche de la description de la première catégorie, je souhaitais partir à la rencontre de ces derniers pour qu'ils enseignent mon cœur trop plein de sécurité.

Alors bien sûr, nous n'avions pas besoin d'aller à l'autre bout du monde pour nous mettre au service des pauvres, mais nous avions aussi envie de sortir des sentiers battus, de rencontrer des gens différents qui pourraient nous guider sur le chemin de la vie. Mettre de côté nos certitudes et laisser notre cœur apprendre des plus petits.

En tant que chrétiens, nous voulions aussi comprendre ce qu'était l'évangélisation. J'ai toujours trouvé ce mot suspect. Quelle est la limite entre le prosélytisme et le vœu sincère de partager ce qui nous rend heureux ? Le mot évangélisation fait peur à celui qui n'a pas l'occasion de s'arrêter sur son sens. Or pour nous, l'évangélisation consiste à appliquer tant bien que mal l'Évangile à notre vie quotidienne. La Bible n'est pas un recueil de citations qu'il faut connaître pour se cultiver. C'est une bibliothèque de livres dont la rédaction s'étale sur trois mille ans (unique en son genre), et qui contient une parole vivante capable de rejoindre chacun dans ce qu'il vit et au moment où il le vit. Cette parole ne s'apprend pas, elle s'incarne. Nous essayons de la mettre concrètement en pratique chaque jour en apprenant à nous laisser davantage conduire par la prière.

La question de la vocation peut être vécue comme une angoisse. Allons-nous un jour recevoir un appel de Dieu nous demandant de suivre un chemin que nous n'avons pas choisi ?

32. Matthieu 11,25.

Enfant, j'imaginais Dieu comme un vieux barbu derrière les nuages occupé à tirer ici et là les ficelles de la vie des hommes. Dans cette conception erronée, je voyais une épée de Damoclès au-dessus de ma tête, et pensais qu'un jour, quand bon Lui semblerait, Il me demanderait de faire Sa volonté, fût-ce contre mon gré. S'en remettre à Dieu, c'était donc renoncer à ma liberté et à mes désirs profonds. Alors j'arrêtais de prier.

« Parfois, on croit que si l'on donne sa vie à Dieu, on va s'ennuyer, nous dit Romain. Mais Dieu ne va pas te concocter une vie uniquement faite de renoncements, il te fera accomplir des choses incroyables. »

Difficile de ne pas le croire quand on voit le chemin parcouru par Romain : sa rencontre avec Réna, la fondation de Misericordia et sa vie dédiée aux plus pauvres.

« Vivre avec Dieu, c'est se promettre un bonheur beaucoup plus fou que celui que tu te serais donné toi-même… », ajoute-t-il.

***

La prière est un des piliers de Misericordia et nous l'expérimentons quotidiennement avant de partir visiter les habitants. Même si nous avions imaginé que la prière allait jouer un rôle central dans cette année de fondation spirituelle, nous doutions néanmoins de notre capacité à tenir le rythme. En effet, il y a des jours où il est plus difficile de prier. Parfois je me dis qu'il serait plus rentable de partir directement en visite, comme ça on pourrait quadriller plus de maisons. Ou aussi qu'on aurait pu dormir une heure de plus…

Tous les matins, nous nous retrouvons avec les autres volontaires dans la chapelle de Notre-Dame des Douleurs pour les laudes puis l'adoration. Pendant l'adoration, chacun essaie de faire silence dans son cœur pour se rendre disponible à la présence de Dieu. Cette expérience du silence du cœur se fait au prix d'un effort de volonté car notre esprit est souvent accaparé par les tracas du quotidien. On ressasse tel événement ou on assiste plus ou moins passivement aux divagations de notre imagination. Comme l'écrit Kierkegaard : « Dans le vrai rapport de la prière, ce n'est pas Dieu qui entend ce qu'on lui demande, mais celui qui prie, qui continue de prier jusqu'à être lui-même, celui qui entend ce que Dieu veut. » Le chuchotement de Dieu est souvent couvert par le bruit de mes pensées auxquelles je laisse libre cours paresseusement. J'ai parfois l'impression que je me parle à moi-même alors que je cherche avant tout à dialoguer avec Dieu. Heureusement c'est Jésus qui vient à nous, et lorsque nous avons le désir d'être uni à lui, il se révèle doucement jusqu'à nous remplir de sa divine présence. La lecture attentive de la parole nous prépare à cette rencontre intérieure à laquelle notre cœur aspire ardemment. Humble au point de se cacher dans un petit bout de pain, Jésus nous propose de faire Alliance avec Lui chaque jour et pour cela il nous a donné l'Évangile.

Animé par ce désir d'entrer en relation avec Jésus, je médite des passages de l'Écriture et découvre au fil des semaines que ces dialogues intérieurs trouvent une résonance dans ma vie quotidienne. Souvent je prends un petit carnet et écris ce qui me vient au cours de ces temps de prière. En relisant mes notes régulièrement, je fais l'expérience que certains désirs que j'avais formulés se réalisent sans que je m'en sois aperçu. Petit à petit, des choses se débloquent au quotidien, la peur qui jusque-là me dérangeait finit par s'estomper et je trouve en moi des ressources insoupçonnées. La prière me fait goûter un sentiment de liberté tout à fait nouveau. Je découvre un monde intérieur aux horizons inexplorés dans lequel mon cœur se brûle au contact d'une réalité infinie. Cette révélation m'ouvre les yeux sur des constructions imaginaires auxquelles je m'accrochais pour coller à l'image que je me faisais de moi. Ces moments de prière sont des petites libérations à l'issue desquelles je me sens capable de faire ce qui, au départ, ne m'enchantait pas. J'en mesure concrètement les effets dans le cadre de la mission le reste de la journée. Alors que je me suis toujours considéré très impatient, je me surprends par exemple à déployer des trésors de patience lors des après-midis passés avec Juanito.

C'est vrai que je n'aurais jamais pensé pouvoir faire preuve d'autant de calme avec un enfant si turbulent. Il passe son temps à me tester : alternant les moments où il tente de m'amadouer à ceux où il me pousse dans mes retranchements, Juanito prend un malin plaisir à souffler le chaud et le froid en permanence. Sans que je puisse prétendre réussir à le contrôler, à force de patience, je parviens à apaiser ce pétulant personnage. Son comportement s'adoucit progressivement. S'il est toujours aussi prompt à faire des bêtises, son regard change. Il anticipe mes remontrances et fait parfois preuve d'une concentration inhabituelle si l'on en croit le regard médusé des autres volontaires. Tous ces changements positifs auxquels j'assiste sont autant de fruits récoltés sur un arbre que je n'ai pas l'impression d'avoir planté. Et je crois, en fin de compte, que la prière, c'est ça. C'est un moment privilégié où nous recevons la force intérieure qui nous rend capable de changer le monde extérieur. Elle est l'occasion de nous décentrer pour remettre notre journée dans les mains d'un Autre. Les difficultés que nous rencontrons se dénouent parfois sans que nous l'ayons calculé. Dans la vie à trois, elle est une ressource indispensable : ainsi quand je médite sur le passage d'Évangile « Ne jugez pas, et vous ne serez pas jugés[33] » le matin, je parviens plus facilement à déjouer les pièges habituels du jugement avec mes deux compères le reste de la journée. Nous vivons cette résonance entre prière et action comme une réconciliation intérieure, comme si les deux parties d'un même ensemble se retrouvaient soudain pour ne former plus qu'un.

Il n'est pas rare que je trouve dans mes prières du matin un écho quasi-instantané dans une situation l'après-midi. Depuis quelque temps, je vois ressurgir en moi de manière plus pressante la peur de me faire agresser dans le quartier. Il faut dire qu'à La Pincoya nous ne passons pas inaperçus, et certains pourraient être tentés de nous chercher des noises. Cette peur est un vieux démon qui ne me surprend plus mais il se trouve qu'en ce moment elle revient souvent dans mes moments de prière. Je forme donc le vœu d'en être libéré à plusieurs reprises. La réponse ne tarde pas à arriver…

Un jour, en rentrant des visites avec Jean, sur le chemin du retour à la casa Alberto Hurtado, nous croisons un groupe de jeunes qui parle relativement fort. Le genre de types à la vue desquels, d'habitude, on change de trottoir. Seulement là, ils ont eu le temps de nous voir venir de loin avec nos têtes de *gringos*, si bien qu'il nous est impossible de faire demi-tour.

33. Luc 6,37.

Nous décidons donc de jouer l'assurance plutôt que de partir en courant dans la direction opposée comme deux poltrons. Malgré l'heure matinale, ils semblent déjà tous bien alcoolisés. Ils sont une dizaine, assis sur le trottoir à l'ombre d'un arbre. Leur chaîne stéréo crache des décibels et eux trinquent bruyamment avec leurs canettes de bières. Il fait déjà chaud mais avec l'adrénaline en plus, la chaleur devient étouffante. D'un pas lent comme pour retarder le moment fatidique de la confrontation, nous descendons la rue jusqu'à arriver à leur niveau. Ils cessent alors leur conversation et celui qui ressemble au chef de la bande, un latinos au crâne rasé couvert de tatouages avec des bras de la taille de mes cuisses, se lève et s'avance dans ma direction. Petit et trapu, il se déplace néanmoins avec l'agilité d'un félin. L'air blasé, il s'approche de moi et je sens mes jambes flancher. Trop tard pour détourner le regard. J'observe le plus indifféremment possible ce gaillard qui pourrait m'écraser comme une mouche d'un coup de paluche. Prêt à parer une de ses attaques, je me résous à partir à toutes jambes si la situation tourne mal. L'issue de ce duel emportera la victoire de l'un ou l'autre des deux camps qui s'affrontent. D'un côté mon ami Jean, rugbyman mais doux comme un agneau, et de l'autre dix colosses prêts à bondir.

Le temps semble s'être arrêté. Notre adversaire semble me jauger mais reste étonnamment silencieux. Je tends quand même l'oreille car il semble vouloir me signifier quelque chose. Ses sbires se sont arrêtés de ricaner et tous les regards sont tournés vers nous. C'est alors qu'il pose sa grosse main sur ma frêle épaule :

« Je sais ce que tu fais ici. »

Il est trop tôt pour répondre quoi que ce soit et puis, avec l'adrénaline, je n'ai rien à dire.

« La semaine dernière ma nièce de six ans s'est fait renverser par un chauffard, j'ai dû l'emmener à l'hôpital. »

J'acquiesce en hochant la tête de façon à lui manifester mon écoute la plus attentive.

« Si je le croise, je lui casse la gueule », me dit-il calmement.

Je dois avouer qu'à l'heure actuelle, c'est le cadet de mes soucis. Pas encore tout à fait rassuré par la tournure de la conversation, j'écoute mon interlocuteur qui me raconte désormais tous les détails de l'accident. Il me fait part de sa douleur devant la souffrance de sa nièce, et finit par me demander :

« Est-ce que tu peux prier pour elle ? »

Je m'attendais à tout sauf à ça. Cette demande me fait l'effet intérieur du coup de poing que je m'attendais à recevoir en pleine poire. Subitement envahi par une grande chaleur, je sens monter les larmes et, l'espace d'un instant, j'ai envie de prendre ce type dans mes bras pour lui manifester ma compassion. La scène aurait été cocasse : un petit *gringo* dans les bras d'un gros latino. Mais je n'ose pas le faire. Au fond, peut-être que c'est mieux ainsi. Le soulagement de ne pas m'être fait rosser n'est sûrement pas étranger à cette émotion qui me submerge mais j'ai la certitude intérieure qu'elle ne s'y résume pas. Je me souviens alors de cette peur de me faire agresser que j'avais confiée dans ma prière et je réalise soudain ce qu'il vient de se passer. Cette « réponse » que j'attendais et qui vient de m'être donnée est une consolation nouvelle mais qui me semble familière. Tout se passe comme si un verrou venait de sauter, comme si je faisais l'expérience d'une confiance retrouvée, d'une joie dont je portais en moi l'ineffable attente.

Cette mission à Misericordia est un décollage spirituel qui, avec le recul, était nécessaire pour entamer l'année sur les chapeaux de roue. Les relations tissées avec les habitants du quartier, la prière et les après-midis au centre avec les enfants sont autant d'occasions de vivre l'Évangile à la lettre. Les Écritures tracent de multiples chemins que nous sommes appelés à emprunter chaque jour. La phrase « il se mit à les envoyer deux par deux[34] » est une requête à laquelle nous répondons tous les matins en partant à la rencontre des habitants, de même que « allez chaussés de sandales et ne mettez pas deux tuniques[35] » est une exhortation que nous avons appliquée avec beaucoup de zèle et au détriment du style. Quant à eux, Romain et Réna ont répondu à l'invitation de l'Évangile « dans la mesure où vous l'avez fait à l'un de ces plus petits de mes frères, c'est à moi que vous l'avez fait[36] » en y donnant leur vie.

En ce 19 novembre, un bon nombre de gens du quartier m'ont fait la surprise de leur présence pour fêter mon anniversaire. Aux côtés de tous les autres volontaires, Jean et Geoffroy faisaient partie de la manœuvre pour organiser les réjouissances sans m'en parler. L'ambiance me rappelle l'anniversaire de Réna, à notre arrivée à Santiago. La différence est que, cette fois-ci, nous connaissons tous les participants de la fête. Entassés dans l'entrée de la casa Alberto Hurtado, sous

34. Marc 6,7.
35. Marc 6,9.
36. Matthieu 25,40.

le regard bienveillant de la statue de la Vierge, nous dansons sur du *reggaeton*[37]. Notre chère voisine et Mamà Irénée est également venue pour l'occasion. Nous avons récemment appris par Romain qu'elle était malade et devrait subir une lourde opération prochainement. Je suis très touché par sa présence et par l'affection qu'elle nous témoigne. Au milieu de la cohue générale, je me dirige vers elle. Elle me prend affectueusement dans ses bras. Tous les deux debout dans la cuisine, Irénée partage avec moi son inquiétude sur son état de santé. Son teint blême trahit son anxiété mais elle ne veut rien laisser paraître. Après m'avoir offert une plaquette de chocolat, elle me tend un petit mot :

La Pincoya, el 19 de noviembre de 2015

Nunca subestimes el poder de tus acciones. Con un pequeño gesto puedes cambiar la vida de las demas personas. Busca a Dios en los demàs. Y recuerda « los amigos son ángeles que nos ponen en pie cuando nuestras alas tienen problemas de recordar como volar ». Con cariño[38],

Mamà

Cette si délicate attention me fait réaliser que nous quittons bientôt tous ces gens pour nous envoler vers le Cambodge où notre prochaine mission nous attend. Même si nous

37. Type de musique urbaine proche du rap qui s'est répandue parmi les jeunes notamment en Amérique latine.
38. Ne sous-estime jamais le pouvoir de tes actions. Avec un petit geste tu peux changer la vie des autres. Cherche Dieu dans l'autre. Et rappelle-toi que « les amis sont des anges qui nous remettent sur pied quand nos ailes ne se rappellent plus comment voler ». Avec toute mon affection, Maman.

savions avant d'arriver que nous resterions pour une durée fixe, quitter toutes les personnes que nous avons côtoyés reste un déchirement. Sans vraiment savoir si je la reverrai un jour, je remercie chaudement Irénée pour sa présence auprès de nous, pour sa douceur et son écoute toujours attentive. Quand je regarde la foule des invités qui rient et dansent dans le salon, je vois tous ces gens qui se sont rassemblés autour de Misericordia. Certains sont allemands, d'autres chiliens, français ou brésiliens. Des jeunes et des moins jeunes, des enfants, des volontaires et des habitants du quartier se côtoient depuis l'arrivée de Misericordia à La Pincoya. Quelle belle œuvre ont accomplie Romain et Réna en s'installant ici !

Une semaine avant notre départ, nous rendons visite aux habitants du quartier pour leur dire au revoir. Nous ferons de même avec les enfants au centre, nettement moins émus que nous par ces adieux. À choisir, il vaut mieux ça que le contraire. Je prends le temps d'expliquer à Juanito que j'ai été ravi de faire sa connaissance et que je vais partir. Il ne semble pas vraiment réaliser mais peu importe, je tenais à prendre ce temps avec lui compte tenu de la relation que nous avions réussi à créer au cours de ce mois. Si les départs ne sont jamais faciles, je dois dire que celui-là n'est pas le plus dur que nous ayons eu à vivre pendant l'année. Il coïncide avec la fin de l'année pour les enfants, trop contents de ne plus avoir école. En plus, d'autres volontaires restent et le centre reprendra l'année prochaine !

Pour notre dernier petit déjeuner, Romain et Réna nous ont gentiment invités chez eux. Parents de cinq enfants, au service des plus pauvres et au service de l'association qui nécessite un travail de gestion et d'organisation, ils assument une triple mission qui ne leur laisse pas beaucoup de temps pour souffler, pourtant ils continuent de se rendre disponibles pour ce genre de petites occasions. Nous les quittons avec regret car, au bout d'un mois, nous sommes toujours aussi admiratifs de Romain et amoureux de Réna. Ils forment un couple qui rayonne tout simplement parce qu'ils portent en eux la lumière. Cette lumière provient de ces heures de prière qu'ils consacrent à Dieu et de cette vie donnée au service des pauvres de La Pincoya. Lorsque vient le moment des adieux, nous sommes sur le pas de la porte et chacun à leur tour ils nous bénissent comme ils ont l'habitude de bénir leurs enfants avant de s'endormir :

« Que le Seigneur vous bénisse, vous garde et fasse de vous des saints. »

Vaste programme… surtout pour Jean et Geoffroy !

Fountain of Life, Cambodge

Au terme d'un voyage de quarante heures qui nous aura conduits du Chili au Cambodge, nous débarquons en plein cœur de Phnom Penh, la capitale cambodgienne. Notre contact sur place est un prêtre des Missions Étrangères de Paris qui nous attend à la paroisse catholique de Saint-Joseph : le père Bruno Cosme. Munis d'un petit bout de papier sur lequel nous avons gribouillé l'adresse, nous sommes assaillis par des chauffeurs de *touc-touc*, à l'instant où nous sortons de l'aéroport. L'auto-stop n'a pas vraiment l'air d'être très répandu ici, le débat entre nous est pour une fois assez rapide. Nous nous octroyons le droit de prendre un *touc-touc* pour rejoindre le point de rendez-vous. Avertis que tout doit être négocié dans cette région du monde, nous commençons timidement nos pourparlers afin de trouver le plan le moins cher. La communication est très compliquée : d'une part l'anglais des chauffeurs demeure relativement limité ; d'autre part nous n'avons aucune idée de la distance qui nous sépare de la paroisse Saint-Joseph. N'étant pas vraiment en position de force, nous finissons par nous arrêter sur le prix de 15 dollars.

Sitôt embarqués, nous nous retrouvons projetés dans la fourmilière du trafic urbain. Les gens conduisent à toute allure sans porter la moindre attention au sens de la circulation ni aux autres automobilistes. La plupart des véhicules sont des petits scooters sur lesquels s'empilent des familles entières ;

jusqu'à huit personnes. De manière assez miraculeuse, la farandole de véhicules se frôle sans se percuter, au rythme des klaxons incessants. C'est après avoir échappé à plusieurs collisions que nous parvenons au lieu où nous sommes attendus. Notre chauffeur semble très pressé de palper son dû puisqu'il tend les mains vers moi pour me signifier que la course est maintenant terminée. Il espère m'attendrir en me suppliant de lui laisser 5 dollars de pourboire. Je crois déceler un rictus sur son visage au moment où il me parle de sa femme et de ses enfants qui n'ont pas d'argent pour manger. Sentant l'entourloupe, je l'encourage tout de même à trouver de la monnaie, ce qu'il fera à contrecœur. À son retour, il perçoit mon hésitation et retente sa chance puis parvient en un tour de passe-passe à ne me rendre que la moitié de la monnaie, je n'y verrai que du feu. Nous raconterons l'anecdote à Bruno Cosme qui ne pourra s'empêcher de rire. Un trajet en *touc-touc* pour aller d'un bout à l'autre de Phnom Penh ne vaut pas plus de 6 dollars, et voilà que notre ami a perçu la modique somme de 18 dollars, soit trois fois le prix. Même si c'est de bonne guerre, ce cadeau de bienvenue n'est pas de nature à nous remonter le moral.

***

Quitter notre vie chilienne n'a en effet pas été évidente. Depuis trois jours, nous nous sentons en décalage avec cet environnement complètement nouveau. Après quasiment trois mois en Amérique du Sud, nous voilà parachutés dans un monde radicalement différent. L'espagnol laisse place au khmer, les *asados* au poisson séché et la convivialité sud-américaine s'est métamorphosée en pudeur asiatique. Le décalage horaire de treize heures ne nous aide pas non plus à entrer en contact avec les nouvelles personnes que nous côtoyons puisque nous vivons la nuit. Pendant une semaine, nous répondons *gracias* pour dire merci avant de maîtriser, non sans difficulté d'ailleurs, le seul mot que nous sommes fiers de prononcer correctement : *ârkun chraeun*[39].

À cela s'ajoutent nos incertitudes concernant notre prochaine mission avec les sœurs du Bon Pasteur, qui ont créé un centre d'accueil pour aider les jeunes filles pauvres à sortir de la prostitution. Depuis un certain nombre d'années et sur la pression de la communauté internationale, la Thaïlande, tristement célèbre pour son tourisme sexuel, a lancé une chasse à la pédophilie, ce qui a eu pour effet de déverser ce tourisme ravageur sur son pays voisin, le Cambodge. Initialement, les sœurs du Bon Pasteur avaient ouvert un centre d'accueil à Pattaya dans le sud de la Thaïlande. Elles y proposent des ateliers de formation professionnelle et des cours d'anglais pour permettre aux filles de monter leur propre affaire et de gagner leur vie autrement. Historiquement, Pattaya fait office de base américaine pendant la guerre du Vietnam, qui connaît à cette période un afflux de filles venues des villages pauvres alentour à cause de la présence des soldats.

Quand les troupes américaines se retirent à la fin de la guerre, le système perdure et Pattaya demeure aujourd'hui le temple de la prostitution en Asie du Sud-Est. Mais il y a huit ans, la sœur Michelle a quitté Pattaya pour fonder un deuxième centre avec les mêmes missions, au Cambodge

39. Merci.

cette fois, dans une station balnéaire au sud du pays : Sihanoukville.

C'est dans ce cadre particulier que nous participerons à notre seconde mission qui doit commencer dans une semaine. Mais avant cela, nous décidons de partir pour quelques jours à la découverte de ce pays que nous ne connaissons pas. Sur le conseil du père Cosme, nous partons en direction du Tonlé Sap, le plus grand lac d'Asie du Sud-Est. Munis d'ouvrages sur l'histoire du Cambodge, nous sommes tout excités à l'idée d'en connaître davantage sur ce peuple cambodgien qui nous séduit déjà.

***

En parcourant les routes du Cambodge, nous plongeons dans un univers qui n'a rien à voir avec celui du Chili. Chaque journée est une succession de découvertes qui sont à la fois sources d'émerveillements mais aussi de malaises. Même si nous nous considérons plus comme des pèlerins que comme des voyageurs, notre teint européen nous trahit auprès de la population qui voit en nous de riches Occidentaux en quête d'exotisme. Toutes les occasions sont bonnes pour nous soutirer quelques deniers. Comme on nous l'avait suggéré, nous passons par le village de pêcheurs de Kampong Phluk, un des villages flottants qui bordent le Tonlé Sap. Nous atteignons ce village à bord de petites embarcations qui naviguent entre des maisons traditionnelles en bois, perchées sur d'impressionnants pilotis de plusieurs mètres de haut. Nous découvrons, à nos dépens, que ce spectacle fascinant ne manque pas d'attirer de nombreux touristes en quête de belles photos.

Nous sommes violemment ramenés à notre condition d'Occidentaux. Les habitants de Kampong Phluk, presque tous pêcheurs sur le lac, vivent dans un grand dénuement car les retombées économiques du tourisme ne profitent qu'à l'infime minorité de ceux qui parlent anglais.

Après cette traversée, nous débarquons dans la partie immergée du petit village où est célébré un mariage. Des dizaines de tables ont été disposées à l'entrée de la rue principale d'où surgissent des flopées d'enfants bien décidés à faire partie de la fête. Nous faisons tache dans ce beau décor festif, mais heureusement les convives ne semblent prêter aucune attention à notre présence. Au Chili, nous nous étions déjà retrouvés dans des situations où il est impossible de faire abstraction de la pauvreté des gens ; les vieillards assis au pied des maisons qui assistent à la cohue d'enfants courant pieds nus sur des monceaux d'ordures, les mères qui travaillent ou allaitent leurs nourrissons en pleine rue. Mais cette fois, c'est différent. Tout se passe comme si nous étions dans l'impossibilité d'entrer en contact avec ces habitants, comme si un mur invisible séparait leur monde du nôtre. Nous éprouvons une sorte de malaise à déambuler dans ces rues comme nous le ferions dans l'allée d'un zoo, à regarder sans rencontrer, à dévisager sans échanger. Certes nos têtes d'Européens ne nous permettent pas de nous fondre dans la masse, et à part *ârkun chraeun*, nous ne parlons pas khmer, mais ce n'est pas la raison de cette étrange impression. Le problème, c'est que nous sommes des touristes, ou spontanément catalogués comme tels. Et le touriste, c'est un portefeuille. Les quelques enfants ou adultes qui nous portent de l'intérêt cachent mal leur intention de nous soutirer quelques dollars. Entre les bâtons d'encens à déposer à l'entrée du temple au pied d'une statue de Bouddha, les *donation box for poverty* – sorte de cagnottes disposées un peu partout le long de la rue principale – ou l'achat de cahiers destinés à être offerts aux écoliers, les occasions de mettre la main à la poche ne manquent pas. Quand on sait que leur salaire journalier moyen est inférieur à 4 euros, comment leur en vouloir ? Ils auraient même tort de ne pas tirer profit de cet afflux de portefeuilles bien garnis.

Depuis quinze ans, ce sont chaque année davantage de touristes ou Occidentaux qui viennent leur rendre visite, ou plutôt les reluquer dans ce décor exotique. Ils débarquent pour quelques heures avec leurs Iphones et leurs caméras avant de repartir aussi vite qu'ils sont apparus. Force est de constater que nous ne sommes plus les *misioneros catholicos* qu'on accueille chaleureusement, à qui on offre un verre, à qui on confie ses problèmes comme c'était le cas à Misericordia. C'est donc un tout nouveau défi qui nous attend sur ce continent, un défi qui nous invite à dépasser l'image de touristes européens qui nous colle à la peau ; il nous faut franchir les barrières culturelles et linguistiques nous séparant de ce peuple si souriant, afin d'entrer dans une véritable et respectueuse rencontre.

Malgré cette mésaventure, nous sentons déjà que ces rencontres sont possibles, mais qu'elles seront très différentes de celles que nous avons pu faire en Amérique du Sud. Les Cambodgiens n'ont pas l'exubérance des Chiliens, mais ils ne se réjouissent pas moins de faire des rencontres. Ils expriment moins d'émotions, mais c'est ici une marque de profond respect, on n'importune pas son interlocuteur avec ses états d'âme. Ils ne sont pas tactiles mais n'en sont pas moins affectueux :

ils préfèrent joindre les mains et s'incliner devant vous. Alors que chez nous, les élèves sont invités à se lever à l'entrée d'un professeur dans une classe, ici c'est la position assise, signe d'abaissement, qui sera interprétée comme une marque de respect. D'étonnement en émerveillement, nous découvrons tous ces codes petit à petit, curieux d'entrer dans un univers si différent du nôtre.

***

À l'arrivée, nous avons très peu d'indications sur le détail de notre mission. Les sœurs du Bon Pasteur n'ont jamais accueilli de volontaires, encore moins des hommes. Sur le papier, c'est effectivement étonnant : trois Européens entre 23 et 25 ans qui débarquent avec l'intention d'être volontaires dans un centre d'accueil pour des jeunes filles prostituées ! Le père Bruno Cosme nous avait prévenus. Au début, les sœurs sont très réticentes à l'idée que nous participions à cette mission un peu spéciale. Nouer un contact avec ces filles prend du temps, et il faut éviter à tout prix de les mettre en danger. Certaines d'entre elles sont employées par des proxénètes qui ne voient pas d'un bon œil qu'on vienne troubler leur travail. Le temps passé à faire autre chose est une perte de revenus pour eux. De plus, nous ne parlons pas leur langue et nous sommes des garçons. Toutes ces raisons font que nous craignons de ne pas être à notre place. L'autre source d'inquiétude est que la prostitution est une réalité dont il est difficile de parler sans tomber dans le jugement ou la polémique. La finalité du soutien scolaire à des délinquants semble plus légitime que donner des cours d'anglais à des prostituées pour les aider à sortir de la prostitution… Avant la mission, nous doutions même que l'anglais soit la meilleure manière de les aider.

Les sœurs du Bon Pasteur ne veulent pas nous loger dans leur centre si bien que nous sommes accueillis dans la paroisse catholique Saint-Michel, située sur les hauteurs de Sihanoukville à dix minutes en scooter de notre lieu de mission. Trois prêtres sont en charge de cette paroisse dont Father Son, le père Son – « personne », ça ne s'invente pas –, qui nous a chaleureusement accueillis pendant toute la durée de notre mission. La paroisse est composée d'une église à l'architecture triangulaire, et de plusieurs bâtiments séparés par des cours pavées. Elle se trouve sur un terrain assez étendu au pied de la colline qui domine Sihanoukville. La proximité de la forêt fait la joie des nombreux chats entretenus par la paroisse mais surtout de leurs maîtres puisqu'ils les protègent des serpents. Il faut se méfier des moustiques paludéens mais ici le principal prédateur de l'homme reste le serpent. Je n'ai jamais eu de passion pour les chats mais je dois dire que, dans ces circonstances, je suis plutôt content d'en voir quelques-uns monter la garde à la fenêtre de ma chambre.

Nous occupons le bâtiment des invités avec mes deux compères et nous découvrons avec joie que chacun a une chambre et une salle de bains privative. Le grand luxe après trois mois à subir les ronflements de l'un et les manies de l'autre. Cependant, après trois mois ensemble, nous avons pris nos habitudes et toutes les occasions sont bonnes pour nous réunir. N'ayant qu'un dentifrice pour trois, nous nous retrouvons tous les soirs dans la chambre de Geoffroy pour le brossage de dents communautaire. Gare à celui qui ne pressera pas le tube de dentifrice par le bas ! Il s'attirera les foudres de Jean. Celui qui laissera son bain de bouche dans le lavabo, sans le rincer immédiatement, s'attirera les foudres de Geoffroy. En ce qui me concerne, pas de manies dentaires mais une haine viscérale des moustiques, haine que je partage avec mon ami Jean – Geoffroy ne les entend pas quand il dort. Ainsi, tous les soirs, après le brossage de dents, sandales à la main, nous partons à la chasse aux moustiques. En général, comme elle donne sur la forêt, c'est dans la chambre de Jean que nous faisons un massacre : il nous arrive d'en tuer des dizaines. En deux semaines, sa chambre est devenue un véritable cimetière.

6h30. L'alarme de mon portable retentit tellement fort qu'elle me fait sursauter. Aujourd'hui commence notre premier jour de mission. Je me lève pour aller réveiller mes deux comparses car nous n'avons qu'un réveil pour trois. Jean n'a pas dormi de la nuit, il me raconte le tumulte de sa nuit écourtée par une impitoyable et interminable lutte nocturne avec un moustique, qui avait manifestement échappé au massacre de la veille. Assis sur son lit, dépité, il hoche la tête et soupire :

« Il s'est caché sous le lit, je n'ai rien pu faire. »

Éclat de rire général qui ne suffit pourtant pas à réveiller Geoffroy :

« Geo ? Geo ? Geo, sérieux là, il faut se réveiller ! », le secoue Jean.

Imperturbable, Geoffroy finit par manifester un signe de vie :

« Mmmhh… »

C'est à trois sur un scooter prêté par Father Son et munis de seulement deux casques que nous dévalons le chemin goudronné de la paroisse en slalomant entre les nids de poule pour rejoindre la route principale. La circulation à Phnom Penh n'a rien à envier à celle de Sihanoukville, où le jeu consiste à se faufiler entre les *touc-touc* et les tracteurs. Au début, mes camarades sont loin d'être rassurés par ma conduite de marseillais mais finalement, et après quelques remontrances légitimes, nous trouvons notre rythme de croisière.

Sitôt arrivés au centre Fountain of Life tenu par les sœurs, nous sommes répartis en binômes avec des employées. Pour se faire aider dans leur apostolat, les sœurs du Bon Pasteur emploient six filles qui travaillent à plein temps toute la semaine. Trois d'entre elles, Kolianey, Vana et Lucia, seront nos binômes pendant notre mission. La sœur Michelle nous explique le programme de nos activités essentiellement rythmées par les cours d'anglais que nous donnerons aux filles dans différents lieux : dans les bars, chez elles, et parfois au centre. Ce centre est un bâtiment rouge ocre récemment construit sur un terrain qui appartenait à la paroisse Saint-Michel où nous résidons. Le portail couleur métal s'ouvre sur une petite cour intérieure, lieu de récréation des dizaines d'enfants accueillis chaque jour. Au rez-de-chaussée du bâtiment se trouvent plusieurs salles de classe, dont certaines sont équipées d'ordinateurs, ainsi qu'une cuisine où une des sœurs passe son temps à préparer le repas de ces enfants. Au fond à droite, on entre dans un petit oratoire d'une sobriété à l'image de la foi de ces sœurs, discrète mais non moins solide. À l'étage, les sœurs disposent d'une dépendance, de chambres et d'une autre cuisine ouverte sur une terrasse donnant sur la cour.

Ce matin j'accompagne Kolianey pour mon premier cours d'anglais chez Bonlan. Ancienne travailleuse du soir et mère de deux enfants, Bonlan a monté une petite boulangerie à son domicile où elle vit avec son mari, un retraité canadien qui s'est installé ici il y a quelques années. Sa longue chevelure auburn parfaitement lisse tombe sur son dos légèrement cambré. Consciente de ses charmes, et douée pour en user, Bonlan me réserve un accueil charmeur que son mari verra d'un assez mauvais œil. Même si les sœurs ont dit à leurs élèves que nous voulions devenir religieux afin d'éviter toute ambiguïté, certaines d'entre elles semblent décidées à nous tester. Lorsque nous arrivons chez elle pour le cours, Bonlan dort encore si bien que nous attendons dehors sous le préau. Les autres filles ne sont pas encore là non plus. Quelques minutes plus tard, nous voyons arriver Bonlan uniquement vêtue d'un long tee-shirt qui tombe jusqu'à mi-cuisse. Même si nous savions à quoi nous attendre, j'aurais préféré dans l'idéal qu'elle vienne en tenue de ski avec masque, bonnet, écharpe et tout le tintouin. Mais vu la chaleur ambiante, ce scénario était hautement improbable. Sourire jusqu'aux oreilles et les yeux encore gonflés de sommeil, elle semble être tombée du lit.

Je décide de briser la glace en premier pour lui montrer que je suis parfaitement à l'aise dans mon nouveau rôle.

« Bonjour Bonlan, lui dis-je en anglais.

— Bonjour professeur ! me répond-elle d'un air enjoué.

— Je m'appelle Quentin et je suis volontaire au centre avec les sœurs.

— Oui je sais. C'est vraiment très gentil de ta part de venir ici, j'espère que nous serons des bonnes élèves ! Pour combien de temps tu vas rester avec nous ?

— Au moins un mois, je… »

Les jacassements qui accompagnent l'arrivée des autres élèves m'interrompent finalement dans ma phrase.

Dans ce cours du matin, outre Bonlan, il y a sa sœur, une amie de sa sœur, Aunti So, et parfois d'autres filles qui viennent selon leurs envies. Bonlan vit dans une petite maison au sud de Sihanoukville en contrebas de la Pub street, une ruelle escarpée connue pour ses nombreux bars dansants. Depuis qu'elle a rencontré son mari, Bonlan a officiellement arrêté ses activités nocturnes et vend des cakes à la banane, à la noix de coco ou au chocolat qu'elle m'offre généreusement à chaque fois. Au début, cela me met mal à l'aise d'accepter gratuitement ce qui est censé la faire vivre, d'autant qu'elle s'amuse à me charrier :

« La prochaine fois, tu viendras avec ton porte-monnaie, hein ? »

Mais elle a toujours refusé que je lui achète quoi que ce soit, et moi j'ai arrêté d'avoir des états d'âme : j'accepte ses gâteaux tous les matins avec gourmandise.

Les premiers cours sont un peu étranges et certaines filles – ce qui n'est pas le cas de Bonlan – sont intimidées. Pas autant que moi. Souvent elles parlent en khmer et leurs rires étouffés quand elles croisent mon regard me laissent penser que je ne suis pas étranger à leurs gloussements. Peut-être se moquent-elles de ma barbe, dont elles oseront plus tard me dire qu'elles la trouvent horrible, ou tout simplement se gaussent-elles de mon style vestimentaire. Il faut dire que cette année, ce n'est pas le défilé de mode : sandales de camping, toujours le même pantalon usé et des tee-shirts tellement distendus qu'on dirait des dossards. Mais elles ne s'endimanchent pas non plus pour venir aux cours.

« Ça ne vous dérange pas de venir en pyjama en cours !! »

Elles rient. Bonlan, qui parle le mieux anglais du petit groupe, s'amuse parfois à débarquer dans des tenues suggestives, se déhanche avec volupté et me demande en jouant les vierges effarouchées :

« Quentin, qu'en penses-tu ? »

Je rougis. Elles pouffent de rire. C'est de bonne guerre. Elles me prennent pour un sacré coincé.

Au fil des jours, Kolianey me fait de plus en plus confiance, et les élèves aussi. Les heures de cours sont des occasions pour amorcer des discussions plus sérieuses. À première vue, toutes ces filles semblent mener une vie normale : elles papotent indéfiniment de leurs soirées, parlent de régime, de bijoux, de shopping et moi je fais mine de m'y connaître. À part la légèreté de leur tenue et la quantité de maquillage dont elles se badigeonnent, rien ne semble indiquer que leur vie est différente du quotidien des jeunes femmes de leur âge. Mais parfois au détour d'une phrase, un mot, on se souvient que tout n'est pas si rose. Un matin, après avoir corrigé les exercices de la veille, je leur propose un sujet de réflexion :

« Si demain vous gagniez un million de dollars, que feriez-vous avec ? »

Du tac au tac, Aunti So me lâche :

« Si j'avais un million de dollars, je m'achèterais un super beau mec qui serait à moi, rien qu'à moi et je le boxerais, je lui casserais la gueule. »

Cette phrase me ramène brutalement à la détresse dissimulée derrière son sourire séducteur et son visage saupoudré. Depuis trois semaines, Aunti So passe ses journées à dormir dans sa chambre, le cœur brisé par une rupture douloureuse. La plupart des filles gardent en elles l'espoir de rencontrer un prince charmant qui les sauvera, ou au moins un gentil retraité qui acceptera de les entretenir et avec qui elles pourront mener une vie tranquille. Pensant bien faire, Bonlan essaie maladroitement de remonter le moral de son amie :

« La prochaine fois, viens avec moi jouer aux cartes dans les bars ! »

Kolianey rit comme pour manifester qu'elle désapprouve cette suggestion.

« Mais si, dit Bonlan, viens, c'est génial dans les bars ! »

Désireux de participer à la conversation, j'interroge Bonlan sans arrière-pensée :

« Qu'est-ce qui est génial ?

— Oh je danse, je chante, je rencontre plein de gens très sympa ! »

J'ai envie de l'encourager à m'en dire plus mais, n'ayant pas spécialement été briefé par Kolianey, je ne sais pas jusqu'où je peux aller dans la discussion. Je m'y risque et, dans un ton volontairement plein de sous-entendus, lui demande :

« Et tu bois quoi en général, quand tu vas dans les bars ?

— Oh je ne bois jamais d'alcool ! »

Elle a dû prendre mon silence pour de la perplexité puisqu'elle se croit obligée de se justifier :

« Vraiment je ne bois pas d'alcool, tout le monde m'appelle Miss Water car je ne bois que de l'eau ! »

Le rire complice des autres filles me fait un instant douter de son honnêteté.

« Et puis je suis très sage, je ne me bagarre jamais, mais parfois le vigile insiste pour que je descende du podium mais je ne veux pas ! »

L'air songeuse, presque absente, Aunti So ne semble pourtant pas avoir le cœur à ça pour le moment. Dans une semaine peut-être.

***

La plupart de ces filles sont issues de familles pauvres qui habitent les villages alentour et décident de rejoindre les villes pour différentes raisons. Elles veulent gagner de l'argent pour le renvoyer à leurs familles, mais elles ont aussi cet espoir de trouver un prince charmant qui les sortira enfin de la misère et les ramènera chez lui, en Europe, qu'elles pensent être le paradis sur Terre. C'est souvent cette perspective qui les pousse à vendre leurs charmes, au moins pour un temps, pensent certaines. En ville, elles trouvent les fêtes, les paillettes, une multitude d'hommes à séduire et de l'argent. À la campagne, il n'y a rien d'autre que le travail dans les champs et une vie de promiscuité dans leurs familles où de nombreuses violences sont souvent commises. Entre gagner un dollar par jour en se cassant le dos à remuer la terre et venir faire la fête dans des bars en gagnant trois cents dollars par semaine, le calcul est vite fait. Par ces formations à des métiers manuels et par la maîtrise de l'anglais, les sœurs du Bon Pasteur entendent leur permettre de subvenir à leurs besoins.

Après les cours du matin, nous faisons souvent des rondes en scooter aux alentours des quartiers résidentiels. Les sœurs appellent ça du *field work* : le travail sur le terrain. Si leurs affaires ont bien fonctionné, les filles terminent leur nuit chez les clients, et vers midi elles rentrent chez elles. Il arrive malheureusement que certaines d'entre elles, défigurées par la violence de clients, soient retrouvées dans des états lamentables en fin de matinée. Par ces rondes, les sœurs souhaitent se rendre disponibles pour venir à leur secours en cas de nécessité. Heureusement, nous n'avons pas vécu une telle expérience lors du mois que nous avons passé avec les sœurs. Une semaine avant notre arrivée, une fille a été retrouvée morte près d'un endroit où Kolianey passe désormais régulièrement.

En plus des cours que je donne chez Bonlan le matin, l'après-midi les binômes changent et nous partons donner des cours dans des quartiers délaissés de Sihanoukville. En plus de leur engagement auprès des prostituées, les sœurs proposent des cours d'anglais aux enfants pauvres de la région. Pour lutter contre la prostitution, il faut empêcher les plus jeunes d'y tomber. Cette sensibilisation passe par l'éducation, à laquelle la plupart des enfants n'ont pas accès. C'est la raison pour laquelle les sœurs ont créé des écoles de fortune dans les quartiers pauvres de la ville.

Après le déjeuner, nous partons en direction du village Wat Leu pour y donner des cours d'anglais avec Lucia. Une petite cabane de bois a été construite en plein milieu d'un bidonville s'étendant sur un terrain vague en périphérie de Sihanoukville. Encerclé de monceaux d'ordures, ce cabanon est composé d'une unique pièce sans électricité ; il y fait particulièrement sombre et les quelques chaises qui ont été jetées là sont crasseuses. Chaque après-midi, des dizaines d'enfants sont pourtant ravis de venir s'y entasser pour faire des lignes, apprendre l'alphabet et les couleurs. À mon arrivée, ils beuglent en chœur : « *Good afterrrnoon teaaatcher !!!* » Ils ont entre 5 et 15 ans, certains sont pieds nus, d'autres n'ont même pas de tee-shirt. La misère semble ici encore plus rude qu'à La Pincoya. À La Pincoya, on est en « ville », ici on est en pleine campagne. Les garçons jouent au foot avec des pierres dans la boue, les plus belliqueux ramassent des bouts de ferraille par terre pour les lancer sur les filles. À deux cents mètres de la petite école, de l'autre côté de la route, un immense escalier mène à un temple bouddhiste construit sur une colline qui domine le village. De temps en temps, on voit des moines discuter, assis au pied des marches. Les plus jeunes n'ont pas 10 ans.

Alors que le Chili est un pays à 70 % catholique, le Cambodge est, quant à lui, bouddhiste à plus de 95%. La culture bouddhique a tant façonné la mentalité des Cambodgiens qu'on ne peut espérer les comprendre sans s'intéresser à l'enseignement laissé par Bouddha. Si la quête spirituelle d'une paix intérieure est un chemin commun proposé par le bouddhisme et le christianisme dans la recherche de la vérité, l'une et l'autre des deux religions suggèrent des chemins différents. Alors que le christianisme est fondé sur la rencontre avec une personne, celle de Jésus, qui nous invite à aimer Dieu et notre prochain comme nous-même, la notion de personne est très difficile à traduire dans le bouddhisme. Comme l'écrit François Ponchaud[40] dans son ouvrage , la personne est considérée

40. François Ponchaud, entretiens avec Dane Cuypers, *L'Impertinent du Cambodge*, Magellan & Cie, 2013.

comme un « agrégat de sensations qui, lors de la mort, ont transmigré pour former un autre être », conformément à la loi selon laquelle le karma d'un individu continue d'agir après sa mort et crée les conditions d'une renaissance. À l'absence de cette notion de personne, s'ajoute la solitude ontologique du bouddhiste face à sa propre existence. Dans la sagesse bouddhiste, le chemin de salut est un travail personnel intérieur destiné à se libérer de nos passions, bonnes ou mauvaises. Et de ce point de vue, le bouddhisme est un trésor d'enseignements sur l'esprit humain et la psychologie. Il se fonde sur une recherche individuelle d'authenticité dans laquelle autrui non seulement n'est pas une voie de salut comme dans le christianisme, mais constitue une source de déviation. À cet égard, l'amour est un état imparfait car celui qui aime s'attache. Ce besoin de l'autre fait naître un manque qui engendre notre propre souffrance. L'idéal bouddhique est donc de parvenir à un état sans amour et sans haine, le nirvana spirituel de l'équanimité.

Les moines bouddhistes sont le signe vivant de cet exercice de détachement et de purification, auquel on parvient au terme de nombreuses vies par lesquelles Bouddha est lui-même passé. Cette absence de prise en compte d'autrui dans le plan salvifique du bouddhisme est une des raisons pour lesquelles il n'existe, au Cambodge, que très peu d'associations bouddhistes qui viennent en aide aux pauvres. La vie de pauvreté que certains reçoivent n'est que la rançon de leur comportement dans une vie précédente. L'état de vie des uns et des autres s'explique de manière rationnelle par une distribution de mérites acquis au cours des vies antérieures. Découle de cela une forme d'acceptation, où les riches d'aujourd'hui seront peut-être les pauvres de demain, où les victimes d'aujourd'hui peuvent devenir bourreaux dans une autre vie. La lenteur de la mise en place des procès contre les hautes figures khmères rouges, dont certaines continuent de faire partie du gouvernement, témoigne de ce fatalisme que la communauté internationale a bien du mal à concevoir. Dans notre culture, nous avons besoin de désigner et condamner les responsables pour faire notre devoir de mémoire.

Ce n'est qu'en faisant l'effort de comprendre chaque culture qu'une vraie rencontre est possible avec l'autre. Mais comment parler de religion avec des Cambodgiens ? Comment des Cambodgiens du XXIe peuvent-ils se reconnaître dans une religion fondée sur un homme qui s'est incarné dans la culture juive au Moyen-Orient il y a 2000 ans ? Croire qu'il y a une vérité n'en fait pas de nous les exclusifs détenteurs. Il ne s'agit pas donc pas d'imposer une religion mais de proposer une autre vision du monde, de la vie et de l'amour à ceux que nous rencontrons. C'est le mystère de l'incarnation qui rend possible l'annonce de Dieu à tous les hommes. Au lieu de dire aux enfants du centre que ce n'est pas bien de torturer un lézard, la sœur Michelle nous racontait comment elle parvenait à leur expliquer le respect qu'ils devaient témoigner aux animaux à partir de leur croyance bouddhique en la réincarnation.

Pour évangéliser, il faut se nourrir de la croyance de l'autre, de la culture bouddhique en l'espèce, sinon c'est de l'impérialisme. Nous avons été témoins, en Argentine et au Chili, de la violence de ceux qui proclament leur vérité en toquant aux portes, en distribuant des bibles à tour de bras et en déclarant la nécessité de se repentir. Ceux-là ne respectent pas la dignité des personnes. La religion ne s'explique pas par une vérité intellectuelle à trouver ou des rites à pratiquer mais par un tête-à-tête ou plutôt un cœur-à-cœur avec Jésus. Cette rencontre ne se fait jamais de manière brutale mais s'inscrit dans l'histoire personnelle de chacun. Lorsque, dans la préparation du projet, je parlais de ce centre et de ces sœurs du Bon Pasteur qui aident les filles à sortir de la prostitution, systématiquement les gens me demandaient :

« Et alors, elles en ont sorti combien ? »

Cette question m'a habité pendant la mission et je n'ai pas pu m'empêcher de la poser à la sœur Michelle qui m'a répondu avec sa douceur habituelle :

« La vie est un long chemin et ce que nous disons aux filles c'est que nous serons toujours avec elles. Quand *elles* seront prêtes et non quand *nous* voudrions qu'elles soient prêtes. »

Ma première rencontre avec la sœur Michelle est un coup de foudre ou plutôt un coup de grâce. À la sortie d'une messe à la paroisse Saint-Michel, une petite femme au dos légèrement courbé, s'avance vers moi d'un pas lent. Débarqués depuis peu à Sihanoukville, nous ne connaissions pas encore les sœurs, si bien que je suis assez surpris quand cette femme que je n'ai jamais vue plonge son regard dans le mien et me prend par le bras. Elle porte une chemise grise et de grandes lunettes aux imposantes montures noires, ses cheveux grisonnants sont tirés en chignon. Rien *a priori* ne laisse penser qu'il s'agit d'une religieuse. La perfection de ses traits lui donne une expression presque angélique, que la sagesse a brodée de légères plissures. Ses yeux bruns, éclairés par les doux reflets de son âme, semblent lire en moi comme dans un livre.

« Quentin ? »

À ce mot, mes jambes se liquéfient et mon cœur se met à battre la chamade. En guise de réponse, je balbutie :

« *Yes…*

— *It is a great joy for us to welcome you here*[41]. »

La phrase est on ne peut plus banale, mais à cet instant je reçois chaque mot d'une manière nouvelle comme si je les entendais pour la première fois. La sœur Michelle ne parle pas seulement avec sa bouche mais avec tout son corps et surtout son cœur. En sa présence, le temps est moins prompt à s'écouler, il prend patience de nos empressements et semble plus disposé à collaborer. Pendant toute notre mission, Michelle a éduqué nos cœurs à choyer le temps.

Devant notre impatience à savoir si les cours mis en place par le centre ont permis de sortir des filles de la prostitution, elle nous éclaire de sa sagesse :

« Vous pouvez faire sortir une fille d'un bar, mais vous ne pouvez pas arracher le bar de son for intérieur. »

En vivant dans ce système, les filles y mettent une partie d'elles-mêmes, leur cœur mais aussi leurs espoirs. Chaque jour, elles espèrent que demain sera meilleur. Nous fonctionnons exactement de la même manière dans nos vies, et c'est ce sur quoi Michelle nous a ouvert les yeux :

« Combien de temps nous a-t-il fallu pour être ce que nous sommes ? Avec toutes les opportunités qui nous sont offertes ? Qu'en est-il donc de nos frères et sœurs en marge de la société qui n'ont pas d'autres opportunités ? »

***

41. « C'est une grande joie pour nous de vous accueillir ici. »

En arrivant chez Bonlan ce matin, je suis surpris de voir son mari assis sur le canapé où les autres élèves s'assoient habituellement. Je l'avais croisé une seule fois, avant mon premier cours, mais il semble aujourd'hui décidé à y assister. Étant lui-même anglophone, je doute que l'anglais soit la raison de sa présence. D'un air inquisiteur, il me salue froidement. J'interroge du regard Kolianey qui me fait signe de commencer le cours comme d'habitude. J'ai l'impression d'avoir un inspecteur de l'Éducation nationale dans ma classe. Je corrige les exercices que nous avions donnés la semaine dernière sur le cahier de chacune de mes élèves. Lorsque je m'assois en tailleur à côté de Bonlan pour inspecter son travail, je me concentre pour la regarder bien dans les yeux car elle arbore aujourd'hui un large décolleté. Même si, au fil des semaines, le comportement de Bonlan est moins séducteur, ses tenues le demeurent. Je sens le regard de son mari dans mon dos qui épie chacun de mes gestes.

« C'est bien, Bonlan, tu as quasiment tout juste, lui dis-je d'un ton exagérément professionnel.

— Merci Quentin, tu es le meilleur professeur ! », dit-elle avec enthousiasme.

Dans ma tête, j'espère que Bonlan ne sera pas trop avenante aujourd'hui, je n'ai pas envie de me faire casser la figure.

« Aujourd'hui, nous allons parler de voyage : où est-ce que vous aimeriez voyager ? »

Aunti So répond sans grand entrain :

« Aux États-Unis, mais j'ai entendu que les visas étaient très difficiles à obtenir pour aller là-bas. »

Par souci de les faire parler autant que par naïveté, je lui demande :

« Pourquoi ?

— Parce qu'ils ont peur qu'on aille là-bas, qu'on se marie et qu'on ne revienne pas dans notre pays.

— Il faut avoir une lettre de recommandation d'un ami ou d'un membre de notre famille pour aller dans le pays, surenchérit Bonlan, sinon les autorités refusent. »

J'admire la lucidité de ces filles autant qu'elle me rend triste. À aucun moment, elles n'ont cherché à dissimuler leur condition et les situations malheureuses dans lesquelles elles vivent. Alors que moi, combien de fois ai-je tenté de cacher mes défauts, de masquer mes émotions pour sauver la face devant les autres ? Conscientes de leur condition et du regard qu'on porte sur elles, ces filles sont d'une humilité et d'une spontanéité presque infantile. Lorsque vient mon tour de parler de voyage, je raconte celui de cette année mais je parle aussi de la France, de la beauté de ses régions et de la diversité de ses paysages. Mes élèves me regardent avec des yeux rêveurs, quand Bonlan me demande le plus naturellement du monde :

« Quentin, tu es mon meilleur ami en France, est-ce que je pourrai venir te rendre visite quand tu seras rentré ? »

Surpris par la question, je suis d'abord touché par la sincérité de Bonlan. Évidemment, être son « meilleur ami en France » n'est pas difficile puisque je suis le seul, mais à travers cette phrase, j'ouvre soudain les yeux sur la considération qu'elle me porte. Nous nous connaissons depuis peu mais les semaines qui défilent voient notre relation évoluer petit à petit. Si elle cherchait surtout à rire et parfois à me provoquer lors des premiers cours, son attitude envers moi a progressivement changé. Elle semble mettre plus d'application dans son travail et nous pouvons avoir des moments privilégiés de discussion comme celui-ci. Habituée à ma présence, elle me témoigne de plus en plus de confiance jusqu'à me considérer comme un ami. À cette question néanmoins, je ne sais pas quoi répondre et d'ailleurs je me rappelle seulement avoir souri d'un air embarrassé. Que puis-je dire sans la blesser ni la faire espérer ?

À la fin du cours, Bonlan nous invite avec Kolianey à passer un moment avec les autres élèves pour jouer au billard et prendre un thé. Je me tourne vers le mari qui s'est assoupi sur le canapé. Il a dû se rendre compte que je n'étais pas une menace pour son couple. Nous restons donc une petite heure à discuter avec les filles et à jouer au billard. Bonlan me bat deux fois de suite. C'est un coup pour mon orgueil mais je me rassure en me disant qu'elle a plus d'entraînement que moi. Entre deux blagues, elle me remercie pour ma présence pendant ces cours, et me dit qu'elle serait prête à venir rendre visite aux sœurs au centre. Lorsqu'elle lance l'idée, je ne réalise pas le petit miracle qui vient de se produire. En repartant, je fais part à Kolianey du souhait de Bonlan auquel celle-ci répondra positivement par un large sourire.

Le lendemain après-midi, nous voyons débarquer au centre Bonlan et Aunti So. Je suis content de les présenter à Jean et Geoffroy qu'elles ne connaissent pas mais dont je leur ai souvent parlé. Maquillées comme des camions volés, elles se dandinent sur leurs talons jusqu'à la cuisine où nous nous asseyons quelques instants. Bonlan m'a gentiment apporté des gâteaux que je partage avec mes deux compères. Un peu plus gêné que d'habitude, je fais preuve de moins de repartie aux taquineries de Bonlan. Quand la sœur Michelle arrive, Kolianey me fait comprendre qu'il serait préférable que nous les laissions discuter plus tranquillement. Je ne l'apprendrai qu'après, mais c'est la première fois que Bonlan accepte de venir jusqu'au centre des sœurs.

***

Au-delà des cours, notre mission avec les sœurs se poursuit dans les bars dans lesquels nous nous rendons pour rencontrer de nouvelles élèves et faire connaître le centre. Ce soir, c'est la première fois que nous y allons et nous ne sommes pas très rassurés. Il est 21 heures, et nous nous dirigeons vers le bord de mer où se trouvent tous les bars. Il n'y a pas grand monde, il est encore trop tôt.

On commence par un premier bar dans lequel les sœurs connaissent certaines des filles qui y travaillent. Accompagnés des membres du staff Fountain of Life, elles comprennent très vite que nous ne sommes pas des Européens comme elles ont l'habitude d'en voir. Nous sommes chaleureusement accueillis par un petit groupe qui nous observe avec de grands sourires. Certaines nous font leur numéro de charme. Pas encore très à l'aise dans ce nouvel environnement, nous restons plantés comme des piquets avant que l'une d'entre elles nous propose de faire un billard. Difficile de se concentrer car nos hôtes sont bien décidées à s'amuser un peu et à nous tester. Quand vient mon tour de jouer, je fais le tour de la table et passe devant une grande brune qui me flanque une fessée au passage. Un peu surpris, je fais mine de ne pas trop y prêter attention. Alors que je me penche pour ajuster mon tir, une autre à la poitrine proéminente se poste juste devant moi et me montre ses seins. Voyant mon embarras, ses copines explosent de rire et nous aussi. À la fin de ma partie, j'observe du coin de l'œil l'arrivée des « vrais » clients. Ils s'assoient, les filles leur tournent autour tel un essaim d'abeilles, et les mains baladeuses trahissent l'empressement de certains. La plupart des clients ne sont ni violents, ni ivres, ils mendient un peu d'amour dont ils semblent manquer terriblement. Certains couples nouvellement formés pour l'occasion repartent main dans la main après un verre ou deux.

Nous nous dirigeons ensuite dans un autre bar un peu plus loin, tenu par un Israélien d'une quarantaine d'années qui connaît les sœurs et le centre. Non seulement il n'est pas hostile à la proposition des sœurs, mais il encourage ses « employées » à prendre des cours d'anglais gratuits au centre. L'anglais peut effectivement leur permettre, à court terme, de rentrer plus facilement en contact avec les clients. Mais les sœurs, dont le but ultime n'est pas uniquement d'arracher à tout prix les filles des griffes de la prostitution, savent que la maîtrise de l'anglais permet de rééquilibrer le rapport de forces qu'elles entretiennent avec leurs clients. Comprendre ce que disent les clients les met sur un pied d'égalité, leur permet de repérer les moins respectueux et donc de se protéger des plus indésirables.

Vers 23 heures, l'ambiance se réchauffe, les sœurs nous font signe que nous risquons de gêner l'afflux des clients qui ne faiblit pas, nous partons donc en direction du Dolphin Shake. À mon arrivée, je jette un coup d'œil à mon voisin de table, en proie à une solitude qui n'a pas l'air de le déranger. Soudain je le vois lever le doigt pour signifier son choix au passage d'une charmante jeune fille. C'est comme dans un rayon de Carrefour, sauf qu'on n'a pas besoin de se déplacer.

Si cette rencontre, dont tout le monde peut imaginer l'issue, est monnaie courante au Dolphin Shake, elle n'est qu'un exemple de la brutale réalité de la prostitution. Dans ce système organisé, nous rencontrons différents profils. Celles qui travaillent en free-lance : le soir venu, elles déambulent le long des bars en attendant d'être sélectionnées. Les autres collaborent ou appartiennent au patron d'un bar comme Arin. Certaines payent au patron le droit de séduire les clients ; leur tâche consiste à inciter à la consommation. Certaines reviennent au patron, les extras sont pour elles. Celles qui sont encore vierges ne sont là que pour tenir compagnie, les clients n'ont pas le droit de les toucher. Les autres sont numérotées et le client, après avoir choisi son numéro, peut repartir avec son lot en réglant directement au comptoir.

Les profils des clients sont eux aussi assez variés. Des hommes seuls, en vacances ou en reconversion, des retraités et des bandes de copains qui prétendent innocemment venir se faire un peu plaisir. Cela est très difficile pour moi de ne pas juger ces hommes. J'éprouve de la peine pour ceux qui sont désespérément seuls mais aussi de la colère envers ces jeunes en quête de nouvelles expériences. Ils n'ont pas idée de la détresse que vivent celles dont ils profitent. J'essaie toutefois de ne pas plaquer ma vision manichéenne du monde. Venir se prostituer en ville est aussi un moyen pour les filles de sortir de leur cercle familial qui est souvent le théâtre d'abus sexuels non moins violents ; certaines payent leurs études et d'autres trouvent un étranger qui les entretiendra et les sortira de là.

Malgré la complexité des situations et la nécessité de ne jamais juger les personnes, les actes n'en sont pas moins condamnables. Personne ne marchande son corps pour le plaisir. Si la vue de ces hommes me révolte, elle me donne surtout envie de pleurer.

Parmi les clients, certains Blancs promènent clairement leur regard à la recherche d'une proie. En face de moi, se tient un jeune homme qui doit avoir une trentaine d'années : il est roux et porte une barbe négligemment taillée. L'imposante chaîne autour de son cou s'accorde parfaitement avec son physique un peu balourd. Il s'adresse à moi avec un léger accent canadien :

« Tu vois, ici tu n'as qu'à pointer du doigt et toutes les femmes sont à toi ! »

Ce gars-là m'a fait une grande peine. J'ai eu le sentiment de voir un homme bloqué au stade de l'adolescence. Cette période où on n'a pas confiance en soi, où, à la fois intrigué et émerveillé par la découverte de l'autre sexe, on pose des regards et des gestes maladroits. L'argent renverse les valeurs ; lorsqu'il est au centre des rapports, la personne humaine perd sa dignité et devient un objet que l'on peut se procurer. L'achat n'est pas seulement un acte économique, c'est aussi un acte moral. L'argent entretient l'Homme dans son illusion de toute puissance en lui donnant l'impression de pouvoir satisfaire tous ses désirs : *Je peux prendre du plaisir sur commande, je peux acheter un corps et le forcer à m'aimer.*

Je suis profondément attristé par ce décor tragique que les gens autour de moi ne semblent même plus remarquer. À ce canadien que j'ai rencontré ce soir, j'aurais eu envie de confier la détresse de celles dont il souhaite profiter. En réalité, j'ai d'abord pensé lui mettre mon poing dans la figure puis il m'a fait de la peine. J'ai eu envie de le rassurer sur son besoin de tendresse en lui disant que nous étions faits pour aimer et être aimés car quelqu'un nous avait aimés en premier, quelqu'un qui connaît tout de notre cœur. Quelqu'un qui ne condamne pas mais qui relève. Quelqu'un qui aime en nous jusqu'à nos faiblesses. Mais ce soir, je n'ai pas réussi à trouver les mots.

***

Devant la charge de cette mission difficile, les paroles de Michelle sont toujours d'un grand réconfort. Cet après-midi, nous la trouvons assise, accoudée à une table dans le jardin à l'arrière du centre. Elle semble lire quelques notes sur un papier avant de lever les yeux à notre arrivée. Elle nous interroge en anglais :

« Mes chers fils, comment allez-vous ?

— Nous allons très bien, ma sœur », répond poliment Jean.

Comme elle nous fait signe de nous asseoir, nous ne nous faisons pas prier. Nous aimons passer du temps avec elle. Même si elle est toujours occupée à traiter de multiples affaires, elle n'en a jamais l'air et semble toujours disponible.

« Comment vous sentez-vous dans votre mission ? »

Après quelques minutes de conversation un peu convenue, je me décide à lui confier les questions qui nous taraudent :

« Comment faites-vous pour ne pas désespérer dans la charge de votre mission ? »

Devant son silence, Jean estime bon de préciser la question :

« Quelle est cette force qui vous anime, ma sœur ? »

Avec un sourire d'ange et marquant un long temps de pause, Michelle retire ses lunettes, les pose délicatement sur la table et nous regarde avec affection :

« Je pense que la question que vous posez est très importante : d'où vient cette énergie qui nous pousse à marcher vers demain ? Je crois que c'est ce que nous cherchons, qui nous pousse à chercher. À chaque fois que nous croyons en nos rêves, nous devenons plus forts que nos combats : vous êtes plus grands que tous les défis auxquels vous aurez à faire face, croyez-moi. »

La voix de cette femme est une symphonie qui chante doucement en moi. Ses mots sont d'une étonnante simplicité, pourtant chaque phrase tombe si juste et s'impose telle une évidence.

« Dieu est notre énergie première et, une fois remplis, nous pouvons croire que, peu importe ce qui se passera, nous pourrons faire face. Si j'ai fait face hier, pourquoi ne ferai-je pas face demain ? Hier est la preuve que je peux y arriver, c'est le cadeau que Dieu nous fait. »

Michelle vit ce qu'elle dit. Alors que la plupart d'entre nous passons notre temps à dire des choses que nous ne faisons pas. Ce décalage entre nos paroles et nos actions est source de grandes frustrations. « Prenez patience de vos lenteurs », nous dit-elle. Chez elle, ce décalage n'existe pas. De son unité de vie jaillit au quotidien une source lumineuse qui irradie son visage, jamais éteint. Comment faire pour devenir comme elle ? Est-ce qu'elle était déjà comme ça à 15 ans ?

Elle poursuit, toujours avec la même douceur :

« Je voudrais vous raconter une histoire : un jour nous avons choisi de fêter la Saint-Valentin à notre manière. J'ai demandé à toutes les femmes présentes à mon cours de dessiner ce qu'est leur vision de l'amour. Je me rappellerai toujours de l'une d'entre elles qui avait fait deux dessins. Sur la première feuille, elle avait dessiné son fils en habit d'écolier marchant sur les chemins de son village pour se rendre à l'école. Sur une autre feuille, elle s'était dessinée elle-même, rampant comme un chien, tenue en laisse par un étranger. Cette femme gardait son enfant dans son cœur, en route vers l'école pour un avenir meilleur. Lorsque j'ai vu ce dessin, j'ai pensé à Joseph d'Arimathie, vous connaissez cet homme ? »

Jean et Geoffroy hochent la tête en signe d'approbation mais je préfère répondre non pour être sûr d'avoir la fin de l'histoire.

« C'est l'homme qui descend le corps brisé du Christ cloué sur la croix. Ces femmes attendent de nous que nous les libérions, que nous les consolions, que nous descendions leurs corps blessés par cette globalisation de l'indifférence qui nous pousse à ne plus nous soucier des autres. Ce dessin, j'aime le voir comme la mission de Joseph d'Arimathie. Nous sommes appelés à panser les plaies que nous avons nous-mêmes causées par notre indifférence. Et alors que nous pansons leurs plaies, c'est aussi les nôtres que nous pansons. Aucune rencontre ne se fait par hasard. »

***

Je pense alors à ma rencontre avec Jean et Geoffroy en réalisant que ce n'est sûrement pas pour rien si nos chemins se sont croisés. J'aime passer du temps avec eux car nous nous entendons à merveille, que nous pouvons tout partager mais aussi parce que nous nous faisons mutuellement grandir. Du point de vue de la vie communautaire, cette mission avec les sœurs est totalement différente de la précédente car nous sommes séparés pendant la journée mais aussi le soir, puisque nous avons chacun notre chambre. Si au début nous nous en plaignions, cela nous a permis de vivre cette expérience chacun de notre côté, et de toute façon nous gardons à cœur de partager régulièrement sur nos ressentiments. En repensant à ces bilans, je me rends compte que, même si la communication nous a permis de prévenir et de résoudre des petits conflits dans la vie quotidienne, elle reste impuissante à nous dévoiler le cœur de l'autre. Même s'il tente de nous expliquer ce qu'il ressent, l'autre reste pour nous un insondable mystère. De la même manière, nous faisons l'expérience d'être incompris. Malgré toute l'attention du monde, Jean et Geoffroy ne peuvent pas totalement comprendre ce que j'ai au fond de mon cœur. Il y a des joies qui ne s'expliquent pas et des peines que les autres ne peuvent porter. C'est l'expérience paradoxale que nous faisons petit à petit avec mes deux camarades. Plus nous progressons dans la connaissance les uns des autres, plus nous réalisons que le réconfort que nous cherchons chez l'autre n'est pas de nature à assouvir la soif de paix qui nous brûle. La seule source capable d'étancher cette soif est le réconfort intérieur que nous trouvons chacun dans le silence de la prière, dans un cœur-à-cœur avec Dieu.

***

Notre mission touchant à sa fin, sœur Michelle, qui nous quitte pour rejoindre le centre des sœurs en Thaïlande, nous propose de la retrouver là-bas dans quelques jours. Nous acceptons sa proposition avant de prendre le temps de faire nos adieux aux autres sœurs et aux membres du staff. C'est non sans un pincement au cœur que nous quittons cet endroit dans lequel nous avons passé près d'un mois et demi. Nous avions pris nos habitudes dans ce centre, la pause jardinage de l'après-midi, les cache-cache avec les enfants, mais aussi nos discussions avec la sœur Michelle à qui nous sommes heureux de ne pas dire au revoir définitivement. Grisés par les nouvelles étapes qui nous attendent, nous emmenons avec nous son sourire rayonnant qui nous a tant touchés. Si je devais me représenter un saint aujourd'hui, je penserais à elle. Je me rappelle soudain avec émotion notre première rencontre. Nous n'oublierons jamais cette femme avec qui j'espère sincèrement rester en contact.

Notre prochaine mission doit se tenir en Afrique mais elle ne commence que dans deux semaines, si bien qu'une nouvelle période d'itinérance s'ouvre devant nous. Nous partons en direction du nord du Cambodge vers la province de Battambang où un jésuite dont nous avons entendu parler serait susceptible de nous accueillir au moins pour une nuit.

Ce prêtre jésuite qui se fait appeler Mgr Kiké, de son vrai nom Enrique Figaredo, est d'origine espagnole. Après avoir longtemps vécu dans des camps de réfugiés en Thaïlande, installés pour accueillir les Cambodgiens forcés à l'exil par le régime khmer à la fin des années 80, il crée en 1991 la Maison de la colombe, à Benteay Prieb au Cambodge, un centre d'accueil et de formation pour les enfants victimes de la guerre. Devant le succès de cette mission, il est envoyé neuf ans plus tard à Battambang pour venir en aide aux habitants dans cette province, anéantie par le régime de Pol Pot.

C'est en partant d'une aire de parking que Kiké va petit à petit faire rejaillir la vie dans cette région meurtrie par la guerre. Pendant quinze ans, il va mettre en place des programmes suffisamment variés pour prendre en charge la majorité des besoins des habitants de Battambang : création d'une école, d'un centre médical, d'ateliers de conception et de fabrication de fauteuils roulants – maintenant vendus partout dans le monde –, d'un foyer d'accueil pour les étudiants des villages alentour, ou encore d'un programme de microcrédit destiné aux familles les plus pauvres. Cette organisation, qui constitue la préfecture apostolique de Battambang, remplit un véritable rôle de service public.

Tous ces programmes, il ne s'est pas contenté de les mener tout seul, il a en effet réussi à impliquer de nombreuses ONG, avec qui il travaille main dans la main, et il se rend également régulièrement en Europe pour lever les fonds indispensables à la mise en place des nouveaux projets. L'engagement de Kiké a permis de ramener à la vie des milliers de personnes à qui il continue d'offrir des opportunités pour sortir de la pauvreté.

À notre arrivée à Battambang, Kiké nous reçoit très chaleureusement et accepte de nous accueillir pour quelques jours. Malgré ses cheveux poivre et sel – plus sel que poivre d'ailleurs –, il ne fait pas du tout son âge. Vêtu d'un costume bleu foncé et d'un col romain – ce qui mérite d'être noté chez un jésuite –, Kiké porte autour du cou une croix argentée avec un christ unijambiste. Cette croix montre un Jésus qui endosse le fardeau de tous ces Cambodgiens qui ont sauté sur des mines antipersonnel et auxquels ce jésuite a dédié sa vie.

Lors de notre séjour, nous découvrons les différents programmes mis en place pour venir en aide aux populations locales, notamment une usine textile construite grâce à des dons, et qui emploie aujourd'hui une soixantaine de personnes. En nous nous faisant visiter l'usine, Kiké nous explique que la chose la plus difficile dans ce genre de projets est de faire changer les mentalités de ceux à qui l'on vient en aide :

« Ici les personnes pauvres employées par l'usine ont pris l'habitude de recevoir une assistance sans avoir besoin de faire d'efforts en retour. Ils n'ont pas le réflexe de la contrepartie, se plaignent et s'habituent facilement à ce qu'on fait de bien pour eux sans éprouver le besoin de persévérer dans leur travail. »

Politiquement très incorrecte, cette expérience n'est pourtant pas isolée et témoigne des difficultés de la mise en place des programmes humanitaires dans lesquels les volontaires veulent *faire* des choses pour les gens avant d'*être* avec eux. Nous voulions à tout prix éviter cet écueil avec Jean et Geoffroy cette année. Avant de partir nous étions obsédés par ce que nous devrions faire sur place. Devrions-nous mettre nos compétences d'école de commerce au service des associations que nous allions rencontrer ? Allions-nous prétendre changer quoi que ce soit alors que nous ne restions qu'un mois ou deux ? Même si l'on part avec la meilleure volonté du monde, on risque d'exporter des solutions toutes faites, parfois astucieuses dans l'absolu, mais décalées par rapport à la vie et à la mentalité de ceux qu'on souhaite aider. Kiké, lui, n'a pas eu besoin de faire de choix : il propose des choses concrètes mais il vit également avec eux.

Aujourd'hui, Mgr Kiké nous emmène dans sa paroisse où une foule d'enfants trépigne en attendant l'arrivée de leur bienfaiteur. À notre descente de voiture, les enfants en file indienne viennent nous saluer. Chacun leur tour, ils s'inclinent légèrement devant nous, les mains jointes. D'un air malicieux et le sourire aux lèvres, ils nous disent bonjour : « *Choum riab souar !* » La cérémonie d'adieux, elle aussi, prendra bien dix minutes. Ils nous font visiter les différents bâtiments, les champs où ils cultivent toutes sortes de légumes, les dortoirs, les salles de cours, avant qu'un roulement de tambour sonne le début du cours de danse dispensé sur le parvis de la grande chapelle qui domine le lieu. Au rythme de ce qui ressemble à un xylophone, les enfants participent à une étonnante séance de stretching.

Au sol, les enfants s'étirent d'abord le dos et les jambes. Ils sont beaucoup plus souples que je ne l'ai jamais été – et que je ne le serai jamais. De même, lorsqu'ils ouvrent la paume de leurs mains, leurs doigts parviennent presque à toucher leurs avant-bras. Intrigués par cet exercice, nous essayons de les imiter avant de manquer de nous tordre le poignet et de nous fracturer trois phalanges. La séance s'achève sur un spectacle que Kiké, si l'on en croit son émerveillement, semble découvrir pour la première fois. Ses yeux sont encore plus plissés que d'habitude et il a un sourire jusqu'aux oreilles. Pourtant, ce spectacle, il le connaît bien, puisqu'il a emmené ces enfants se produire pour une tournée en Europe il y a quelque temps. Dans une atmosphère de fête et au rythme des percussions, les jeunes vont et viennent en dansant sur eux-mêmes, la paume de leurs mains ouvertes en direction du ciel. Certains sourient, tout excités d'avoir un nouveau public, d'autres, imperturbables, suivent consciencieusement les moindres faits et gestes de leurs voisins pour ne pas perdre la cadence. Je me tourne plein d'admiration vers Kiké et lui demande :

« Comment le Seigneur vous a-t-il inspiré tout ça il y a quinze ans ? »

Il me répond en soupirant de bonheur :

« Oh tu sais, cela s'est fait petit à petit… »

Je crois d'abord à une allusion, avant qu'il continue avec le regard d'un amoureux qui pense à sa dulcinée :

« Et puis j'aime ce que je fais. J'aime la danse même si je suis un piètre danseur. »

Il s'interrompt une seconde en riant de lui-même.

« J'aime la musique, l'éducation, la construction ! »

J'ai beau me le répéter souvent – c'est difficile pour moi d'en être définitivement convaincu –, mais s'abandonner à Dieu, c'est l'assurance de voir les grands désirs de son cœur comblés au-delà de ce qu'on imaginait. C'est un acte de foi à poser chaque jour. L'idée de devoir lâcher prise pour laisser quelqu'un d'autre prendre les commandes me donne le vertige, mais ce qui est certain c'est que le Seigneur ne nous demande jamais de faire des choses que nous n'aimons pas.

Si Mgr Kiké est un travailleur humanitaire persévérant, un manager charismatique, un visionnaire passionné d'art, il est avant tout un humble serviteur de Dieu qui a dédié sa vie aux plus pauvres. C'est d'ailleurs ce qu'il y a de plus frappant chez cet homme qui a tenu ces paroles lorsque nous l'avons quitté :

« On veut toujours faire des exploits pour Dieu : des grands projets aux yeux des hommes ! On met Dieu sur le devant de la scène pensant démultiplier l'impact de son message… Mais lui n'a jamais voulu être en avant, il a choisi la dernière place. »

***

À l'issue de notre escale à Battambang, nous franchissons la frontière du Cambodge au niveau de Païlin pour entrer en Thaïlande et rejoindre Pattaya. Même si nous avions déjà vécu une première confrontation avec la réalité de la prostitution à Sihanoukville, nous tombons littéralement des nues en découvrant cette ville. Épicentre de la prostitution en Asie du Sud-Est, nous sommes vite plongés dans son ambiance. Hébergés chez les sœurs du Bon Pasteur et retrouvant la sœur Michelle avec joie, nous participons à une maraude dès le premier soir de notre arrivée. À bord d'un t*ouc-touc*, une fille apostrophe Jean :

« *Hey handsome boy !* »

Nous ne nous faisons pas d'illusions sur ce compliment dont nous avons appris à douter de la sincérité. Les premières fois, nous trouvions ces approches plutôt gratifiantes : c'est vrai qu'on n'est pas mal, à côté de tous ces vieux clients ! Mais nous n'avons pas tardé à comprendre que ces mots doux étaient indistinctement adressés à tous les passants.

« *Hey, how are you ?* », lui répond Jean avec entrain.

Sans même faire mine de répondre à la question, la fille lui lâche, très amusée :

« *Tonight good luck for you, good fuck for me !* »

Elle poursuit visiblement déterminée :

« *You know what is fuck ?* »

Elle finit par mimer une fellation devant les yeux ébahis des deux autres touristes présents à bord du *touc-touc*. Nous nous retenons d'exploser de rire. Que dire, à part un « Je vous salue Marie » ? À notre descente, nous nous dirigeons dans un bar où les sœurs vont souvent et je me mets à jouer au billard avec une fille – ou est-ce un garçon ? J'avoue que je ne sais pas trop. Nous nous amusons bien et j'essaie de me comporter en ami, de la regarder avec le plus de bienveillance possible. J'ai l'espoir qu'à travers mon regard elle sente la présence aimante que nous sentons chez sœur Michelle. Mais à la fin de la partie, la fille se tourne vers moi et tente, enjouée :

« Tu m'offres un verre ? »

Je me sens vraiment nul. Alors que j'avais essayé de créer une relation qui ne soit pas basée sur la séduction, je me rends compte de ma naïveté. Comment ai-je pu penser qu'il puisse en être autrement ?

Ce bar se trouve à quelques rues de la tristement célèbre Walking street, où la prostitution est industrialisée. Des centaines de filles se tiennent à l'entrée des bars pour racoler les clients. Le temps de la soirée, elles seront hôtesses de l'air, étudiantes, infirmières ou policières afin de satisfaire tous les fantasmes possibles et imaginables. Aux différents étages des bâtiments, les filles se déhanchent sur des barres de strip-tease dans des vitrines éclairées par des lumières de toutes les couleurs. La foule de passants se presse dans cette rue bruyante qui tourne à la foire d'empoigne. Certains clients entrent dans le jeu et se laissent alpaguer, d'autres se moquent ouvertement des filles qui se trouvent en compétition les unes avec les autres. Nous sommes tous les trois profondément mal à l'aise. Ces filles, dont certaines sont si jeunes, sont réduites à n'être que de vulgaires morceaux de viande. Nous aurions aimé prendre du temps pour discuter avec elles et leur témoigner une autre forme d'intérêt, mais ce n'est ni le moment ni le lieu. Nous convenons bientôt qu'il est temps pour nous de rentrer. Nous étions venus ce soir avec le désir de poser des regards purs, de montrer qu'on pouvait s'intéresser à elles pour autre chose que leur corps, pour leur parler du centre Fountain of Life mais nous nous sommes sentis bien démunis.

Le centre à Pattaya est bien plus ancien que celui de Sihanoukville puisqu'il a été créé en 1988. Aujourd'hui, près de 400 femmes viennent quotidiennement au centre bénéficier des cours d'anglais et des formations professionnelles dispensées par les membres du staff. Depuis bientôt trente ans, Michelle et ses sœurs accompagnent des filles pour les sortir de la prostitution, un processus qui s'inscrit dans la durée et qui a permis à certaines d'entre elles de se relever.

C'est le cas de P-Oye que nous rencontrons cet après-midi. Assis en tailleur dans la chapelle du centre aux côtés de la sœur Michelle, nous attendons la venue de P-Oye qui doit arriver d'une minute à l'autre. L'obscurité de la pièce et la chaleur étouffante qui y règne, malgré les ventilos qui tournent à plein régime au-dessus de nos têtes, rendent l'atmosphère pesante. Au bout de quelques instants, la porte s'ouvre et nous restons assis en signe de respect. P-Oye s'assoit péniblement à côté de sœur Michelle sans nous prêter un regard. P-Oye est un transsexuel d'une cinquantaine d'années qui est entré dans le monde de la prostitution à l'adolescence. Son teint blafard, ses cicatrices et son nez bosselé témoignent des violences qu'il a subies par le passé.

À 17 ans, lorsqu'il quitte sa famille et son village natal, P-Oye débarque à Pattaya, une ville côtière du sud de la Thaïlande, attiré par les paillettes et le strass de cette station balnéaire touristique. C'est une nouvelle vie pleine de promesses et d'espoirs qui attend cet adolescent qui a toujours voulu être une fille. Il décide alors de se travestir et de se prostituer dans les innombrables bars que compte la ville. Chaque soir, avant de s'endormir, il prie pour se réveiller dans le corps d'une femme. Dans sa jeunesse, P-Oye a tiré profit de ses charmes et mis de l'argent de côté afin de pouvoir réaliser son rêve : devenir une femme. Au prix de nombreuses opérations – le nez, la poitrine, le torse, puis le sexe – dont le coût est exorbitant, P-Oye parvient finalement à exaucer son vœu. Malgré une apparence qui ressemble de plus en plus à ses désirs, P-Oye n'est pas en paix et souffre de profonds désordres psychologiques et physiologiques.

C'est alors que sa sœur qui accouche d'un petit garçon lui en confie la garde car elle ne peut pas l'assumer. P-Oye y voit l'opportunité de devenir mère, accepte et prend en charge ce bébé dont il ignore comment il va pouvoir s'en occuper. C'est à ce moment de sa vie que P-Oye fait la rencontre de la sœur Michelle et de son centre dans lequel ce petit garçon pourra recevoir de la nourriture et des soins. Cette rencontre improbable va se transformer en une profonde amitié. Sur le papier pourtant, tout semble les opposer. P-Oye est musulman, croit à la réincarnation et n'a pas vraiment un CV de bonne sœur. Pourtant il est frappé par le regard de la religieuse, un regard qu'il n'a jamais croisé auparavant dans les bars, la nuit. La sœur Michelle n'a jamais essayé de le changer, ne l'a jamais jugé mais a toujours été une présence amicale. Un jour, P-Oye, qui travaille au Blue Hawaï, un bar tenu par Mamassa, revient au centre avec des marques de coups et des morsures sur le torse : un client violent a refusé de le payer. La sœur Michelle lui propose de l'accompagner voir le client pour réclamer ce qu'il lui doit. P-Oye refuse car, dit-il, il a de la peine pour son client qui est un vieux monsieur estropié et désespérément seul. La compassion de P-Oye est un étonnant éclairage qui permet de comprendre pourquoi les prostituées nous précèderont dans le Royaume de Dieu.

Après plusieurs années, P-Oye décide d'arrêter de fréquenter les bars mais il lui est difficile de renoncer à son indépendance financière. Toutefois, P-Oye prend des cours de coiffure et d'anglais avec la sœur Michelle pendant trois ans. Il a d'abord du mal à respecter les horaires, continue de boire et retourne souvent dans les bars la nuit. Renoncer à cette vie, c'est aussi renoncer à son rêve de rencontrer un prince charmant. Puis, au terme de ce long chemin, accompagné par la sœur Michelle, P-Oye ouvre enfin son premier commerce qui sera un panaché de salon de coiffure, de pâtisserie et d'animalerie. Dans sa boutique, on peut se faire couper les cheveux, repartir avec un gâteau mais aussi avec un chat… Aujourd'hui, toutes les filles du centre connaissent P-Oye, elles le considèrent comme une grande sœur. Quand on lui pose la question de savoir si il est désormais heureux, P-Oye nous répond avoir enfin trouvé une paix intérieure que les souffrances de son corps et de son âme ne peuvent plus menacer. Seule une question continue de le tarauder à ce jour : « Pourquoi la sœur Michelle s'est-elle tournée vers moi ? »

Quand P-Oye prononce cette dernière phrase, nous comprenons soudain le sens de l'action des sœurs du Bon Pasteur auprès de ces filles à qui elles proposent une nouvelle vie sans jamais forcer la main. Les sœurs ont la sagesse de savoir que les changements en nous se font au terme d'un long chemin intérieur. C'est étonnant de voir comme nous sommes si prompts à vouloir que les autres changent, et si peu enclins à voir le temps qu'il nous a fallu pour en arriver là où nous sommes.

***

Ces quelques jours à Pattaya sonnent la fin de la seconde mission pour nous et le début de deux semaines d'itinérance avant notre départ pour le Bénin. Pour rejoindre ce but, nous partons en direction du nord de la Thaïlande puis du Laos, en passant la frontière à Chiang Khong. Nous ne sommes pas mécontents de retrouver un peu de calme sur les routes de campagne laotiennes que nous avons rejointes après avoir vécu dans le tumulte des villes ces deux derniers mois. Arrivés à la tombée de la nuit dans le petit village de Ban Na, dans le nord du Laos, nous sommes loin d'imaginer le petit coin de paradis dans lequel nous avons débarqué. Alors que nous avions prévu de ne rester qu'une nuit, nous tombons littéralement amoureux de cet endroit et, sans nous être consultés au préalable, nous exprimons tous les trois le souhait de prolonger notre séjour dans la région. Le petit village de Ban Na est accessible à une heure et demie de marche de Mang Koi qui borde la rivière Namou. Comme le Mékong, la Namou River fait partie de ces rivières qui s'étendent du nord au sud du Laos. C'est un village d'une quinzaine de maisonnettes sur pilotis qui se trouve au beau milieu des rizières. Ce petit village, qui nous avait paru mort en arrivant, nous laissait espérer une nuit calme et reposante. C'était sans compter sur la basse-cour au pied de notre cabane sur pilotis. Des coqs n'ont pas cessé de vociférer toute la nuit. C'est donc les yeux gonflés de sommeil que nous nous levons ce matin pour prendre notre petit déjeuner.

Trois chaises semblent avoir été disposées là, pour nous, en face des rizières. Nous faisons bouillir de l'eau à l'aide de notre petit réchaud et partageons un reste de gâteaux qui traînait au fond d'un sac. La brume matinale se dissipe imperceptiblement et nous laisse entrevoir la verdure des montagnes qui nous entourent. Le soleil levant réchauffe nos visages tournés vers les champs de rizières d'un vert grisonnant et bordés par de hautes herbes violettes. Assis en face de cette nature qui se dévoile timidement devant nous, nous sommes comme absorbés par ce paysage si doux. Le silence qui règne nous donne l'impression que le temps s'est arrêté. Même les coqs sont tenus en respect par la beauté de cet instant d'éternité.

Sous le charme de cette nature qui nous tend les bras, nous nous y enfonçons un peu plus pour une balade. Nous marchons sans bruit, attentifs à ne pas troubler la tranquillité du moment. Personne ne parle et chacun laisse son esprit s'évader. Je repense alors à ce début d'année et je réalise que nous sommes déjà à la moitié de notre aventure. Le déjeuner au cours duquel tout a commencé, les mois de préparation, les hésitations me semblent déjà si loin. J'ai l'impression que tant de choses se sont passées et que pourtant tout s'est enchaîné si vite. Le Chili me paraît faire partie d'une autre vie, les sœurs de l'Agneau dans leur quartier de Constitución, Don Luis dans sa montagne... Et il nous reste à découvrir tant de choses encore ! Quel bonheur de n'avoir d'autre souci que celui de savoir où aller demain, où dormir, quoi manger... Quel bonheur de n'avoir pas d'autre responsabilité que celle de refaire son sac et de vivre à fond chaque jour comme si c'était le dernier ! Je ne veux pas d'une vie ordinaire – si tant est qu'il y en ait une. J'ai envie de faire de grandes choses dans ma vie, des choses incroyables. L'idée d'avoir une vie toute tracée, qui respecte les standards de réussite de la société, m'angoisse. Je ne veux pas de ça. Aujourd'hui je me sens capable de sortir des sentiers battus, d'envoyer valser les conventions, je me sens libre de faire ce qu'il me plaît. Le voyage est si propice à la liberté. Cette mise à distance de l'environnement dans lequel j'ai toujours vécu renouvelle des choses en moi. Je découvre des aspirations que je ne me connaissais pas. Prendre le temps de se ressourcer, faire silence, se perdre dans la nature pour s'arrêter un instant. S'arrêter pour écouter les bruits de la forêt, s'arrêter pour observer une abeille butiner, s'arrêter pour boire l'eau d'un ruisseau...

« Quentin ?

— Yes.

— T'as pas trop faim, là ? »

La question de Jean signifie qu'il est l'heure de rentrer pour se mettre quelque chose sous la dent.

Nous quittons cet endroit de rêve pour rejoindre Mang Koua, village *a priori* sans intérêt si ce n'est qu'il est un passage obligé pour atteindre la frontière avec le Vietnam. Nous montons à bord d'une longue barque à moteur qui nous remontera pendant cinq heures le long de la rivière Namou. À peine embarqué, je réfléchis, en bon Français toujours à la recherche du meilleur plan, comment je pourrais avoir une plus belle vue que celle que nous avons déjà dans la barque. Le toit de la barque ne semble pas très solide mais j'ai quand même envie d'y accéder car la vue d'en haut doit être incroyable. Sans faire trop de bruit pour éviter les remontrances de notre conducteur déjà peu conciliant, je me hisse sur le toit de notre embarcation et m'assois en tailleur. Je suis le roi de la rivière Namou. Les montagnes qui la bordent sont gigantesques et leur végétation luxuriante non moins imposante. Je ferme les yeux pour goûter à cette intime communion avec la nature quand un courant contraire me rappelle qu'il faut que je me tienne si je ne veux pas tomber à l'eau. Dans ce moment de grâce, tout ce que j'ai dans la tête semble couler lentement dans mon cœur. Au loin, des buffles se baignent, des enfants nus dansent sur une petite île sous les regards blasés d'un groupe d'hommes qui fument dans leur pirogue. À notre passage, les hommes me voient sur le toit et me font des signes de la main auxquels je réponds avec politesse le sourire aux lèvres. J'entends soudain la voix du conducteur qui éructe quelque chose, probablement en laotien. Comme je ne suis pas censé comprendre, je fais mine de ne rien entendre. Malheureusement, Jean me fait signe de descendre de mon perchoir :

« Le conducteur t'a capté, il est furieux. »

Je redescends donc en réalisant que j'ai dû être dénoncé par mes amis de la pirogue qui, loin de me dire bonjour, ont dû faire signe au conducteur qu'il y avait un gars sur le toit. Ce n'est pas grave, le jeu en valait la chandelle…

La suite de la traversée est moins agréable puisque la pluie se met à tomber et ce sont bientôt des seaux d'eau que nous recevons en pleine figure. Après avoir vérifié que les sacs étaient à peu près au sec, il ne nous reste plus qu'à prendre notre mal en patience puisque nous sommes déjà trempés jusqu'aux os. Il y a tant d'eau à l'intérieur que la barque commence à s'affaisser dangereusement et nous découvrons non sans inquiétude que nous avons désormais les pieds dans l'eau. Le conducteur reste de marbre, cramponné à son gouvernail, qu'il semble avoir de plus en plus de mal à maîtriser. Inquiets, nous nous voyons déjà en train d'essayer de sauver la caméra d'une baignade dont elle ne se remettrait pas. Heureusement, nous apercevons au loin un port de fortune qui pourrait ressembler à Mang Koua. Encore quelques minutes à tenir et nous serons sortis d'affaire.

Nous sommes soulagés de poser le pied sur la terre ferme, au terme d'une traversée qui aura été riche en émotions. Notre premier objectif est maintenant de trouver de l'essence pour recharger notre réchaud et de nous ravitailler en riz. Nous demandons notre chemin aux habitants de Mang Koua qui semblent habitués à croiser des voyageurs entre le Laos et le Vietnam. Victuailles en poche, nous partons à la recherche d'un endroit paisible pour dormir. Le choix du lieu de camp fait toujours l'objet de débats interminables : quel est le meilleur endroit ? Dans la forêt ? Non, il n'y a pas d'eau. Au bord de la rivière ? Non, il risque d'y avoir trop de moustiques. On dort à la belle étoile ou on plante la tente ? Aujourd'hui, c'est la rivière qui recueillera l'assentiment de tous et nous découvrons non loin du village un petit coin un peu caché et relativement plat qui se prête parfaitement au campement d'une tente.

Au bout de quelques mois, même en voyage, une routine s'installe. Certes ce n'est pas métro, boulot, dodo mais on est quand même attachés à certains petits rituels : Jean s'occupe de la cuisine, Geoffroy va chercher le bois pour faire un feu et moi je suis sur la partie aménagement de l'espace, plantage de tente, décoration éventuelle. J'ai également pour mission d'aller chercher des grosses pierres ou autres rondins pour qu'on puisse dîner dans un endroit convenable pour des gens civilisés.

Ce soir, Jean nous a fait cuire le riz le plus infâme qu'on ait peut-être jamais mangé, je n'ai pas aménagé grand-chose si ce n'est un petit étendage pour faire sécher nos affaires encore trempées de notre traversée et Geoffroy essaie de faire un feu à base de bambous. Nous constatons avec satisfaction que le bambou est un bois qui brûle très bien. Comme cela fait trois jours que nous ne nous sommes pas lavés, Jean, le moins sale d'entre nous, propose un rapide bain dans la Namou que nous acceptons à contrecœur avec Geoffroy. Propres comme des sous neufs, il est maintenant l'heure de passer à table si nous voulons que notre riz, à défaut d'être bon et salé, soit au moins chaud. Nous partageons notre plâtrée au bord du feu. Geoffroy nous livre une petite analyse dont lui seul a le secret :

« Et bah vous voyez, je ne savais pas que le bambou brûlait si bien.

— Mmmh, acquiesce Jean sans écouter.

— En fait, au début il y avait du bois mort là-bas mais il était très humide, donc je me suis dit que j'allais tenter le bambou.

— T'es bon Geo, dit Jean, la bouche pleine.

— Et de fait, ça met plus de temps à partir mais après c'est nickel. C'est un feu qui crépite plus que d'habitude, poursuit Geoffroy sur sa lancée.

— J'avoue, dis-je entre deux cuillerées.

— Non mais qu'on soit clair, tu nous as régalés mon Geo. »

Nous acquiesçons tous les trois. J'envisage un instant de me vanter de mon étendage aménagé dont personne ne m'a fait de compliments puis je souris intérieurement en me demandant pourquoi on a toujours besoin de ramener les choses à soi…

Au réveil, nous quittons notre campement pour rejoindre Mang Koua d'où nous sommes censés prendre un bus pour rejoindre Dien Bien Phû. À l'office du tourisme, un gars nous avait dit la veille que le premier bus était à 9 heures précises. Postés à l'endroit indiqué, nous regardons l'heure défiler sans apercevoir le moindre bus. Au bout de deux heures d'attente, nous commençons à croire que le bus ne viendra jamais :

« *Hey guys, how are you ?* »

Une voix derrière nous annonce l'arrivée d'un compagnon de route. Comme nous sommes habillés tous les trois pareil avec nos cirés jaunes, nous nous faisons souvent aborder par les autres *backpackers*.

« *Fine, thanks and you ?* répond gentiment notre bilingue du groupe.

— *What are you doing here ?* », demande l'homme avec un accent slave.

Il doit mesurer près de deux mètres, ses cheveux noirs de jais tirés en queue-de-cheval, son visage émacié et sa barbe en broussaille nous laissent penser qu'il voyage depuis longtemps.

« *Heu, we are heading for Vietnam…*

— *Oh Vietnam ! Foggy, very foggy and cold !* » nous avoue l'homme.

Bien décidé à se faire de nouveaux amis, le type s'installe avec nous et commence à nous raconter son expérience vietnamienne. Il est tchèque et revient de Dien Bien Phû. Ne perdant pas le nord, Geoffroy lui demande :

« *Do you know if there is a bus to go to Dien Bien Phû here ?* »

Après avoir froncé les sourcils, il nous lâche :

« *Oh no, I don't know, sorry*[42]. »

Bon dommage, c'était bien tenté. Il nous raconte comment il s'est fait avoir par des Vietnamiens qui, selon lui, en veulent pour leur argent. Ce n'est pas la première personne qui nous fait part de ses mauvaises expériences au Vietnam. Il est bientôt 14 heures et nous avons fait une croix sur un bus aujourd'hui. Je fais répéter à Jean la conversation qu'il a eue avec le gars de l'office du tourisme pour être sûr que nous avons bien compris l'heure à laquelle le bus est censé passer. Soudain, un klaxon nous perce les tympans et nous voyons débouler de nulle part un bus bourré à craquer. Le panneau Dien Bien Phû à l'avant du bus est une libération. Après avoir rapidement salué notre ami tchèque qui nous souhaite bonne chance pour le Vietnam, nous nous précipitons sur le chauffeur du bus qui commence par refuser de nous embarquer.

42. « Hé les garçons, comment allez-vous ? – Bien, merci, et vous ? – Que faites-vous ici ? – Nous nous dirigeons vers le Vietnam. – Oh, le Vietnam ! C'est brumeux, très brumeux et froid ! – Est-ce que vous savez si il y a un bus pour Dien Bien Phû qui va passer ? – Non, désolé. »

Devant notre insistance, il consent à hisser des sacs sur le toit pour nous faire de la place dans son véhicule. À l'intérieur, nous ne pouvons pas poser un pied par terre mais notre chauffeur légèrement agacé nous fait signe de nous diriger vers le fond. Une banquette de voiture semble avoir été rajoutée pour l'occasion. Même si nous manquons de tomber les uns sur les autres à chaque tournant, nous sommes fous de joie d'être dans ce bus.

Nous ne sommes pourtant pas au bout de nos peines quand nous atteignons le checkpoint de sortie du territoire laotien. Aujourd'hui, nous sommes dimanche. Et le week-end, règle absurde, il faut payer un extra supplémentaire de 10 000 kips laotiens par personne, ce qui fait 2 dollars. Nous n'avons plus de kips. Il me reste un miraculeux dollar que je gardais soigneusement pour ma collection de billets et 60 bahts thaïlandais, équivalents à 2 dollars. Cela nous fait 3 dollars pour trois alors qu'il nous en faut 6. Cela paraît une modique somme mais le garde-frontière semble bien décidé à nous les extorquer. Pour une fois qu'on aurait été contents d'être avec des touristes, impossible d'en trouver un. Aucun voyageur du bus ne semble prêter attention à notre cause. Geoffroy essaie de négocier avec le policier qui ne veut rien entendre. Au bout de quelques minutes d'une négociation dont le ton commence à monter, tous les gens dans le bus, les yeux fixés sur nous, commencent visiblement à s'impatienter. Le bus attend pour repartir. Vu la qualité des relations que nous avons avec notre chauffeur, il serait malvenu de le contrarier de nouveau. Nous sommes au milieu d'un *no man's land*, Mang Koua est à deux bonnes heures de route, il est impossible de payer par carte et il n'y a évidemment aucun distributeur de billets. Dos au mur, il ne nous reste plus qu'une solution : nous sommes contraints de tenter le tout pour le tout en demandant de l'aide à notre bourru chauffeur. Je me dirige vers lui yeux baissés en prenant la mine la plus désespérée possible. J'essaie minablement de lui faire comprendre qu'il me manque 10 000 kips que je lui rembourserai dès notre arrivée au Vietnam. De marbre, mon interlocuteur ne semble soudain plus comprendre l'anglais. « Allez, il peut pas me faire ce coup-là, le bougre. » Puis, après un moment de silence, il cherche dans sa poche, sort une cigarette, se l'allume en me regardant et me tend un billet de 10 000 kips. Je me répands en remerciements avant qu'il ne me renvoie d'un revers de main comme on dirait à un chien d'aller se coucher. Peu importe, nous sommes sauvés ! En tout cas pour l'instant.

Loin d'imaginer la suite de nos péripéties, la pression retombe et nous goûtons de nouveau à la joie d'être assis dans un bus qui nous amène là où nous voulons aller. Le passage du col nous conduit en terre vietnamienne et le paysage qui s'ouvre devant nous ne doit pas être très éloigné de celui de la cuvette de Dien Bien Phû. À la descente du bus, un garde en uniforme communiste nous fait signe de nous diriger vers le bâtiment. Nous entrons dans une petite pièce où un douanier commence l'examen des passeports de tous les passagers. Visiblement, il traite le cas des Vietnamiens en premier. Il prend les passeports, les colle à sa machine, les pose, les reprend, puis les repose. Il appelle une première personne, lui demande de se rasseoir avant d'en appeler une deuxième. Il rappelle la première qui finit par mettre la main à la poche. Au premier billet sous la table, nous nous gaussons de cette corruption à peine cachée, au deuxième pot de vin nous sommes un peu choqués, au troisième nous suons à grosses gouttes. Nous n'avons pas un rond, et le joker du chauffeur n'est plus envisageable – d'autant que lui aussi a payé son tribut, une caisse de Red Bull. Plus jamais nous ne passerons une frontière sans liquide, quelle connerie ! Je m'en veux de ne pas l'avoir anticipé, quels idiots nous faisons maintenant. C'était bien la peine de supplier le chauffeur pour se retrouver dans la même situation vingt minutes plus tard.

C'est à notre tour. Le garde-frontière ouvre une première fois nos passeports, les triture, les retourne dans tous les sens – peut-être s'attend-il à trouver un billet de 100 dollars coincé entre deux pages –, les referme avant de les remettre sous la pile de passeports des nouveaux arrivants. La guerre psychologique est déclarée. Maintenant, on en est sûr, il se garde le meilleur pour la fin. La tension dans la pièce est palpable et la mine déconfite des autres voyageurs n'est pas de nature à nous rassurer. Geoffroy semble murmurer je ne sais quelle incantation, le teint rouge pivoine de Jean cache mal son inquiétude et moi je ne fais pas le fier non plus. Les gens d'autres bus passent devant nous, l'horloge continue de tourner, notre cœur bat la chamade. Les scénarios se bousculent dans ma tête. Je nous imagine, pour la seconde fois de la journée, bloqués à une frontière, au milieu de nulle part. C'est alors que le douanier, qui n'a visiblement pas peur des excès de zèle, ouvre à nouveau nos passeports, pour la énième fois. Je retiens mon souffle et me prépare à une négociation qui semble perdue d'avance. Le cours du temps semble suspendu au poignet du douanier qui finit par s'abattre pour tamponner un puis deux puis trois passeports. Il grogne, nous nous précipitons pour récupérer nos passeports qu'il nous tend sans lever la tête. Je n'en reviens pas... Après un large soupir, encore tremblants, nous levons les yeux au ciel. Y'en a Un qui doit se marrer, en haut.

***

Nous ne resterons qu'une heure à Dien Bien Phû, une heure passée à la gare routière pour trouver un bus en direction de Hanoï où une famille d'amis nous attend. À la gare routière, deux touristes français me disent qu'il n'y a aucun bus avant demain matin et qu'ils ont dû payer 300 000 dongs. Cela fait deux heures qu'ils négocient avec les chauffeurs pour ce trajet. Aguerris après six mois de voyage, nous ne nous laissons pas démonter. Nous décidons de nous séparer avec, comme consigne, de trouver un bus pour Hanoï ce soir. Au bout de cinq minutes, Geoffroy nous retrouve, essoufflé :

« Les gars, c'est bon, il y a un bus qui part dans dix minutes !

— Combien ?

— 250 000 dongs.

— Oh mais Geo, tu nous as régalés », reconnaît Jean avec son comique de répétition dont je ne me lasse pas de rire bêtement.

Décidément aujourd'hui, nous l'avons échappé belle. Les bus de nuit ne sont jamais propices au sommeil mais cette nuit-là, c'est particulier. Entassés à quatre sur des banquettes de deux, les passagers de notre bus s'engueulent comme du poisson pourri, certains crachent par terre tandis que d'autres n'ont pas peur d'embaumer tout le monde en enlevant leurs souliers. Pour couronner le tout, notre bus s'arrête toutes les cinq minutes pour faire monter de nouvelles personnes qui viennent s'asseoir sur les genoux des autres passagers sans demander la permission. D'autres sont condamnés à s'accroupir sur les sacs de riz étalés dans le couloir. À 5h30, le bus s'arrête et se vide progressivement. Il fait nuit noire et nous n'avons absolument aucune idée de l'endroit où nous pouvons être. Il ne reste plus que nous dans le bus et nous ne savons pas si nous devons rester ou descendre. Le bus repart et nous espérons qu'il ne nous emmène pas dans son garage. Un quart d'heure plus tard, le bus s'arrête de nouveau. Cette fois les éructations du conducteur nous font clairement comprendre qu'il est temps de descendre. Nous nous retrouvons au beau milieu de ce qui semble être un parking. Sans grande conviction, je demande au chauffeur :

« Heuu, Hanoï ? »

J'ai à peine le temps de prendre son hochement de tête pour un oui, que j'entends le crissement des pneus du bus qui repart. Exténués, nous hissons nos sacs sur le dos en direction d'une grande avenue qui pourrait nous indiquer la direction à prendre.

L'avantage de vivre avec le strict minimum, c'est que nous goûtons avec une intensité renouvelée aux bienfaits du confort. Il y a quelques jours, la tante de Geoffroy, en vacances au Vietnam, nous avait proposé de nous retrouver lors de notre passage à Hanoï. En plus de la joie de voir la famille, évidemment, nous avons vite compris l'intérêt de croiser sa route. Nous la retrouvons à Hanoï quelques heures après notre arrivée :

« Alors les garçons, comment allez-vous ? »

Je pense qu'on faisait pâle figure puisqu'elle a enchaîné, sans attendre notre réponse :

« Bon écoutez, ce que je vous propose c'est qu'on aille manger un morceau pour le déjeuner, cet après-midi on va se balader un peu et ce soir je vous prends une chambre dans notre hôtel, ça vous va ? »

Quelle bonté ! Je crois que j'ai failli me décrocher la mâchoire en souriant aux deux autres qui avaient eux aussi du mal à contenir leur joie. Pendant tout l'après-midi, j'ai vraiment eu l'impression d'être un *Indien dans la ville*. Habillés comme des sacs et sales comme des cochons, nous parcourons les rues de Hanoï congestionnées par les centaines de vélos et de motos qui s'y pressent. En découvrant notre chambre d'hôtel le soir, nous avons pris dix minutes pour visiter les moindres recoins. C'est Jean le premier qui a commencé l'inventaire :

« Roh là là, y'a une télé. »

En faisant le tour du lit, je tombe sur une bouilloire avec café, thé et petits gâteaux :

« Les gars, qui se chauffe pour un petit café ? »

Mais le coup de grâce est venu de Geoffroy :

« Non les gars, vous allez jamais me croire, y'a une baignoire !!

— Mais non ? », s'esclaffe Jean, fou de joie.

Après avoir profité de toutes les installations de la chambre jusqu'au sèche-cheveux, nous nous couchons heureux. Mais avant de dormir, je ne peux m'empêcher d'ajouter :

« Hé, les gars, vous savez quoi ?

— Quoi ?

— Demain on va se faire le pire p'tit déj' à l'hôtel…

— Roh là là… »

Le petit déjeuner de l'hôtel tiendra ses promesses et le moins qu'on puisse dire, c'est que nous lui avons fait honneur. Requinqués, c'est vers la maison de Benoît et Isabelle de Châteauvieux que nous nous dirigeons maintenant. Eh oui, les Chateauvieux sont vraiment partout. Benoît est le grand frère de Romain, le fondateur de Misericordia, et vit en expatriation avec sa femme et ses quatre enfants depuis quelques mois à Hanoï. Ils nous accueillent chaleureusement dans leur immense maison encore vide, puisque tous leurs cartons, acheminés par cargo depuis l'Europe, ne sont pas encore arrivés à bon port. C'est sans hésitation que Benoît et Isabelle nous ouvrent leur maison pendant notre séjour dans la capitale. Nous nous renseignons sur les coins à visiter et Benoît nous conseille de louer des petites motos pour aller nous perdre dans le nord du Vietnam dont on lui a dit le plus grand bien. Le seul problème, c'est qu'en ce moment c'est la fête du Têt – le nouvel an vietnamien – si bien que nous aurons bien du mal à trouver quelqu'un pour nous louer des motos. Nous décidons néanmoins de tenter notre chance et nous avons raison puisque nous tombons sur un drôle de bonhomme qui accepte de nous louer trois motos pour quelques jours... Départ prévu le lendemain !

***

Sacs fixés avec de grosses sangles à l'arrière de nos engins, carte du Vietnam en poche, nous prenons la route vers le nord du pays pour nous enfoncer dans la région de Lao Cai et de Sapa dont les paysages sont, paraît-il, sublimes. La sortie de Hanoï tourne au cauchemar tant la circulation de la ville est délirante. Des milliers de scooters en rangs d'oignons roulent au coude à coude sur de grandes avenues et le moindre écart de l'un ou l'autre risque de compromettre l'équilibre de l'ensemble par un simple effet de domino. Sans compter que c'est la première fois que Geoffroy conduit une moto. Deux heures plus tard, enfin extirpés de ce bourbier, nous nous arrêtons à la station essence de la petite ville de Hòa Bình, au bord de la route principale qui doit nous mener à Mai Chau où nous espérons passer la nuit. La station essence est déserte. Je gare mon bolide et, à cet instant, un homme surgit de nulle part et se dirige vers moi avec un immense sourire. Moi aussi je suis content de le voir. C'est le pompiste. Il commence à me parler en vietnamien avant de réaliser que je ne comprends rien. J'essaie néanmoins :

« *Gas ? Possible ?* »

En guise de réponse, il me beugle dessus :

« *Yeah yeah Têt ! Vietnam !* », visiblement enchanté.

Et puis il commence par me prendre par le bras et coller sa tête sur mon épaule, une familiarité que je trouve un peu précoce mais nous venons d'arriver au Vietnam, donc je me laisse faire. Il sort alors un smartphone de son blouson et tend le bras pour nous prendre en *selfie*. Je me prête au jeu et nous prenons ensemble plusieurs photos. Toutes les mêmes. Clichés en poche, mon pompiste se barre et me laisse en plan. Pour l'essence, c'est raté.

Je rejoins mes deux compères à qui j'explique ma drôle d'infortune. « C'est la popularité ça, les gars », plaisante Jean. Nous remontons sur nos bécanes dans l'espoir de trouver une autre station-service. À quelques kilomètres de là, nous tombons sur une pompe à essence qui a l'air de fonctionner.

Nos motos garées, deux bonshommes viennent à nous et je parie aux deux autres qu'ils vont nous prendre en *selfie*. Au lieu de cela, ils tournent autour de nos montures comme le feraient des policiers pour inspecter le véhicule. Le plus corpulent des deux marmonne quelque chose avant que l'autre me demande d'essayer ma moto avec de grands gestes. Ils n'ont pas l'air bien méchants. Je l'aide à monter pendant que l'autre continue de nous scruter comme si nous étions des Martiens.

« C'est quoi cette embrouille, finit par lâcher Jean.

— Rien, je pense qu'ils kiffent nos motos, c'est tout, se rassure Geoffroy.

— De toute façon, on est trois, ils sont deux, donc s'ils jouent aux cons, on leur tombe dessus », dis-je un brin belliqueux.

Le jeune que j'avais aidé à monter demande à son acolyte de le prendre en photo tel un pilote, ce qu'il fait bien volontiers. Le shooting terminé, nos deux bonshommes nous indiquent le fond de leur garage comme s'ils voulaient nous montrer quelque chose. Je pense à retirer les clés de ma moto et nous suivons nos compères qui nous font signe de nous asseoir. Cela fait plusieurs minutes que nous nous observons sans pouvoir communiquer autrement qu'avec des gestes. Tout le monde se dévisage pour essayer de comprendre ce qu'il y a dans la tête de l'autre. Le plus jeune tente d'engager une conversation alors que l'autre se lève pour aller chercher une sorte de bocal. Il revient avec un calumet et une bouteille dans laquelle marinent des serpents. Je repense à la scène mythique des *Bronzés font du ski*, dans le refuge où les montagnards sortent un flacon d'eau de vie dans lequel flotte un crapaud.

Il est 10h30. Je croise le regard inquiet mais résigné de Jean et Geoffroy. Impossible de refuser. Sans surprise, notre hôte dispose trois petits verres sur la table et commence à remplir le calumet de tabac. Celui à qui j'ai prêté la moto s'essaie désormais à quelques mots d'anglais, et sa première requête est de savoir si j'ai Facebook. Je lui donne mon nom afin qu'il puisse m'ajouter comme « ami ». Une rencontre qui commence par un petit coup de gnôle est de bon augure. Espérant gagner un peu de temps avant d'avaler la potion, je fais la conversation avec mon nouvel ami. Il a une vingtaine d'années et étudie à Hanoï. Je commence à lui expliquer ce que nous faisons ici quand, du coin de l'œil, je vois Jean et Geoffroy qui lèvent leurs verres pour porter un toast…

« *Tết ! Tết ! Vietnam !*

— *Yes… Tết ! Vietnam !* »

Ce genre de verre ne peut se boire que cul sec. C'est ce que nous faisons sans réfléchir. Nos deux amis semblent très amusés à l'idée de nous faire picoler. Et ce qui devait arriver arriva : ils nous proposent à nouveau un verre, puis un autre, puis un autre. Nous fumons le calumet, nous rions, nous nous tapons dans le dos comme des vieux amis et nous prenons des photos. À la fin de l'apéro, ils nous expliquent qu'accueillir un étranger dans une famille le jour du Têt porte chance pour le reste de l'année. Nous les quittons donc avec le sentiment du travail accompli : avec ce que nous avons descendu, ils vont sûrement passer une bonne année !

Même si la route est déserte, nous préférons rouler en file indienne à 40 km/h sur la droite pour rester discrets. Après ce petit apéro matinal, nous faisons moins les fiers que tout à l'heure aux commandes de nos Lifan 125 cc. Heureusement pour nous, la route est toute droite et les rares villes que nous traversons semblent inhabitées. Mais les gens que nous croisons nous saluent tous joyeusement, et certains crient dès qu'ils nous aperçoivent : « *Vietnam ! Têt !* ». Je réponds fièrement à leurs grands signes par des salutations de la main. J'ai l'impression d'être un soldat à la Libération. À la sortie de la ville de Cho Bo, nous apercevons un groupe de gens au bord de la route qui nous font signe de nous arrêter. En les dépassant, je dis à mes camarades : « Franchement cette année, on n'a pas de programme, allez on peut s'arrêter dix minutes et on voit. » Jean acquiesce, si bien que nous revenons sur nos pas sous les applaudissements. Ils nous invitent chez eux, nous ouvrent des bières, et nous installent dans leur salon. Salon ou plutôt lieu de vie. C'est une petite pièce d'une dizaine de mètres carrés au centre de laquelle se trouve une grande natte. Sur les consignes des femmes, on s'assoit en tailleur avec les hommes en attendant d'être servis. J'espère alors qu'ils ne vont pas nous refaire le coup des serpents.

Au bout d'un silence de plusieurs minutes à nous regarder en chiens de faïence, la maîtresse de maison arrive de la cuisine avec une farandole de réjouissances : du riz gluant, de la pâte de fruits, des sucreries, du poulet cru, des gâteaux qui semblent être faits de plastique, de l'alcool de riz… Pendant ce temps, ils nous mitraillent avec leur appareil photo en s'esclaffant : « *Vietnam ! Good ! Good !* ». Repus, nous assistons alors à une scène absurde où une femme semble négocier avec la maîtresse de maison de nous emmener maintenant chez elle. Nous la suivons jusque chez elle. Là rebelote, la ripaille reprend de plus belle. Les conversations restent toujours extrêmement limitées mais cela n'a pas d'importance. Geoffroy s'étouffe en fumant un calumet, nous ne pouvons plus nous arrêter de rire. Au milieu de la cohue, je sens quelqu'un me prendre le bras. C'est un jeune qui me fait signe de me lever et de le suivre à l'arrière de la maison. Je découvre alors une sorte de temple dans lequel sont entassés une multitude de bibelots : des photos, des statuettes de Bouddha, des billets, le portrait d'un aïeul en habit militaire, des canettes de bières, des biscuits, des créatures difformes et même une icône de la Cène – je me demande vraiment ce qu'elle fait là. La pièce est embaumée par des bâtons d'encens dont l'odeur chargée ne parvient pourtant pas à chasser l'haleine alcoolisée de mon hôte. Mains jointes, il s'incline en signe de respect et attend que je fasse de même devant un objet qui n'est ni plus ni moins qu'un veau en or. Je repense alors à la parole de l'Ancien Testament : « Tu ne te fabriqueras aucune idole », et j'espère que Dieu ne m'en tiendra pas rigueur.

Une vieille dame assise en tailleur dans le temple m'observe avec insistance. Son visage fermé me laisse d'abord penser que nous la gênons dans ce moment de recueillement, jusqu'à ce qu'elle nous gratifie d'un large sourire. Sa bouche est pleine d'un liquide visqueux que je prends d'abord pour du sang. Impossible de savoir ce qu'elle mastique ni comment elle fait puisqu'il ne semble plus lui rester beaucoup de dents. Je me penche vers elle pour lui manifester ma déférence dont elle n'a que faire, elle tourne brusquement la tête. Alors que Geoffroy vient de me rejoindre à l'entrée du temple, nos amis lui proposent une dernière spécialité : une espèce de racine rouge. Légèrement inhibé, Geoffroy accepte poliment de goûter ce dernier mets. Je comprends qu'il s'apprête à mastiquer la même chose que la vieille dame. Nos amis nous disent que ce sont des racines hallucinogènes. Le retour sur la moto risque d'être marrant.

Pendant une courte semaine, nous sillonnons les routes du nord du Vietnam de Mai Chau à Son La, en passant par Thyan Uyhen, Bac Ha et, bien sûr, Sapa. Les routes sinueuses contournent d'immenses montagnes verdoyantes où les cascades prennent leur source pour irriguer les terrasses de rizières qui s'étendent en contrebas à perte de vue. Chaque escalier de rizières nous fait découvrir un ton de vert différent ; parfois nous avons la chance d'apercevoir, au milieu, des orchidées d'un rouge vif. Dans les villages que nous traversons, les autochtones – tourisme oblige – sont vêtus d'habits traditionnels. Les femmes coiffées de rubans bleus portent sur leur dos de grands paniers en osier. À côté de leurs robes à rayures multicolores, nos cirés jaune pétard semblent désormais bien fades. Ils continuent néanmoins de produire de l'effet puisque les gens que nous rencontrons nous montrent souvent du doigt en pouffant de rire. Je ne sais pas vraiment ce qui les fait rire. Nos cirés ? Nos barbes ? Sûrement pas celle de Geoffroy dont la pilosité est, pour le coup, presque inexistante. Le fait que nous soyons tous les trois habillés pareil ? Je n'avais pas mesuré à quel point cette année nous allions former une seule et même entité avec Jean et Geoffroy. C'est vrai qu'on ne se quitte jamais.

Sur le chemin du retour vers Hanoï, nous ne tarissons pas d'éloges envers ce peuple vietnamien que nous avons trouvé si accueillant. Nous sommes d'autant plus surpris que, parmi les *backpackers* rencontrés au Laos – outre notre copain tchèque –, beaucoup se sont plaints de leurs mauvaises expériences au Vietnam. L'un s'est fait arnaquer pour je ne sais quelle location, l'autre dit avoir payé une bouteille d'eau cinq fois le prix. Les prix ne sont en effet jamais indiqués dans les échoppes, donc il faut se méfier. Rien de tel ne nous est arrivé pendant une semaine, sauf peut-être lors de notre dernier jour de vadrouille où des restaurateurs nous ont servi un *pho* – soupe traditionnelle – sept fois plus cher. Nous avons failli y laisser le passeport de Geoffroy et un poing dans la figure du gars qui avait visiblement envie de se payer des Français. Mais à part ce léger incident, cette tournée dans le nord du Vietnam fut un bon moyen pour nous de faire le vide après deux missions si différentes.

Si Romain-Réna et sœur Michelle n'ont *a priori* rien en commun, la force qui les conduit au quotidien dans leur mission est la même : l'amour. Cet amour provient d'une source intarissable dans laquelle ils puisent l'énergie de se lever tous les matins et surtout de ne jamais se décourager. Car aux yeux des hommes, leur mission semble presque vaine. Et pourtant, ils continuent avec le même courage et la même douceur. Leur espérance est le signe de l'amour infaillible de Dieu pour les hommes. À la fin de notre mission au Cambodge, nous avons découvert l'intensité de vie de prière de la sœur Michelle qui marche tous les jours pendant une heure pour prier. En recevant l'amour de Dieu dans leur vie intérieure, Romain-Réna et Michelle ont en commun de se laisser aimer par Dieu afin que Lui puisse en retour aimer les pauvres à travers eux. Ce n'est pas par solidarité qu'ils ont donné leur vie pour leurs frères souffrants mais parce qu'en faisant l'expérience de l'amour de Dieu pour eux, ils en deviennent des témoins vivants pour les autres.

***

Le réveil sonne, il est 7 heures. Le soleil se lève comme tous les jours et comme tous les jours certains ont plus de mal à émerger.

C'est le moment de vérifier que Geoffroy n'est pas mort mais seulement endormi. Voici le rituel qui rythme nos levers depuis six mois. Jean aide Geoffroy à venir à bout de sa léthargie matinale et moi je me moque de mon ami qui a autant de mal à se lever que moi à rester éveillé après 23 heures. Chacun sa croix. Nos ablutions terminées, nous nous mettons en route les dents propres, les poches vides et la fleur au fusil. Aujourd'hui, nous prenons l'avion, direction le Bénin. Nous le prendrons à cinq reprises cette année et, à chaque fois, ces grands jours de traversée sont des moments d'euphorie. Déjà parce que nous savons que, dans l'avion, il y aura des repas que nous prendrons en regardant des films. Le rêve. Ensuite parce que ce n'est pas tous les jours qu'on fait vingt-cinq heures de vol pour faire Hanoï-Bangkok, Bangkok-Nairobi et Nairobi-Cotonou avec une escale technique à Lagos. Pour faire durer le plaisir, en général, nous aimons prendre quelques instants pour contempler le panneau des destinations à l'aéroport. Une fois n'est pas coutume et ce matin notre vol indique : vol VA 6178 Cotonou.

« Les gars, demain on est en Afrique ! » dis-je à mes camarades, tout excité.

Mais nous n'imaginons pas encore au prix de quels rebondissements nous y parviendrons.

Au comptoir de Vietnam Airlines, la standardiste prend nos passeports et refuse de nous enregistrer pour Cotonou car nos visas béninois ne sont pas valables. Nous tentons en vain de lui expliquer que c'est le consulat à Paris qui a fait une erreur mais qu'ils nous ont assurés depuis que nous pourrions refaire nos visas à l'arrivée à Cotonou. Elle est catégorique : personne ne peut embarquer sans visa valable. Persuadés d'être tombés sur une employée un peu butée, nous demandons à voir le responsable d'un air volontairement assuré. Plusieurs minutes d'attente mettent notre patience à l'épreuve mais surtout notre confiance. Nous nous refaisons la scène tous les trois plusieurs fois et tombons d'accord : le consulat béninois à Paris nous avait bien dit qu'on pouvait faire nos visas à l'arrivée. Un grand homme filiforme aux cheveux hirsutes débarque derrière le comptoir d'un pas déterminé : c'est le manager de Vietnam Airlines. Dans un anglais parfait, il nous explique qu'il n'y a rien à faire, on ne nous fera pas embarquer. Il nous précise, sans états d'âme, qu'il n'y a pas de consulat du Bénin en Asie et que donc la seule solution est de rentrer en France pour refaire nos visas. Quoi ?

Nous nous réunissons en cellule de crise au cours de laquelle les idées les plus saugrenues nous passent par la tête. Au terme d'un débat où tout le monde parle sans trop savoir quoi faire, nous convenons de temporiser et d'essayer de négocier un embarquement au moins jusqu'à Bangkok pour pouvoir appeler le consulat à Paris, car à cause du décalage horaire, il est impossible de les joindre maintenant. Dans un sursaut de désespoir, nous implorons Vietnam Airlines de nous accorder un peu de répit jusqu'à Bangkok, ce que le manager, dans sa magnanimité, finira par accepter. Ces grands élans de gratitude, nous les avons également ressentis pour tous ceux qui nous ont délivrés de longues heures d'attente au bord des routes en nous prenant en stop. Nous aurions fait n'importe quoi pour leur rendre la pareille.

Soulagés d'être dans l'avion pour Bangkok, nous abusons des cafés et nous commandons même une bière matinale pour fêter ça. Avec le recul, les autres passagers ont vraiment dû nous prendre pour trois adolescents en crise ou bien pour trois alcooliques. Fraîchement débarqués à Bangkok, nous parvenons à joindre le consulat béninois à Paris dont la standardiste nous confirme, contrairement à ce que nous avait dit le vice-consul, la nécessité de revenir en France pour refaire nos visas. Panique à bord. Nous reformons la cellule de crise et nous répartissons les tâches. Geoffroy et moi devons regarder les combinaisons de vols les moins chères pour rentrer en France et refaire nos visas, et Jean use de ses relations pour joindre quelqu'un de plus haut placé au consulat afin de lui faire part de notre problème.

Au bout de sept heures de tergiversations et d'ascenseurs émotionnels, nous nous pointons au comptoir de Kenya Airways avec un mail du consulat certifiant que nos visas pourront être refaits à l'arrivée. Cette fois la compagnie accepte de nous enregistrer dès que les autorités béninoises seront prévenues de notre cas. Comme avec Vietnam Airlines, nous obtenons *in extremis* le droit d'embarquer jusqu'à notre prochaine escale, Nairobi. En espérant que, pendant le temps de vol, le consulat du Bénin à Paris aura eu le temps de prévenir ses homologues à Cotonou. À peine avons-nous posé pied à terre à Nairobi que deux molosses de la sécurité nous tombent dessus pour un « contrôle » de sécurité. C'est que nous passons rarement inaperçus avec nos barbes et notre uniforme peu commun. Les deux flics nous bombardent de questions dans un anglais pas toujours compréhensible, mais nous essayons de faire un effort car nous n'avons pas très envie de rester coincés au Kenya. Ils nous prennent soit pour des terroristes soit pour des flics, mais en tout état de cause notre dégaine les intrigue. Ce ne sont pas les premiers. L'interrogatoire terminé, nous courons à toutes jambes – ce qui aurait pu paraître suspect, avec le recul – au guichet de Kenya Airways pour expliquer une ultime fois notre situation.

Après quelques coups de fil qui nous paraissent durer une éternité, la manager de Kenya Airways nous confirme que les autorités béninoises sont au courant de la situation. Nous n'en croyons pas nos oreilles. Dans les dernières vingt-quatre heures, nous avons eu le temps de nous imaginer devoir renoncer à notre mission en Afrique, revenir en France, aller directement en Jordanie pour avoir le temps de refaire nos visas et, finalement, tout est rentré dans l'ordre. Dès l'atterrissage à Cotonou, nous sommes les premiers à sortir de l'avion. Quand la porte de l'appareil s'ouvre, un homme en gilet jaune posté en haut de l'escalier m'apostrophe :

« C'est vous les trois Français de Bangkok ?

— Oui, lui répondis-je, craignant un ultime rebondissement.

— On a été prévenus. Bonne arrivée au Bénin ! »

Buenos Aires, Argentine – Nous prenons la pose avec les sœurs de la communauté de l'Agneau, dans le quartier de Constitución.

Tilcara, Argentine – Arrivée groupée mais peu remarquée dans le petit village désert de Tilcara.

Cafayate, Argentine – Nous ne savons pas encore que nous marchons vers le jour le plus long de l'année...

Santiago, Chili – Procession avec les plus motivés de La Pincoya.

Romain et Réna (Misericordia).

Santiago, Chili – Célèbre jeu du *caballito* avec Dylan et Juanito qui nous a coûté quelques vertèbres.

Désert d'Atacama, Chili – La beauté des Ojos del Salar nous aide à oublier le froid qui nous a saisis cette nuit-là.

Phnom Penh, Cambodge – Les sourires charmeurs des Cambodgiens.

Sihanoukville, Cambodge – Cours d'anglais avec Lucia dans l'atelier d'une élève du centre Fountain of Life.

Sihanoukville, Cambodge – Prière matinale avec les sœurs et les membres de l'équipe Fountain of Life.

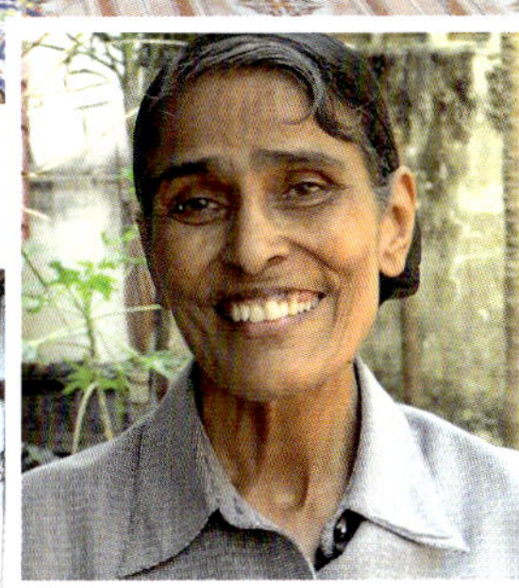

Sœur Michelle (Sœurs du Bon Pasteur).

Battambang, Cambodge –
Une élève de l'école
fondée par Mgr Kiké,
juste avant le *paquito*.

Battambang, Cambodge –
Paquito géant à la récréation.

Province de Battambang,
Cambodge – La barbe
de Jean en a fasciné plus
d'un durant l'année.

Ban Na, Laos –
Le réveil est un peu dur après la nuit passée près d'une basse-cour.

AFRIQUE

Tanguiéta, Bénin –
Une après-midi au centre des sœurs à refaire le monde avec Moïse et sa famille.

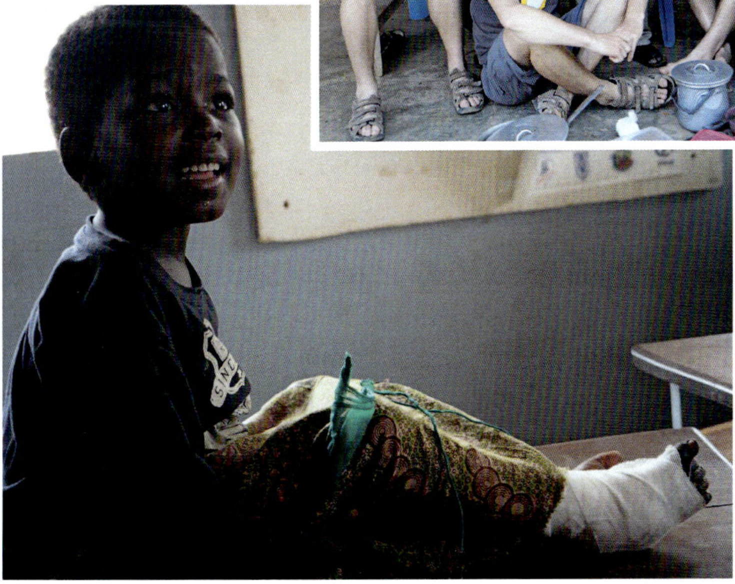

Tanguiéta, Bénin –
Un élève de Jean visiblement captivé par son professeur.

Tanguiéta, Bénin – Célébration à l'hôpital pour Pâques.

Péporiakou, Bénin – La joie d'une religieuse quand elle a un enfant dans les bras.

Péporiakou, Bénin – Chez les sœurs missionnaires des sacrés cœurs de Jésus. Le style vestimentaire n'était vraiment pas notre fort, cette année…

Amman, Jordanie – Photo de classe au centre Notre-Dame de la Paix. La barbe de Jean continue de fasciner.

Désert du Wadi Rum, Jordanie – Nous, tout petits...

Mont Nébo, Jordanie – Coucher de soleil sur la plaine de Moab, à trois jours de notre entrée à Jérusalem.

Saint Sépulcre, Jérusalem - Quentin, Jean, Geoffroy.

Hôpital Saint-Jean de Dieu, Bénin

Le père Léandre qui nous attend à la sortie de l'aéroport est un ami de Jean-Paul Mangopa, un prêtre béninois que j'ai rencontré en mars dernier. Au cours d'un déjeuner chez mes grands-parents, je lui avais fait part de notre projet et de notre désir de nous investir auprès des personnes malades en Afrique. Il m'avait alors parlé de l'hôpital de Tanguiéta, tenu par les frères de l'ordre de Saint-Jean de Dieu. C'est dans cet hôpital perdu au milieu de la brousse béninoise, à quinze heures de route au nord du pays, que se déroulera notre troisième mission, que nous commencerons dans deux jours. En attendant, nous sommes chaleureusement accueillis par le père Léandre dans un centre paroissial à Cotonou, un établissement joliment appelé Le chant d'oiseau. La douceur de ce nom est une goutte de légèreté dans l'océan de béton qui nous entoure.

Installés au quatrième étage dans une chambre à trois, nous nous familiarisons avec les nouveaux éléments de décor qui feront désormais partie de notre quotidien, comme la moustiquaire. Même si la saison des pluies n'a pas encore commencé, les moustiques sont nombreux et certains sont porteurs du paludisme tristement célèbre en Afrique, puisqu'il constitue la deuxième cause de mortalité après la déshydratation. Au centre de vaccination Pasteur à Paris, on déconseille de prendre de la Malarone – antipaludéen – pour des séjours qui excèdent deux mois. Comme en Asie nous étions déjà en zone impaludée, la moustiquaire deviendra donc notre meilleure amie et notre meilleure ennemie. Amie, car elle nous protègera des moustiques, ennemie car sous une moustiquaire il fait quatre degrés de plus qu'à l'air libre. La première nuit est humide et très chaude…

Le lendemain, je suis réveillé à 6 heures, non pas par des chants d'oiseaux, mais par des chants provenant d'une chapelle, qui se trouve au rez-de-chaussée du bâtiment d'en face. Accablé de fatigue, je ressens pourtant en moi l'ardent désir d'aller prier avec cette assemblée. J'enfile mes vêtements sans réveiller Jean et m'éclipse de la chambre. J'arrive en cours de messe à laquelle assistent une dizaine de fidèles dont cinq ou six religieuses en habit blanc. Plusieurs rangées de bancs sont disposées en bataille dans cette chapelle en forme de losange. Les murs de crépi blanc retiennent la lumière du soleil qui tape déjà fort à 6h30 du matin. La chaleur est suffocante et je vois perler sur le front du prêtre de grosses gouttes qui courent jusqu'au bout de son nez. Je me retiens de rire. Le pauvre doit être en nage sous son aube. Lors de son sermon, il cite l'Évangile de Jean dans lequel Jésus rend grâce à son père d'avoir exaucé sa demande de résurrection de Lazare : « Père, je te rends grâce de m'avoir écouté. Je savais que tu m'écoutes toujours[43] […] ». Cette phrase, je l'ai déjà entendue à de nombreuses reprises, mais aujourd'hui elle résonne de manière particulière. Elle me rappelle un autre passage dans lequel il est écrit que celui qui demande quelque chose, en priant sans

43. Jean 11,41–42.

hésiter dans son cœur, l'a déjà reçu[44]. Parfois nous faisons des demandes qui n'obtiennent aucun résultat apparent et nous oublions la puissance de cette promesse.

Depuis la mission à Misericordia, je demande indéfiniment la même chose, la grâce d'une vie intérieure profonde comme celle de Romain ou de sœur Michelle. Je me rends compte aujourd'hui que la manière la plus sûre de faire grandir cette vie intérieure est d'imiter Jésus. À la fin de la messe, je me sens l'âme de la confession, si bien que je me rue sur le prêtre dont la douceur m'inspire confiance. Je lui confie la difficulté de la vie en communauté, nos désaccords, les défauts de Jean et Geoffroy qui me sautent au visage, leurs comportements qui m'agacent, le mal que j'ai à les comprendre et surtout le mal que j'ai à ne pas leur faire de remarques désobligeantes. Le silence prolongé de mon interlocuteur me laisse craindre un instant que je l'ai endormi. Mais à la fin de mon monologue, il se tourne vers moi tout sourire et prononce une phrase qui, je ne le sais pas encore, va me porter pendant toute la durée de notre mission en Afrique : « Demande-toi ce qu'aurait fait Jésus dans les situations que tu m'as décrites et exerce-toi à te conduire comme lui. »

Ce n'est pas la première fois que j'entends cette invitation à se conduire comme Jésus l'aurait fait, mais aujourd'hui cela me paraît être une évidence. Soudain l'horizon, qui semblait jusque-là bouché, se dégage et je réalise que c'est en prenant Jésus en exemple qu'un chrétien trouve son bonheur. Adopter sa manière d'agir, prier comme il le faisait, pleurer comme lui avec ceux qui étaient tristes, parler avec la douceur et la

44. Marc 11,24.

fermeté dont il témoignait. Avoir son regard, non pas un de ceux qui condamne mais un regard qui relève. Lorsque Jean ou Geoffroy ont une baisse de moral, j'aimerais pouvoir les regarder avec le même amour fraternel. En sortant de cette confession, je me sens une nouvelle force d'âme pour essayer d'imiter Jésus au quotidien.

Après une nuit qui n'a pas été de tout repos, la journée qui nous attend ne le sera pas non plus car la saga des visas n'est pas terminée. Le dernier épisode doit avoir lieu aujourd'hui. Après les avoir remis aux autorités en arrivant à l'aéroport, nous devons les récupérer à 11 heures au bureau de l'immigration. Même si le père Léandre nous avait prévenus qu'il s'agissait de l'heure « béninoise », nous n'imaginions pas attendre jusqu'à 21 heures pour obtenir gain de cause. Cette journée m'a permis de relativiser la lenteur de l'administration française. La prochaine fois que je devrai attendre une heure pour me voir répondre par un employé de mairie qu'il me manque un papier, j'aurai une pensée pour ceux qui attendent leurs visas au bureau de l'immigration de Cotonou. Alors que nous patientons depuis huit heures dans une salle d'attente où tout le monde nous passe devant, le commissaire, aussi efficace que sympathique, finit par nous faire signe de monter dans son bureau.

La pièce dans laquelle il nous reçoit est dans un désordre innommable. Sur son bureau se tient une multitude de dossiers empilés. Une grosse lampe avec un abat-jour en tissu verdâtre domine ce fatras de vieux papiers. Il nous fait signe de nous asseoir sur les trois chaises face à son bureau. Son téléphone sonne, il met un temps fou à décrocher. Tout ici est plus lent, les gens prennent leur temps. Il nous fait largement profiter de son coup de fil qu'il expédie sans états d'âme. Pendant ce temps, nous scrutons son bureau à la recherche de nos passeports que nous espérons récupérer le plus vite possible.

Une fois le combiné raccroché, notre commissaire part à la recherche de je ne sais quel dossier, peut-être est-ce le nôtre ? Soulagés d'être arrivés au Bénin, nous avons néanmoins hâte de conjurer le sort et de récupérer nos passeports. Ne prêtant d'abord aucune attention à notre présence, il finit par se résigner à nous parler.

« Bon, nous sommes au courant de votre cas, là, vous n'avez qu'à patienter un peu, là. »

Ce à quoi je ne peux m'empêcher de répondre avec insolence :

« Attendre un peu, c'est ce que nous faisons depuis huit heures, en fait. »

Ce n'est pas la chose la plus intelligente à faire quand votre sort se trouve dans les mains d'un autre…

« Bon écoutez, là, c'est le consulat de Paris qui s'occupe des visas normalement, refaire des visas ici cela va vous prendre du temps, là.

— Commissaire, nous ferons ce qu'il faut mais nous avons rendez-vous à l'hôpital de Tanguiéta dans deux jours, nous sommes volontaires là-bas », dit Jean d'un ton affable.

Après avoir été congédiés puis patienté encore deux longues heures, nous obtenons enfin nos sésames qui nous permettent de partir pour Tanguiéta. Le stop est ici inenvisageable, pour la bonne et simple raison que les véhicules qui vont dans le nord sont rares et que toutes les embarcations sont bourrées à craquer. C'est donc à bord d'un bus que nous joindrons notre troisième lieu de mission, après un interminable voyage de quinze heures au cours duquel nous aurons le temps de pester contre la climatisation, d'assister à un carambolage et de se voir proposer des paquets de « papiers mouchoirs » à chaque village que nous traverserons.

***

Tanguiéta est un village perdu au fond de la brousse béninoise, au nord du pays, dans lequel vit une population paysanne très pauvre. À Tanguiéta il y a trois minarets, un clocher, un marché et un hôpital. Mais pas n'importe quel hôpital. Construit en 1970, sa renommée s'étend aujourd'hui dans toute l'Afrique de l'Ouest. On ne vient pas seulement de tout le pays pour se faire soigner précisément ici, mais aussi du Togo, du Mali, du Nigeria et même de Côte d'Ivoire. Tanguiéta est un hôpital de référence dans cette zone, une institution synonyme d'espoir et de guérison pour des dizaines de milliers de malades chaque année. On y trouve presque tous les services classiques d'un hôpital occidental, avec une qualité de soin inégalée dans l'Afrique sub-saharienne. Mais sa vraie spécificité est d'avoir été créé et d'être encore tenu par des religieux hospitaliers. Des frères infirmiers, médecins ou chirurgiens, qui accueillent tous les malades sans distinction. Quand ils arrivent ici, les malades sont sûrs d'être soignés, peu importe leur religion ou leurs revenus. La vie de cette communauté religieuse est organisée autour de l'hôpital : les frères soignent inlassablement les corps et les âmes des plus souffrants.

La vie à Tanguiéta tourne autour de cet hôpital et les rares bâtiments qui ont été édifiés dans la ville se trouvent non loin de l'hôpital, le long de l'unique route goudronnée qui traverse le village. Pendant la durée de notre mission, nous serons accueillis chez les sœurs de l'Immaculée Conception de Ouagadougou, une communauté de religieuses burkinabaises qui ont créé un centre d'accueil pour les malades qui viennent se faire soigner à Tanguiéta. En raison du grand nombre de malades qui affluent quotidiennement à l'hôpital, plusieurs communautés religieuses ont construit des lieux d'hébergement dans de sommaires constructions avoisinantes, pour accueillir les malades et leurs familles. Certains, venant souvent de loin, doivent suivre des traitements qui peuvent durer plusieurs mois. Or l'hôpital n'a pas une capacité de chambres suffisante pour offrir l'hospitalité à tous ces gens.

Le centre tenu par les sœurs se trouve à dix minutes à pied de l'entrée de l'hôpital quand on longe la route vers la frontière burkinabaise. En passant le portail en ferraille tout cabossé, nous tombons sur Nicolas, le gardien, qui n'a jamais l'air très occupé. Il nous salue gentiment :

« Oui, bonne arrivée ! »

Au premier étage du bâtiment – dont l'architecture n'a rien à envier à celle du Chant des oiseaux –, nous découvrons nos chambres, les trois premières à droite en entrant. Comme au Cambodge, chacun aura sa chambre. Pendant nos deux semaines d'itinérance en Asie, nous avions en effet retrouvé la tente. La tente où tout le monde se marche dessus, où l'on ne peut se retourner sans réveiller l'autre. Nous voilà désormais dans un lit pour tout le temps de la mission ! Ma chambre est une pièce de quelques mètres carrés, très basse de plafond, avec une vieille table, une fenêtre qui ne s'ouvre pas et un grand lit. Le matelas en cuir présage de chaudes nuits. Au fond à gauche, une salle d'eau avec un lavabo, une douche et un WC. L'eau s'y fera pourtant rare à cause des nombreuses coupures qui m'obligeront à aller remplir des seaux dans la cuisine pour pouvoir me laver. Ce sera douche froide pendant un mois, mais ici rien de plus agréable vu la chaleur ambiante. L'inspection terminée, je vérifie scrupuleusement que ma moustiquaire n'est pas trouée, m'étale sur mon lit pour tester le confort du matelas et m'empresse de rejoindre les deux autres afin de connaître leurs premières impressions :

« Franchement, c'est le rêve d'avoir un lit, non ?

— Ouais mais on risque d'avoir vraiment chaud, s'inquiète Jean.

— Moi les gars, j'ai une terrasse, se vante Geoffroy.

— Et vos moustiquaires ?

— Moi j'en ai une mais je ne la mettrai pas, je vais avoir trop chaud…, s'alarme Jean.

— Une question qui n'a rien avoir avec la chambre, mais à quelle heure on devra se lever le matin pour aller à l'hôpital ? s'inquiète celui pour qui chaque réveil est un supplice.

— D'après ce que m'a dit la sœur Léa, il faut se lever à 5h45 pour être aux laudes à 6 heures dans la chapelle de l'hôpital.

— Non Geo, il t'emboucane, tente de se rassurer Jean.

— Non les gars, je ne vous emboucane pas : la messe est à 6 h 30, à 7 h 30 il y a le petit déjeuner pour être opérationnels à 8 heures dans les chambres… »

Partagés entre l'envie de rire et celle de pleurer, nous finissons par pleurer de rire.

« Mais j'ai une quand même une bonne nouvelle pour toi, Jean.

— Ils vont installer un système de climatisation dans ma chambre ?

— Non, mais dans le programme que m'a indiqué la sœur, il y a une heure de sieste quotidienne prévue après le déjeuner.

— Ça, c'est une bonne nouvelle ! »

Jean affectionne particulièrement les siestes et souvent, cette année, il nous a quittés au milieu d'une activité en nous annonçant avec poésie :

« Messieurs, je vais devoir vous laisser. Je vais aller me mettre en position horizontale pour voir ce que ça fait… »

Léa est une des six sœurs de l'Immaculée Conception de Ouagadougou. D'origine burkinabaise, elle est venue à Tanguiéta pour y recevoir les derniers soins. Le médecin qui s'occupe d'elle m'a dit un jour :

« Quelqu'un m'a envoyé cette sœur afin que je l'aide à mourir. Cela fait maintenant deux ans qu'on la soigne et jusqu'ici elle tient ! »

La démarche chancelante de la sœur Léa, qui se rend tous les jours à l'hôpital pour des soins, témoigne de signes évidents de faiblesse qu'elle contient courageusement. En plein milieu d'une conversation, son visage se crispe parfois de douleur, mais quand on lui demande comment elle se porte, elle répond toujours que « ça va ». La sérénité dont elle fait preuve paraît incompréhensible tant sa santé est fragile. Quand j'ai mal au crâne, je panique en me disant qu'il faut que j'aille à l'hôpital, tandis qu'elle meurt à petit feu dans un calme olympien. Elle sait que ses jours sont comptés mais je ne l'ai jamais entendue ni se plaindre ni montrer des signes de désespoir, c'est comme si elle avait accepté que la souffrance rythme chacune de ses journées. Lors de notre séjour à Tanguiéta, j'ai noué avec cette sœur une amitié particulière, nourrie par les discussions que nous avons partagées mais aussi parce qu'elle passera une semaine à mon chevet quand je tomberai malade.

Comme ce sera le cas tous les matins pendant deux mois, nous nous levons à 5 h 45 pour participer aux prières qui rythment la vie des frères. Ce matin, nous avons rendez-vous avec le frère Nicolas, le directeur de l'hôpital, pour définir avec lui quelle sera la nature exacte de notre mission à Tanguiéta. Sa chemise multicolore nous donne l'impression d'un homme toujours de bonne humeur. L'air affairé, il s'empare prestement d'un dossier et, alors qu'il est encore debout, nous demande d'un ton solennel :

« Quelles sont vos compétences médicales ? »

Silence gêné durant lequel nous nous regardons avec mes deux camarades d'école de commerce.

« Aucune », avoue Geoffroy soudain honteux.

Voyant notre mine déconfite, le frère Nicolas reprend joyeusement :

« Oh mais il n'y a pas de problème, on a toujours besoin d'aide ici.

— Merci frère de nous accueillir dans votre hôpital, lui dis-je d'un ton qui frôle la flatterie.

— Combien de temps allez-vous rester avec nous ?

— Deux mois, répond Jean.

— Bon eh bien, ce que nous allons faire, c'est que nous allons faire le tour des différents services de l'hôpital pour voir où il y a besoin d'aide. »

Nous nous regardons tous les trois avant d'acquiescer civilement.

« Vous réfléchissez cet après-midi et demain vous commencerez dans vos différents services. »

L'hôpital est un bâtiment rose pâle de plain-pied qui forme un arc de cercle autour d'une grande cour centrale. À l'entrée, un imposant panneau blanc se dresse fièrement sur lequel on peut lire en italien, sur un écriteau bleu clair : « *Fatebenefratellii* ». L'hôpital Saint-Jean de Dieu anime toute la vie de Tanguiéta. Les motos taxis ont installé leur station à l'entrée du portail, par lequel passe une foule continue de jour comme de nuit. Des nattes ont été disposées les unes à côté des autres dans la cour centrale sous la fraîcheur des quelques arbres. Des dizaines d'enfants courent pieds nus entre ces nattes sur lesquelles les hommes restent allongés toute la journée. Au fond de la cour, près de la petite école construite pour les enfants convalescents ou en attente de soins, se tient une cuisine aménagée en cercle. Un mur d'un mètre cinquante de haut délimite l'espace de cette construction à ciel ouvert dans laquelle fourmillent de nombreuses familles. Des femmes, avec de grandes bassines remplies d'ustensiles sur la tête, y entrent lentement pour laver leur linge. D'autres restent à l'entrée, portant des enfants dans les bras et sur leur dos, lovés dans des pagnes de toutes les couleurs. Elles attendent patiemment leur tour. Le dos courbé, d'autres encore écrasent énergiquement du mil dans des récipients cylindriques à l'aide d'épais morceaux de bois. Elles préparent la bouillie qu'elles feront chauffer sur les petits réchauds de pierre disposés le long du mur.

Autour de cette cour principale, un long couloir relie les différents services de l'hôpital. Il y a des gens étendus par terre – s'ils ne bougeaient pas de temps en temps, on les penserait morts. Certains patientent des heures sur des bancs en attendant le résultat d'examens qu'ils ont passés, d'autres, visiblement mal en point, ne semblent plus bien savoir pourquoi ils sont là. Nous croisons des regards vides, des visages sans expression, et parfois, ici et là, les sourires de ceux qui pensent que nous sommes trois docteurs blancs qui allons les soigner. Tout de suite à droite en entrant, nous traversons les salles de consultation où des centaines de personnes défilent chaque jour dans l'espoir de rencontrer un docteur. Ils sont de toutes origines, de tous les âges et viennent dans des états de gravité plus ou moins avancés. Nous parvenons à nous frayer un chemin dans la foule pour rejoindre le service réservé à l'accueil des personnes atteintes du Sida. Le frère Nicolas qui avance d'un pas rapide, pénètre dans un bureau en nous demandant de patienter à l'extérieur. Je m'assois à côté d'une malade.

J'essaie de lui demander son prénom mais elle ne me répond pas. Je ne suis pas sûr qu'elle m'ait entendu. Cette femme a la peau sur les os, ses joues sont comme deux cratères dans son visage creusé par la maladie. Le peu de cheveux qui lui restent me laisse penser qu'elle a déjà subi de lourds traitements. Son regard semble pouvoir s'éteindre à tout moment. J'avais déjà vu à la télévision des camps de réfugiés en Afrique où les gens meurent de faim, le physique rachitique de cette femme me rappelle brutalement cette réalité.

Quand le frère Nicolas sort du bureau, il l'apostrophe d'une voix forte :

« Qu'est-ce que tu fais là, hein ? »

Sa question sonne comme une réprimande. Devant le silence de son interlocutrice, il poursuit sur un ton infantilisant :

« Le chef de service n'est pas là aujourd'hui, tu dois revenir demain ! »

Imperturbable, ma voisine ne semble pas savoir ce que lui veut cet homme qui l'invective. Elle ne semble pas non plus savoir ce qu'elle fait ici.

Reprenant notre tour des services, nous dépassons les soins intensifs pour entrer en chirurgie. Ici les gémissements de certains malades à l'agonie nous font froid dans le dos. Les accompagnants, qui sont au pied des lits, guettent désespérément un secours qui tarde à arriver. Dans les chambres faiblement éclairées, des matelas ont été rajoutés à même le sol faute de places suffisantes. Les infirmières passent entre les lits et poussent des chariots recouverts de matériel médical (scalpels, bandages et autres désinfectants) et pansent les plaies des malades. Certains d'entre eux sont plâtrés, d'autres, accidentés, sont défigurés. Un peu plus loin, nous découvrons successivement le service des grands brûlés et les deux blocs opératoires dans lesquels nous n'entrerons pas aujourd'hui.

Au service de médecine générale, le frère Nicolas nous dit qu'on leur envoie les malades dont on ne connaît pas encore les pathologies. Ce service est composé d'une vingtaine de chambres dont l'atmosphère est comparable à celles que nous venons de visiter en chirurgie. Au bout du couloir principal, la pédiatrie. Elle se trouve en face de la cuisine extérieure que nous avons aperçue tout à l'heure. Alors que nous sommes toujours en train de déambuler, un petit bout de femme au pas rapide interpelle soudain le frère Nicolas. Elle porte un tee-shirt beaucoup trop grand pour elle et une croix autour du cou :

« Bonjour mon frère, ça va ce matin ?

— Bonjour ma sœur ! Et vous ?

— Ça va ! Qui sont ces garçons ? demande-t-elle sans nous adresser un regard.

— Ce sont des volontaires français qui sont là pour deux mois avec nous.

— S'ils ne savent pas quoi faire, envoyez-m'en un à l'école, j'ai besoin d'aide ! »

Jean l'apprendra plus tard, cette sœur un peu « brut de décoffrage » est la sœur Carmen, qui s'occupe de l'école de l'hôpital. S'il y en a un parmi nous trois qui a des facilités avec les enfants, c'est bien Jean, et c'est donc lui qui héritera du service de l'école.

En attendant de savoir quels services nous intègrerons, c'est en état de choc et silencieux que je rentre à pied chez les sœurs avec Jean et Geoffroy. Je ne sais pas si je vais pouvoir participer à cette mission tant la souffrance des malades est lourde à porter, et tant mon incompétence dans le domaine médical me tétanise. Le seul savoir dont je dispose est un confus souvenir de la PLS (position latérale de sécurité) pratiquée une fois lors de mon brevet de secouriste, passé en classe de troisième. Au Cambodge, pendant les cours d'anglais, l'ambiance était joviale et la souffrance des filles se faisait oublier derrière leur maquillage. Ici il est impossible de faire abstraction de la souffrance quand on voit ces visages crispés de douleur, quand on entend ces cris nous glacer le sang. Jean et Geoffroy sont aussi choqués par ce qu'ils ont vu ce matin mais, moins catégoriques, ils m'encouragent sagement à laisser passer un peu de temps avant de prendre une décision. Comme ce fut déjà le cas cette année, devant leur insistance, je m'en remets à eux et accepte de venir rendre service à l'hôpital le matin. L'après-midi, les sœurs qui nous accueillent nous ont demandé de venir passer du temps au centre pour discuter avec les malades, les distraire en organisant des jeux ou autres activités.

Geoffroy est affecté au service de chirurgie – que je préférais éviter après ce que j'avais vu –, Jean est, sans surprise, professeur dans la petite école tandis que j'hérite du service de médecine générale. Certes, il y aura moins d'hémoglobine qu'en chirurgie, mais c'est dans ce service que les malades sont le plus contagieux, donc pour l'hypocondriaque que je suis, ce n'est guère rassurant. Toutefois, la bonne nouvelle c'est que nous allons porter des blouses par mesure d'hygiène dans nos différents services. Je me vois déjà me pavaner, l'air affairé dans les couloirs de l'hôpital, en me prenant pour un éminent neurochirurgien qui court de bloc en bloc. Ridicule consolation. Même si par souci d'honnêteté, je passe mon temps à démentir ce titre dont je suis indigne, les malades n'ont cessé de m'appeler Docteur Quentin pendant deux mois. Certains, trop aimables, m'appellent Docteur « Content » car, disent-ils, je suis toujours content.

Au cours des premiers jours, je fais la rencontre du personnel médical en charge de mon service. Ils m'accueillent tous chaleureusement et je soupçonne certains de continuer à croire que je suis un éminent médecin. Ils ne tarderont pas à déchanter. À part les accidentés de la route qu'on envoie directement en chirurgie après ou avant le bloc opératoire, les malades qui ont passé la première consultation sont envoyés « chez nous ». Avant la venue des médecins, je me rends tous les matins au chevet de chaque malade pour prendre de ses nouvelles. Je leur demande si ça va, s'ils ont bien dormi, si la chaleur ne les dérange pas trop. Souvent les malades n'osent pas dire qu'ils souffrent lorsque le docteur le leur demande, si bien que mon rôle est de faire remonter les informations du terrain. Avec ceux qui parlent français, il m'arrive de m'arrêter plusieurs minutes pour bavarder, avec les autres, je m'essaie aux différents dialectes, certain de provoquer l'hilarité de toute la chambre :

« *Sanari, Diem to.*

— *Lafiabo.*

— *Alossa*[45] *?* »

Tous ceux qui sont réveillés dans la chambre explosent de rire. Les plus patients tentent de m'apprendre de nouveaux mots. C'est le cas de ce Nigérian habitué à de récurrents séjours à l'hôpital :

« *Shekarounka nawa*[46] *?* »

Souvent je surenchéris avec une ou deux grimaces et autres blagues – toujours les mêmes – pour essayer de leur faire oublier quelques instants leur maladie. Pleins d'indulgence et très bon public, les malades sont contents de parler un peu. Certains s'obstinent à me montrer leur radiographie ou à me parler de leurs selles. Cela donne lieu à des conversations un

45. « Bonjour, ça va ? – Oui, ça va. – Bien dormi ? » (en biali, un des quarante dialectes du nord du Bénin).
46. « Quel âge as-tu ? » (en hausa, dialecte du Nigéria).

peu surréalistes qui tournent souvent à la franche rigolade avec les malades. Un matin, monsieur Bako, avec son très fort accent et sa tendance à ponctuer ses phrases de petits cris aigus et de « là » à tout bout de champ, m'accoste alors que j'entre dans la chambre :

« Monsieur Content ?

— Oui monsieur Bako, ça va ?

— Monsieur Content, mon fils, là, il n'arrive pas à chier, là.

— Oui je sais, vous me l'avez déjà dit mais je ne suis pas docteur, il faudra le dire au docteur quand il passera tout à l'heure.

— Oui mais il n'a pas chié depuis dix jours, là ! »

L'infirmier, qui est à côté de moi, lui demande alors très sérieusement :

— Est-ce qu'il pète ?

— Oh mais bien sûr oui oui il pète ! »

J'ai honte mais je suis obligé de me pincer les lèvres pour contenir mon sourire.

« Et la bouillie, il la mange, là ?

— Mais noooon, la bouillie il ne la mange pas, là. Quand il la mange un peu, là, il vooooomit, là. »

Lorsque monsieur Bako se met à nous mimer le vomi, même l'infirmier n'arrive plus à se retenir et notre conversation tourne au fou rire.

Une fois le tour des chambres terminé, je brancarde les uns ou les autres dans les différentes salles d'examens : échographie, radiographie et parfois endoscopie. Je découvre ce dernier examen en emmenant monsieur Janvier – cela ne s'invente pas. Son dossier m'est transmis par un des infirmiers qui me dit que le docteur Kuma demande qu'on lui fasse une endoscopie dès que possible. Ne sachant pas du tout à quoi m'attendre, je m'en vais prestement dans la salle prévue pour ce genre d'examen :

« Monsieur Janvier ?

— Oui docteur. »

Cette fois je renonce à le reprendre.

« Je vais vous emmener pour faire une endoscopie, d'accord ?

— Oui », me dit-il, tout à fait confiant.

À l'arrivée dans la salle, deux médecins me demandent d'aider monsieur Janvier, en fauteuil roulant, à s'allonger sur le lit, sur le côté gauche. Puis, épluchant consciencieusement son dossier, ils finissent par s'adresser au malade :

« Bon, monsieur Janvier ?

— Oui.

— Et ce matin ?

— Ça va.

— Vous savez ce que c'est, une endoscopie.

— Non.

— Bon, ne vous inquiétez pas alors, vous allez avoir un sentiment de nausée à cause du tube qu'on va vous mettre dans la bouche mais vous n'allez pas vomir, d'accord ? Il faut se retenir. »

Sans autre explication, voilà que l'un d'eux se lève du bureau derrière lequel il était assis, branche je ne sais quelle machine et empoigne un tube télescopique qu'il enfonce dans la bouche de Monsieur Janvier. Interdit, j'assiste entre dégoût et curiosité à l'opération qui consiste à faire descendre un tube au bout duquel se trouve une petite caméra dans l'intestin du patient. Je comprends alors l'intérêt de cette machine sur laquelle je peux suivre la descente dans les entrailles de monsieur Janvier. Intrigué, je pense tout de même à tourner la tête par pudeur, avant d'entendre monsieur Janvier s'étouffer.

« Ne vous inquiétez pas, monsieur Janvier, c'est normal d'avoir envie de vomir mais ce n'est pas vrai. »

« Ce n'est pas vrai », mais Monsieur Janvier est désormais pris de convulsions qui en disent long sur ce que ce pauvre homme est en train d'endurer. En France, on fait cette opération généralement sous anesthésie. L'autre médecin qui se balance sur sa chaise, les pieds sur le bureau, donne des consignes à celui qui est en train d'examiner monsieur Janvier. Je réalise à cet instant qu'il est même en train de lui apprendre comment faire. Pitié ! Je comprends qu'il faille apprendre mais je n'aimerais pas être le cobaye ! À la fin de sa besogne qui aura duré plus longtemps que prévu, les médecins, que la résistance des patients face à la douleur ne surprend plus, demandent à mon malade :

« C'est bon ? »

Ce à quoi monsieur Janvier répondra avec calme :

« C'est bon, mais c'est pas doux. »

En sortant de la pièce, j'arrête un instant de pousser son fauteuil et lui demande :

« Monsieur Janvier, cela vous a fait mal ?

— Ce n'est pas agréable, mais il faut le faire c'est tout. »

Je suis impressionné par la dignité de ce monsieur qui ne s'est pas plaint une seule fois. Ici, les malades se plaignent rarement.

Un jour, un frère chirurgien nous raconte qu'il est en train d'opérer un énième malade au bloc opératoire. Celui-ci doit subir une opération qui nécessite qu'on lui ouvre l'abdomen. Muni de son scalpel, le frère commence à inciser le ventre du patient. Il voit frémir anormalement le muscle, si bien qu'il demande au malade :

« Tu as mal ?

— Non », répond celui-ci.

À la deuxième incision, les muscles se contractent une nouvelle fois :

« Mais vraiment, tu n'as pas mal ? »

Le malade répond toujours par la négative. Au troisième coup de bistouri, le malade serre les dents. Le frère se tourne alors vers l'anesthésiste et l'interroge sur la dose qu'il a administrée. Celui-ci de lui répondre :

« Je n'ai rien mis du tout, je croyais que tu l'avais fait. »

Ma première réaction a été une réaction de compassion pour ce malade que l'on a ouvert à vif, et ma seconde faite d'indignation devant la négligence de ces frères. Mais ceux-ci font comme ils peuvent jour et nuit pour soigner au mieux ces malades qui ne cessent d'affluer.

Ils sont aujourd'hui six frères à œuvrer dans cet hôpital dont le frère Florent, un des bâtisseurs de Tanguiéta. Issu d'une famille nombreuse, Jean-Baptiste Priuli (nom de baptême du frère Florent) étair un jeune Italien scolarisé dans un établissement tenu par l'ordre de Saint-Jean de Dieu. Il rêvait de devenir mécanicien-tôlier. Pourtant, la vie va bel et bien le conduire à devenir frère. Pour lui, si vie religieuse il y a, ce sera engagé au service des personnes malades en Afrique. L'exemple de missionnaires dans son entourage, et notamment de son oncle jésuite envoyé en Chine, lui inspireront cette vocation.

Il fête cette année ses cinquante ans de vie religieuse dont il a passé la plus grande partie à soigner les malades de cet établissement. En plus d'être religieux, le frère Florent est un des chirurgiens les plus réputés d'Afrique de l'Ouest. Tout le monde connaît et veut se faire soigner par « le blanc ». Toujours le mot pour rire, le frère Florent court de consultation en consultation et fait sans cesse des allers-retours au bloc opératoire où il passe de nombreuses nuits à opérer sans relâche. Sa barbe grise toujours impeccablement taillée lui donne des airs de père Noël. Sa présence est un véritable cadeau pour tous ces malades qui font des centaines de kilomètres pour le voir. Le matin en habit religieux, la journée en chemise à fleurs et le soir en blouse de chirurgien au bloc, Florent est un véritable caméléon. Dans le cadre de sa formation pour devenir frère de l'ordre de Saint-Jean de Dieu, Florent a suivi des études de médecine qui l'ont conduit à devenir chirurgien. Sitôt formé, Florent a été envoyé en mission en Afrique et a commencé à Afagnan au Togo avant de poursuivre sa mission à Tanguiéta. Depuis cinquante ans, il nous avoue prier en courant et se donner sans compter au service des malades. Loin de se plaindre de son rythme effréné, il s'estime même honoré par cette mission que lui a confiée le Seigneur :

« Il me fait la grâce de participer à sa Création en m'aidant à donner et à maintenir la vie. »

Dernier au bloc opératoire la nuit, il est souvent le premier au petit matin pour les laudes. Quand on l'interroge sur ce qui est le plus difficile pour lui, il nous répond sans hésiter que c'est de ne pas pouvoir soigner tout le monde :

« Ce qui est dur est d'accepter ses limites car, à un certain stade, les patients se retrouvent dans les mains de Dieu. »

Ce qui est marquant chez cet homme c'est la manière si différente (et non moins intense) dont il vit sa foi. Je me souviens de Romain, trouvant toujours les mots justes pour parler de Dieu, ou de la sagesse de la sœur Michelle. Quand on demande au frère Florent de nous parler de sa foi, il nous sourit :

« Je me vois mal faire l'évangélisateur à paroles. Est-ce qu'on peut dire quelque chose ? Je crois que c'est notre vie qui doit faire réfléchir. »

Devant la paix intérieure que m'inspire cet homme, je poursuis l'interrogatoire, trop content d'avoir réussi à le coincer plus de cinq minutes d'affilée :

« Comment faites-vous pour ne pas vous décourager en voyant de nouveaux malades arriver tous les jours ? »

Il reste silencieux quelques secondes, puis se mordille la lèvre comme pour montrer qu'il pèse les mots qui vont suivre :

« Vous savez, la foi c'est un don de Dieu. »

Ne cachant pas son émotion, il nous avoue demander et recevoir de Dieu la grâce d'accomplir ce qu'il fait chaque jour. Si la foi est un don, elle ne nous est jamais imposée, nous sommes toujours libres de la demander. Dieu donne à la mesure de nos désirs et ne nous demande rien sans nous en rendre capable. Florent ne soigne pas les malades à la seule force de son poignet : il se met à leur service sans compter et rend grâce à Dieu pour ce qu'il lui permet d'accomplir. Il poursuit en avouant :

« Vous savez, j'ai de la chance car je suis un peu dur à cuire. »

Florent, cet homme d'action, témoigne lui aussi de l'énergie divine qu'il puise dans la prière :

« Sans la prière, je ne serais pas Florent. Si je devais revenir en arrière et si on me donnait la possibilité de recommencer, je crois que je n'arriverais pas à demander à Dieu la moitié de ce qu'il m'a donné, tellement c'est beau ce que j'ai vécu jusqu'à aujourd'hui. »

Alors que je bois chacune de ses paroles, dans un français un peu approximatif, Florent se permet une touche d'humour qui en dit long sur sa détermination :

« Et je n'ai fini que mes premiers cinquante ans, maintenant on va continuer. »

***

Les jours passent et je commence à me sentir de plus en plus à l'aise dans ce nouvel environnement. Je suis content de retrouver certains malades, le matin, avec qui je passe un moment. Tous les matins, pendant plus de deux semaines, j'ai amené monsieur Janvier à la kinésithérapie. Nous avons créé une sorte de lien, et si monsieur Janvier parle peu, de temps en temps il me fait une blague, me chambre sur mon air un peu fatigué. L'ambiance dans le service de médecine générale est plutôt bonne, comparée aux querelles qui peuvent exister dans d'autres services : les blagues fusent entre les malades, les infirmiers et les brancardiers se taquinent en permanence. J'ai vite compris que c'était difficile d'aborder des questions sérieuses alors que l'omniprésence de la mort nous ramène sans cesse à notre fragile condition d'humain. Plusieurs fois en arrivant dans le bureau des médecins le matin, j'apprendrai qu'un tel est mort dans la nuit, qu'un autre a été transféré d'urgence aux soins intensifs.

Un jour, le chef de service, le docteur Kuma, s'agace de la lenteur des infirmiers à dispenser des soins à un malade en grande insuffisance respiratoire. Il me somme de l'amener immédiatement en soins intensifs. Sa femme est en pleurs au pied du lit et tente de rassembler quelques affaires. Son teint livide trahit son angoisse et son épuisement à veiller nuit et jour son mari depuis plusieurs semaines. Elle jette précipitamment un pagne rouge pourpre pour recouvrir son mari pris de convulsions. Nous le sortons de la chambre sur une brancard le plus vite possible. En poussant le brancard, je lis la détresse dans les yeux de cet homme que je n'essaie pas de rassurer. Il a le souffle court, j'ai l'impression qu'il peut suffoquer d'un moment à l'autre. Les gens vautrés dans le couloir mettent un temps fou à s'écarter. En mon for intérieur, je récite des « Je vous salue Marie » en boucle avant d'arriver au service de soins intensifs. Je le confie à une infirmière qui, elle aussi, met du temps à comprendre.

« Ce monsieur est en insuffisance respiratoire grave, c'est le docteur Kuma qui m'a dit de vous l'amener, lui dis-je, haletant.

— Je ne sais pas si nous avons des lits disponibles, me dit l'infirmière, nonchalante.

— Si, vous en avez, lui dis-je en bluffant, allons-y ! »

En forçant un peu le passage, je tombe sur une autre infirmière qui réalise un peu plus vite la gravité de la situation. Elle m'aide à installer le malade sur un lit au fond d'une pièce, qui ressemble à un véritable mouroir. En effet, les malades qui arrivent ici finissent souvent par y décéder. J'observe l'infirmière le brancher sur la machine à oxygène avant de les quitter. J'ai les jambes tremblantes. Je ne le connais pas, mais je me sens soudain proche de ce pauvre homme, j'espère qu'il va s'en sortir. De retour dans mon service, je n'arrive pas à chasser de mon esprit l'image de cet homme, sur son brancard, la bouche ouverte pour chercher l'oxygène. Quelques heures plus tard, alors que je pousse un autre malade pour aller faire une radio, je croise sa femme. Elle tient un pagne rouge pourpre à la main. Ses yeux sont encore humides des larmes qui ont coulé mais son visage semble apaisé. Elle m'étreint le bras avec douceur et me fixe droit dans les yeux. Je n'oublierai jamais ce regard. Un regard lourd de chagrin mais serein, un regard triste mais plein de tendresse, un regard reconnaissant dont il me semble qu'il veut dire merci. Son mari vient de mourir.

***

L'après-midi, nous retrouvons les sœurs et nous passons du temps à causer avec les malades accueillis au centre. Je dis « causer » et non « discuter » car, comme me l'a fait remarquer Oscar, un des malades, la causerie c'est quand on parle, et la « discutation » c'est quand on se querelle. Oscar est un Burkinabé d'une cinquantaine d'années qui travaille comme docker au port autonome d'Abidjan. Après un accident, il a subi plusieurs interventions jusque-là non concluantes et son entourage lui a conseillé de venir se faire soigner à Tanguiéta par « le blanc ». Seulement, il n'est pas le seul à vouloir bénéficier des soins de Florent. Comme lui, de nombreux malades attendent parfois longtemps avant d'obtenir une consultation. Depuis plusieurs semaines, il se rend tous les matins à l'hôpital en attendant qu'une place se libère. Il est une chose d'être reçu en consultation, mais c'en est une autre qu'un lit soit disponible pour la convalescence post-opératoire, et là aussi il faut attendre. Avant-hier un lit s'est libéré, Oscar a pu être opéré.

Quand nous rentrons de l'hôpital aujourd'hui, nous saluons d'abord Nicolas le gardien, allongé sur un banc à l'entrée du portail. Puis nous retrouvons Oscar, assis sur une chaise à l'ombre de l'unique arbre au pied du bâtiment où nous logeons. Il maintient sa jambe accidentée légèrement surélevée pour que le sang circule bien.

Pendant que je cause, assis à côté d'Oscar, Jean et Geoffroy organisent des jeux de cartes avec les autres familles du centre. Parmi elles, un homme venu tout droit du Nigéria avec ses enfants et ses deux femmes. Nous avons mis un peu de temps à comprendre le statut de chaque personne de la famille mais Jafar, l'aîné des fils, nous l'a expliqué. Pendant que Moïse, le mari, se fait soigner à l'hôpital, ses deux femmes attendent ensemble au centre. L'une d'elles fait la cuisine et l'autre s'occupe du petit dernier. Jafar a 22 ans et a suivi son père car lui aussi doit se faire soigner. Après une grave fracture de la jambe, maintes fois rafistolée, Jafar attend une ultime opération dont il espère qu'elle sera réalisée par Florent. Passionné de politique, il tient toujours une petite radio dans sa main pour se tenir informé. Quand nous franchissons le portail, il boitille toujours vers nous en brandissant fièrement son appareil pour nous faire part des dernières nouvelles de la campagne présidentielle. Au Nigéria, tout le monde attend du futur élu qu'il éradique la présence de Boko Haram dans le nord du pays :

« *Welcome, welcome my friends !*

— *Hello Jafar, how are you ?*

— *Good, good ! You are most highly welcome*[47] *!* »,

47. « Bienvenue, bienvenue mes amis ! – Hello Jafar, comment vas-tu ? – Bien, bien ! Vous êtes vraiment les bienvenus ! »

Retroussant les manches de son boubou vert foncé, il nous indique qu'il désire reprendre le jeu que Jean et Geoffroy lui ont appris hier. Nous avons en effet appris à Jafar à jouer au Président – le jeu de cartes –, si bien qu'il arrive que nous passions des après-midis entiers à jouer avec lui. Sans oser le lui reprocher, nous découvrons au fil des jours que Jafar triche sans vergogne. Malheureusement pour lui, à chaque fois qu'il triche, son front légèrement dégarni se plisse soudain et ses yeux se mettent à sourciller :

« *Jafar, I know you are cheating*, lui dit Jean presque blasé.

— *No, I promise I don't cheat*[48] ! », s'exclame Jafar qui n'en croit pas un mot.

Ces moments que nous passons avec les malades les aident à oublier quelques instants leur maladie. C'est le sens de la présence des sœurs auprès des familles. Elles sont une oreille attentive, une compagnie aimante et rassurante. Lorsque la santé se fait capricieuse et la mort plus menaçante, on éprouve souvent le besoin de réfléchir plus intensément à sa vie. Les sœurs complètent la mission du personnel médical de l'hôpital qui n'a malheureusement pas le temps d'écouter chaque malade. Les frères s'appuient sur le travail de ces communautés religieuses qui ont fleuri autour de l'hôpital. Quand les malades ont le moral, leur guérison est plus rapide.

***

Occupés à nos différents services, nous passons finalement peu de temps ensemble, Jean, Geoffroy et moi. Toujours désireux de partager ce que nous vivons, nous nous retrouvons

48. « Jafar, je sais que tu triches. – Non, je promets que je ne triche pas ! »

pour déjeuner au centre afin que chacun raconte sa matinée. Les choses que nous vivons à l'extérieur nourrissent notre vie de communauté à tous les trois. Chacun partage son expérience à l'hôpital et c'est aussi l'occasion de faire une sélection des anecdotes incontournables. C'est ainsi que j'apprends pourquoi Jean, en dépit de son imposante barbe rousse, se fait appeler « ma sœur » par les écoliers.

Professeur à la petite école de l'hôpital, Jean travaille sous les ordres de l'incorruptible sœur Carmen que les enfants ont pris l'habitude d'assimiler à la figure de l'enseignant. Ce qui fait que tous les matins, à l'instant où nous passons le grand portail rouge de l'entrée de l'hôpital, des dizaines d'enfants se précipitent sur Jean. Des enfants de tous les âges, des garçons, des filles, des boiteux, des estropiés, des petits garçons nus comme des vers se jettent à son cou. Ils piaillent comme des oisillons à la becquée : « Ma sœur ! Ma sœur ! » Bénéficiant d'une aura incomparable chez les plus petits, Jean est devenu une mascotte à l'hôpital. Entouré d'une foule d'enfants, il ne peut plus faire un pas. Nous assistons à la scène, pliés en deux avec Geoffroy. Parfois l'un ou l'autre, qui n'a pas réussi à s'approcher Jean, essaie de nous amadouer pour que nous l'aidions à atteindre son but. Les plus culottés demandent inlassablement des cadeaux et certains réclament à Jean sa barbe. Cela donne des échanges étonnants du type :

« Ma sœur, il faut me donner la barbe.

— Alors déjà je ne suis pas ta sœur, et ensuite admettons que je te la donne, qu'est-ce que tu vas en faire de ma barbe ? »

Avec nos teints blancs, nous incarnons pour les enfants le riche Européen qui, quand il vient ici, apporte souvent des cadeaux. Dans mon service, les plus vieux aussi me demandent des choses. Les gourmands des bonbons, les charmeuses mon numéro de téléphone, et les plus gonflés de l'argent ainsi que des visas pour venir en France. Certains sont prêts à me donner beaucoup de choses en échange. Les plus généreux me proposent leur femme ou leur sœur et certaines mamans leur nourrisson… C'est le cas de cette femme qui est restée une semaine en médecine générale après avoir accouché d'un enfant prématuré. Elle ne parle pas français mais à chaque fois que je lui rends visite elle tend les bras pour me donner son nouveau-né. La première fois je n'ai pas compris ce qu'elle voulait. Assistant à la scène, un malade de la chambre m'a alors dit :

« Elle veut te donner son bébé.

— Pourquoi ?

— Elle n'en veut pas. »

Pour ces populations paysannes, un enfant prématuré est signe de malédiction. De plus, à cause de sa petite taille et de sa faiblesse, il a moins de chances de survie. En me le donnant, elle espérait aussi que je l'emmène en France pour qu'il puisse mener une vie meilleure.

Quant à Geoffroy, les malades qui se trouvent dans son service ont généralement eu de graves accidents et subissent de très lourdes opérations. Geoffroy est entouré d'infirmières qui sont toutes tombées amoureuses de lui. Certaines ne se gênent pas pour lui faire des avances quotidiennes. Elles ne comprennent pas pourquoi il n'est pas marié ni pourquoi il ne se laisse pas tenter par une « expérience » africaine. L'un n'empêche pas l'autre. La plupart sont béninoises et lui font la cour dans un français que l'on ne comprend pas toujours. Si la langue est la même, il y a des expressions étonnantes qui donnent parfois lieu à des anecdotes déroutantes :

« Ce matin, raconte Geoffroy, j'étais en train de finir les pansements avec Anine – une des infirmières qui est amoureuse de lui – et un médecin me demande de le suivre dans une chambre. Arrivé près d'un lit, le médecin se met à ausculter une plaie qu'un malade avait entre les cuisses. Il me demande : "Geoffroy ?" Je lui réponds oui d'un air affairé, et là il me lâche : "Viens me torcher ! " Au début je comprenais pas, du coup le gars me répète : "Viens me torcher !" En fait, il avait besoin d'une lampe torche pour que je l'éclaire… »

À trois, cette année nous avons pris l'habitude de causer de tout. Ces temps de partage permettent à chacun d'en apprendre plus sur les deux autres mais ils nous obligent aussi à puiser au fond de nous-mêmes pour porter un regard sur ce que nous vivons. Et ce n'est pas toujours facile… Il y a des jours où nous n'avons pas envie de parler, des jours où les autres nous agacent sans que nous sachions pourquoi. Ce qui est difficile avec Jean et Geoffroy c'est qu'ils sont suffisamment différents pour que je ne les comprenne pas mais suffisamment proches pour que je retrouve en eux des défauts que je connais et qui me renvoient à mes propres contradictions.

***

Même si nous ne nous en plaignions pas au début, au bout de plusieurs semaines, nous commençons à souffrir des conditions de vie extrêmes de cette mission. La chaleur en ce mois de mars est étouffante. Le matin à 6 heures nous arrivons à l'hôpital en nage, si bien que nous devons penser à boire plusieurs litres d'eau par jour pour éviter la déshydratation. Les coupures d'électricité régulières nous empêchent de dormir la nuit car les ventilos fixés au plafond de nos chambres s'arrêtent, au moins une fois par nuit, et nous manquons de suffoquer. À côté de mon lit, j'ai mis un seau d'eau dont je m'asperge régulièrement pour trouver un peu de fraîcheur. Côté alimentation, nos estomacs fragiles d'Européens ne tiennent pas toujours le choc. S'ajoutent à cela les moustiques dont certains parviennent à me piquer malgré la moustiquaire et les produits dont je me vaporise jusqu'à ne plus pouvoir respirer dans ma chambre. À chaque fois que je découvre une piqûre, j'attends fébrilement pendant deux jours de peur d'être contaminé par le paludisme.

Un matin, lors de la tournée quotidienne dans les chambres de médecine générale, je me sens un peu faiblard et décide de rentrer chez les sœurs pour me reposer un peu. Étendu sur mon lit depuis quelques heures, je sens la fièvre monter autant que mon inquiétude. Prévenue, la sœur Léa vient gentiment à mon chevet. Infirmière de formation, elle pose délicatement sa main sur mon front et me confirme que j'ai de la fièvre. Elle veut m'emmener aux urgences de l'hôpital. Même si je commence à m'inquiéter, je refuse d'aller aux urgences, retrouver le brouhaha de l'hôpital, je suis mieux dans ma chambre :

« On verra demain », lui dis-je, espérant secrètement qu'après la nuit, la fièvre sera tombée.

Malheureusement, le lendemain je n'échappe pas aux urgences ni au test de la goutte épaisse[49] pour savoir si j'ai le paludisme. Aujourd'hui je passe le portail moins souriant que

49. Le test de la goutte épaise est l'un des deux examens permettant (par l'observation d'une goutte de sang au microscope) de reconnaître l'agent responsable du paludisme et d'en identifier l'espèce, l'une de ces espèces, *P. falciparum*, pouvant donner les complications les plus graves.

d'habitude, et je me dirige machinalement vers les urgences. Le frère qui me voit arriver me chambre :

« Et alors Quentin, ce matin ?

— Ben ce matin, ça va moins bien. »

La sœur Léa demande aux infirmiers de prévenir le médecin qui est en consultation. En attendant, un des infirmiers me pique le doigt pour faire le test. Tremblant de fièvre, je suis surtout terrorisé à l'idée d'avoir chopé la forme de paludisme qui est mortelle ici. Je m'en veux terriblement de ne pas avoir pris de Malarone et j'en veux terriblement à Jean et Geoffroy qui ont toujours pris le sujet avec plus de légèreté. Un des infirmiers m'installe sur un lit à côté d'autres malades. Craignant la déshydratation, ils veulent me mettre un sérum en intraveineuse. Hors de question pour moi d'accepter cela.

Mesurant alors, à cet instant, toute l'ironie de la situation, je ris jaune : le visiteur visité, le soignant soigné, le docteur « Content » est dépité, d'ordinaire debout au pied du lit et maintenant allongé. Moi qui passais mes matinées à chercher des petits mots pour réconforter les malades me voilà à leur place, cherchant à être rassuré. Si la présence de la sœur Léa, assise au chevet de mon lit, me touche, elle n'est pas de nature à me rassurer. Nous ne parlons pas mais je sais qu'elle sent que mon esprit flanche. Lorsque le médecin qui a fini ses consultations revient avec les résultats, j'ai un moment de compassion pour les malades de l'hôpital. Il arrive d'un pas précipité et m'annonce dans une grande maladresse et sans que je n'y comprenne rien :

« Bon voilà, vos blancs ont fortement chuté, je ne peux pas tout vous expliquer… »

Je le coupe sèchement en lui demandant franchement si j'ai le paludisme. Ma question, qui me semble pourtant légitime, l'agace :

« Déjà, vous n'avez pas voulu prendre le sérum ! »

Après avoir vérifié avec Léa, mon test du palu est bien négatif. C'est un immense soulagement que je partage avec cette sœur qui m'aura vu dans tous mes états.

Sans trop savoir ce que j'ai, je passe plusieurs jours cloué au lit avec de la fièvre. Ce n'est pas grave, je n'ai pas le palu ! La présence de la sœur Léa, qui vient me voir plusieurs fois par jour, m'apaise. Elle fait preuve d'une infinie délicatesse à mon égard. En m'apportant de l'eau, elle me donne de la poudre pour saler mes boissons afin de faire reculer la déshydratation. Au cours de ces quelques jours de convalescence, il m'arrive d'avoir des montées d'adrénaline en imaginant avoir contracté je ne sais quelle malade infectieuse. J'imagine que j'ai Ebola ou même le Sida. Certains malades de mon service en sont porteurs et il m'arrive d'avoir des contacts physiques avec eux quand je les déplace de brancard en brancard. Un contact sanguin est vite arrivé, il suffit d'une plaie mal cicatrisée… Je délire. Mais dans ces moments-là, on est rarement rationnel. Je vais même jusqu'à imaginer la réaction de mes amis si je revenais porteur d'une maladie contagieuse, et la souffrance que cela pourrait être de me sentir exclu, banni. La santé, on n'y pense pas quand on l'a, mais dès qu'on ne l'a plus, elle nous obsède. Ce n'est pas par solidarité qu'il faut s'occuper des malades. En réalité, ce sont eux qui nous enseignent la patience dans l'épreuve.

Mon état de santé me pousse à une mise à distance forcée. Je me passe alors en boucle la mission, les regards de ceux que j'ai croisés, notre vie à trois avec Jean et Geoffroy. Les préoccupations du quotidien paraissent soudain si futiles à côté de la santé et de l'amour que l'on se porte les uns aux autres. À force de sacrifier l'essentiel pour l'urgent, on oublie l'urgence de l'essentiel. Je me promets qu'une fois remis sur pied je demanderai pardon à Jean et Geoffroy, et je les remercierai de leur présence à mes côtés. Si nous nous plaignions de nos petits travers, nous sommes devenus inséparables. Je n'imagine pas une journée sans pouvoir passer un peu de temps avec eux.

Dans mon éducation, j'ai toujours entendu qu'il fallait être exigeant envers soi-même, et indulgent avec les autres. Drôle de travail d'équilibriste. Même si je constate quelques améliorations, ce travail que je fais sur moi-même ne va pas assez vite à mon goût. La présence de la sœur Léa, tout au long de cette semaine où je suis alité, est une grande source de réconfort. Je lui confie les combats intérieurs qui me traversent, les exigences de la vie à trois. Elle en sait quelque chose puisqu'elle vit avec ses cinq sœurs en permanence. Toujours assise près de mon lit, Léa est là, parfois sans rien dire. Quand je m'endors je suis seul, et quand je me réveille je la vois sur la même chaise. Je me demande si elle prie. De temps en temps, je lui pose des questions, elle se redresse un peu et murmure :

« Il faut vous donner du temps. C'est en vous donnant du temps que vous en donnerez aux autres. Notre vie entière est une conversion. »

Par sa présence quotidienne, cette sœur, pourtant si malade, vient soulager un peu mon fardeau. Petit à petit la fièvre tombe, je reprends des forces et des couleurs. J'ai hâte de revenir à l'hôpital pour retrouver les malades que je ne visite plus.

***

Doucement remis de mes émotions, je retourne à l'hôpital au bout d'une semaine, le cœur léger et plein de nouvelles résolutions. Je veux redoubler d'attention pour les malades dont certains me reprochent de ne pas leur avoir rendu visite ces derniers jours. Je me rends compte que les visites du matin sont importantes pour eux. Parfois elles se résument à une poignée de main, un sourire ou une blague – souvent les mêmes. Avec certains, néanmoins, j'ai réussi à créer une certaine complicité, comme avec monsieur Janvier, mais également avec le personnel hospitalier. Surtout depuis que j'ai marqué le but de la victoire au match de foot des cinquante ans de vie religieuse du frère Florent.

Ce match, organisé sur un terrain de terre situé derrière l'enceinte de l'hôpital, a opposé Tanguiéta et un village voisin dont je ne me rappelle plus le nom. L'équipe de Tanguiéta est formée par les frères de Saint-Jean de Dieu ainsi que les postulants – ceux qui veulent devenir frères. Nous assistons au début du match avec Jean et Geoffroy, ainsi que la foule de l'hôpital qui est venue supporter son équipe. Sur le bord du terrain, nous sommes nombreux à scander le nom des frères qui ont délaissé leur habit pour enfiler un maillot. Le score est très serré en fin de match et le *coach* de l'équipe de Tanguiéta décide de me faire rentrer sur le terrain par politesse. Il doit être 16 heures, et la chaleur est harassante. Au bout de deux minutes, je n'en peux déjà plus. Les supporteurs agglutinés tout autour de la ligne de touche se gaussent de ma condition physique. Il faut dire que je fais pâle figure à côté de tous les autres joueurs qui courent depuis plus d'une heure sans être fatigués le moins du monde. Je ne sais pas si c'est la poussière, le soleil ou les deux, mais j'ai les yeux et la gorge qui brûlent terriblement. Je suis obligé de m'asperger d'eau toutes les minutes ce qui entretient les sarcasmes des uns et des autres sur le bord du terrain. Mais dans un second souffle – parfois l'orgueil a du bon –, je me lance dans une course effrénée après le ballon et, croyant centrer pour la passer à l'un de mes coéquipiers, je propulse le ballon au fond des filets. Accomplissant par là le rêve de tout joueur de foot, je délivre mon équipe à quelques secondes de la fin. Sur le bord du terrain, tous les supporters versatiles scandent avec joie : « Vive la Françafrique ! » Depuis ce jour, j'ai gagné l'estime de tout l'hôpital.

Le lendemain dans les couloirs, je me pavane en serrant les mains des supporters enchantés. Parmi ces supporters, il y a Nassim, arrivé à l'hôpital il y a peu. Si la plupart des relations que je crée avec les malades de mon service n'ont pas vocation à perdurer, certaines resteront à jamais gravées dans ma mémoire. Nassim occupe depuis une semaine la chambre 409. Avec son physique d'athlète et son jeune âge, rien ne laisserait penser qu'il ait sa place à l'hôpital s'il n'était pas alité toute la journée. Tous les matins en lui rendant visite, je découvre un homme souriant. Sa femme et ses frères sont charmants et se relaient à son chevet pour causer ou simplement lui prendre la main.

« Monsieur Quentin, et ce matin ?

— Ça va, et vous Nassim ?

— Il paraît que vous avez marqué hier ?

— Oui mais j'étais tellement fatigué, les autres couraient beaucoup plus vite que moi.

— Mais c'est bien quand même, bravo », me félicite-t-il.

Il nous arrive de causer de tout et de rien jusqu'au jour où je découvre la raison de son hospitalisation. J'ignorais totalement ce qui lui était arrivé. Je l'ai appris le jour où j'ai suivi Étienne, un neurochirurgien – un vrai celui-là – français, venu en mission à Tanguiéta pour quelques semaines. Ce jour-là, j'ai machinalement franchi avec lui la porte de la chambre 409. Étienne s'est approché du lit de Nassim, et lui a demandé avec douceur :

« Nassim, est-ce qu'on vous a expliqué ce que vous aviez ? »

Le silence de Nassim l'a invité à poursuivre :

« Votre accident a provoqué une section de la moelle épinière, vous ne pourrez plus jamais marcher. »

Assourdissant silence, brisé par un hésitant « Oui je sais » de Nassim qui, encore sous le choc, avait du mal à réaliser la sentence que le docteur venait de prononcer :

« Mais d'abord je me rétablis, docteur, et après je pourrai peut-être guérir ? »

À cette question, Étienne a répondu par un silence sans appel. L'annonce faite, il a quitté la pièce car d'autres malades attendaient son diagnostic dans les chambres voisines. Je me suis retrouvé bien seul au chevet de Nassim. Déboussolé, j'évitais le regard de ses proches rassemblés autour de nous. Je ne m'attendais pas du tout ça. Incapable de dire quoi que ce soit, j'ai fini par les quitter à mon tour. Au moment où je fermais la porte de la chambre, la vie a repris pour moi son cours normal, alors que la sienne venait de basculer. Je ne parvenais pas à chasser Nassim de mon esprit et en me couchant le soir je redoutais le moment où j'allais devoir lui parler. Son malheur est un fardeau que je ne me sens pas capable de porter.

Le lendemain je passe devant la chambre 409 et j'hésite à entrer. Que vais-je bien pouvoir dire à Nassim ? Je fais le tour des chambres en sens inverse pour repousser le moment où je vais devoir affronter son regard. Puis je repasse devant cette porte et me décide à toquer et à entrer.

« Bonjour Nassim, ça va ? Vous avez bien dormi ? »

Je n'avais pas réfléchi à ce que j'allais lui dire et ce sont les mots qui me viennent. Il me regarde avec son sourire habituel :

« Oui ça va, j'ai bien dormi. »

Il semble reprendre sa respiration et me souffle :

« Vous savez, je suis vivant, il faut rendre grâce à la vie chaque jour. »

Je sens me monter les larmes aux yeux. Alors que je suis en blouse de médecin debout à son chevet et qu'il est enchaîné à son lit, j'ai l'impression que c'est lui qui vient de panser les plaies de mon cœur si souvent inquiet. Moi qui passe mon temps à me plaindre pour un oui ou un non : pour un retard de la SNCF, parce que j'ai perdu mon chargeur d'Iphone, parce que Jean et Geoffroy ne prennent pas telle ou telle initiative... Il y a parfois des raisons légitimes de s'inquiéter mais il y a toujours des raisons de rendre grâce pour ce qui nous a été donné. Des peurs nous en avons tous, mais aujourd'hui Nassim m'a fait comprendre que la vie est trop précieuse pour qu'on les laisse nous paralyser.

Nassim fait preuve d'une force intérieure hors du commun. Certains diront qu'à l'évidence, face à ce genre de situation, l'homme n'a pas d'autre choix que d'avancer. Son instinct de survie le pousse à puiser des ressources au fond de lui pour aller de l'avant. Chaque matin, il rend grâce. Sa lucidité ne laisse désormais place à aucun faux espoir. Maintenant il sait. Pourtant il rend grâce pour chaque jour qui lui est donné, pour la présence de sa famille autour de lui. Plus déstabilisant encore, il continue de me remercier de mes visites matinales. Tous les matins, je contiens mon émotion quand je passe au chevet de ce monsieur que je n'oublierai pas.

Lors de cette mission j'ai découvert, sans trop savoir pourquoi, que la visite des malades me procurait de la joie. J'ai d'abord cru que c'était un soulagement. Le soulagement de se savoir en bonne santé par rapport à ceux qui souffrent. Puis, en rencontrant des malades comme Nassim avec qui j'ai eu des liens plus intimes, j'ai réalisé que ce que je ressentais en leur présence dépassait ce sentiment. Cette joie que nous partageons dans la simplicité d'une rencontre et de quelques mots échangés, ce n'est pas moi qui la leur transmets. Ce sont eux qui me la donnent. Leurs infirmités demeurent bien visibles, mais au-delà de leur souffrance jaillit la simplicité d'une paix retrouvée. Comme Nassim, beaucoup de malades ont le réflexe de rendre grâce à la vie tous les jours. Les petites choses deviennent pour eux motifs de réjouissance. Ils ne considèrent jamais leur bonheur ou leur santé comme un dû. Tout se passe comme s'ils accueillaient chaque nouvelle journée avec reconnaissance.

Ces moments partagés me font réaliser que mon handicap à moi, c'est d'être assez fou pour considérer la vie comme quelque chose de normal. Mon handicap n'est peut-être pas aussi visible que le leur, mais leur contact me le révèle en même temps qu'ils m'en guérissent. Les phrases comme :

« C'est en donnant qu'on reçoit » ou « Les malades sont nos maîtres » prennent enfin leur sens.

Soudain, grâce à Nassim, je comprends.

***

Nous arrivons au terme de notre troisième mission qui aura duré environ deux mois. Même si notre départ nous réjouit pour de multiples raisons, nous laissons derrière nous des amis que nous ne sommes malheureusement pas près de revoir. Je ne sais pas si je reverrai la sœur Léa qui a été si bonne avec moi et avec qui nous nous sommes liés d'affection. Je repense à Nassim, à sa vie qui va continuer mais qui ne sera plus jamais la même. À Oscar qui va bientôt rentrer chez lui à Abidjan pour retrouver sa famille. Contrairement aux autres missions, ce départ s'est fait de manière très brutale. Du jour au lendemain, nous allons nous retrouver dans un tout autre continent pour une tout autre mission, la dernière.

En Afrique, nous n'avons pas prévu de période d'itinérance car la région se prête moins au voyage. À quelques centaines de kilomètres au nord du Bénin, se trouvent le Nigéria et les terroristes de Boko Haram que les Béninois redoutent comme la peste. Le père Jean-Paul Mangopa, qui nous avait mis en relation avec l'hôpital de Tanguiéta, avait également parlé de nous à d'autres communautés religieuses au Bénin dont celle des sœurs missionnaires des sacrés cœurs à Péporiakou, un village à une cinquante kilomètres au sud de Tanguiéta. Invités plusieurs fois à venir leur rendre visite avant de partir, nous décidons d'aller les voir pour un week-end.

À la fin de notre mission à l'hôpital, nous décidons donc de passer quelques jours à Péporiakou.

Au volant d'un vieux 4x4 que les sœurs nous ont prêté, nous voilà tous les trois en route vers le sud. Notre pneu avant étant dégonflé, j'essaie d'éviter les nombreux nids de poule qui jalonnent la route toute cabossée. Cette route, nous l'avons prise à l'aller en venant de Cotonou, mais au volant je redécouvre que nous sommes bel et bien au beau milieu de nulle part. La brousse qui s'étend à droite et à gauche de la piste s'enfuit à perte de vue. Dans les virages, nous croisons des camions couchés sur le flanc qui, dans leur chute, ont déversé leur cargaison de coton qui volette désormais aux branches des arbres. Cette route est celle que prennent les camionneurs burkinabais acheminant des tonnes de coton jusqu'au port de Porto Novo, au sud du Bénin. Sur le bord de la route, les carcasses de bagnoles vieilles comme le monde, les débris d'engins de construction nous rappellent de rester prudents. À coups de klaxon assourdissants et soulevant des nuées de poussière ocre qui obscurcissent mon pare-brise, des véhicules tentent de doubler à toute allure. À l'intérieur de ces voitures d'un autre âge, les passagers sont entassés et, sur le toit, empilés sur plusieurs étages, d'innombrables sacs de charbon menacent de tomber à chaque secousse.

Les villages que nous traversons se résument parfois à cinq ou six cases. Des enfants, toujours excités de voir passer une voiture, courent dans notre direction : « *Baturé ! Baturé*[50] *!* » C'est l'attraction et puis, sait-on jamais, comme ce sont des Blancs, ils nous enverront peut-être des bonbons ou des

50. « Le blanc ! Le blanc ! »

bouteilles d'eau par la fenêtre ! Des femmes dans leurs pagnes multicolores marchent en file indienne tout au long de la route. On se croirait dans *Kirikou*, s'il n'y avait pas ici et là des bâtiments tout neufs et complètement vides. Au milieu de nulle part, ces constructions, qui détonnent avec la pauvreté des villages alentour, ont été édifiées à grand renfort de subventions dont on a parfois du mal à saisir la cohérence si l'on en croit les inscriptions sur les façades : « Association de développement économique sous-régional de Tanguiéta pour le redressement de la nation » ou encore « Ministère du développement durable des forêts et du peuple »...

Arrivés chez les sœurs, nous sommes d'emblée plongés dans le bain puisque nous devons surveiller la récréation des enfants. Les enfants, nous commençons à savoir comment les prendre, mais ceux-là sont sourds et muets. C'est le sens de l'apostolat de ces sœurs qui ont décidé de consacrer leur vie à ces enfants souvent rejetés par leurs familles, et de construire un internat pour les accueillir. En effet la population pauvre du Bénin, encore très marquée par l'animisme et la superstition, voit dans les anomalies à la naissance des signes de malédiction. Je laisse le soin à Jean, avec son charisme habituel, de lancer le jeu d'« un, deux, trois, soleil ». Voyant la peine qu'il a à obtenir l'attention de la part de ces enfants gesticulant dans tous les sens, je me joins à lui pour lui prêter main-forte. Tous les enfants ne sont pas sourds et muets, si bien que ceux qui ne sont pas malentendants ont l'habitude de traduire les règles du jeu en langage des signes. Malgré notre bonne volonté, les gamins sont incontrôlables et ne semblent pas disposés le moins du monde à nous écouter. L'après-midi, ce sera plus facile grâce au foot. La plupart des enfants jouent pieds nus sur ce terrain de terre, jonché de bouts de ferraille. Même en sandales, je ne suis pas rassuré.

En l'honneur de notre venue, les enfants ont préparé un spectacle de danse pour le soir. Assis sur un banc de pierre dans la cour centrale, nous attendons que les danseurs se mettent en place. Les petits suivent les consignes des plus grands. Les filles qui gloussaient il y a un instant sont entrées dans un silence cérémonieux. Certains, visiblement pas sûrs d'être à la bonne place, regardent dans toutes les directions et esquissent de grands sourires gênés quand ils croisent notre regard. Les musiciens s'installent, le spectacle peut commencer. Plein d'admiration, je me laisse porter par le son du tam-tam, captivé par la souplesse de ces enfants qui semblent si à l'aise avec leur corps. La danse, ils ont ça dans le sang. Leur agilité est incroyable, chaque mouvement me semble une prouesse. J'ai l'impression que mon corps est incapable de se mouvoir aussi vite et avec une telle grâce.

Conscients de leur effet, les enfants se surpassent et nous avons presque envie de les rejoindre sur scène tant ils ont l'air de s'amuser. Certain de me ridiculiser, je préfère me retenir, mais en revanche, je m'essaie au tam-tam. Beaucoup plus difficile qu'il n'y paraît. Pourtant un petit garçon accepte, dans sa grande bonté, de me montrer quelques techniques. Il m'invite à reproduire chacun de ses gestes pour trouver le rythme. Mon professeur, qui ne doit pas avoir sept ans, m'encourage d'un sourire bienveillant devant les approximations de mes mouvements, mais je perds patience avant lui. Le pauvre, il, ne tirera rien de moi.

Péporiakou est un village qui s'étend le long de la route principale qui va du nord au sud du Bénin. Les sœurs nous invitent ce matin à visiter des familles qui vivent dans des cases non loin de là. Nous marchons à travers champs avant de rejoindre un hameau de quatre cases construites en cercle. Au milieu de ce village miniature, des enfants assis par terre en tailleur épluchent du manioc. L'un d'eux, connu des sœurs, se lève et propose de nous faire visiter sa demeure. À l'intérieur de chacune de ces cases vivent cinq à six personnes. Si celle du chef de famille comporte une moustiquaire et une grande natte, ce n'est pas le cas des autres dans lesquelles les occupants dorment sur quelques cartons à même le sol. À côté d'une des cases se trouve un puits près duquel une mère allaite son nourrisson. Elle est heureuse de nous voir et, en guise de remerciement, nous tend un pot en terre cuite dans lequel se trouve un liquide blanchâtre. Nous refusons le plus poliment possible. C'est un honneur que cette femme nous fait : cette eau est celle avec laquelle le riz a été cuit, c'est une eau très riche qu'on donne aux nourrissons car elle permet de boire et de manger à la fois. Néanmoins, la sœur qui nous accompagne nous confirmera plus tard que nous avons bien fait de ne pas la boire car nous ne l'aurions pas supportée. Poursuivant notre route, nous passons la matinée à visiter ces familles dont le quotidien est si éloigné du nôtre. La plupart vivent de la cueillette des mangues et de l'élevage de volailles. Les gens naissent, vivent et meurent ici. Au loin, le son des tambours signale l'enterrement d'un vieux du village.

***

De retour à Tanguiéta après cette visite expresse de Péporiakou, les sœurs nous invitent à dîner pour une cérémonie d'adieu. En effet, notre troisième mission s'achève et, dans quelques jours, nous partons pour la Jordanie. Ce soir, les coupures d'électricité rendent la chaleur à l'intérieur du bâtiment insupportable. Nous sommes contraints de nous installer dehors pour un repas de fête. Nous montons rapidement dans notre chambre pour nous badigeonner d'anti-moustique avant le repas. Ces derniers sortent principalement à la tombée de la nuit, il serait dommage de contracter le paludisme deux jours avant notre départ ! Les sœurs nous ont cuisiné une quantité de frites astronomique, nous sommes ravis ! Nous trinquons avec de la béninoise – la bière locale – et Jean se répand en de nombreuses blagues dont lui seul a le secret. Les sœurs, bon public, rient plus ou moins timidement. La sœur Léa nous fait signe qu'elle souhaite prendre la parole.

Elle sort un petit bout de papier et se met à nous le lire. Assis en cercle autour d'elle, nous nous taisons pour l'écouter :

« Chers Petit à Petit, commence-t-elle dans un sourire. Nous voulions vous remercier pour votre témoignage. Nous vous avons côtoyés pendant ces deux mois et nous vous avons observés au service des malades, merci pour eux. Mais merci aussi du témoignage que vous nous offrez à travers votre vie de communauté à tous les trois. Votre humour et votre humilité nous ont profondément touchées. Votre soif de Dieu nous a renouvelées dans notre foi. »

Je me souviens alors de ce que nous avait dit Gloria, une des sœurs de la communauté de l'Agneau à Buenos Aires : « Vous nous avez renouvelées dans notre foi… » Je reçois ce remerciement de la part de Léa comme un véritable cadeau pour nous trois. Si cette mission a peut-être été la plus éprouvante sous bien des aspects, elle n'en a pas moins porté des fruits et nous sommes heureux d'en récolter certains ce soir. Je croise le regard ému de Jean et Geoffroy. À cet instant, nous réalisons la beauté de ce que nous vivons au quotidien, dans la prière mais aussi dans le pardon. Les différences qui nous séparaient hier apparaissent soudain insignifiantes. Elles forment la richesse de la communauté qui aide chacun à grandir en tant qu'homme. Ce soir, c'est un peu notre anniversaire à tous les trois !

***

Avant de rejoindre Cotonou, où nous prendrons notre avion pour Amman en direction de notre quatrième et dernière mission, Alias – un ami des sœurs – nous conduit en 4x4 pour une journée de safari à la Pendjari. Cette réserve bien connue au Bénin se trouve à deux heures de route de Tanguiéta. Nous nous levons non sans mal à 4h45 pour un départ en brousse à 5h30, afin de profiter de la fraîcheur du matin. Si nous avons de la chance, nous pourrons voir des lions, des éléphants et peut-être même des guépards. À l'entrée du parc, je découvre néanmoins sur un écriteau qu'aucun guépard n'a été aperçu depuis plusieurs années si bien que nous nous faisons peu d'illusions. Je suis très heureux de renouer contact avec la nature après ces deux mois passés plus ou moins dans l'enceinte d'un hôpital.

La nature ici est néanmoins hostile et je ne serais pas rassuré si nous devions planter la tente dans un endroit pareil. Les arbres courbés semblent eux aussi souffrir de la sécheresse de ce climat dont la chaleur nous brûle la gorge. Des colonnes d'argile formées par le souffle du vent s'élèvent le long de la route de terre rouge qui sillonne la savane. Je suis frappé de voir la taille des antilopes, aussi hautes au garrot que des chevaux. Au loin, l'œil aguerri d'Alias repère des éléphants que nous n'aurions jamais remarqués. Nous arrêtons le véhicule pour contempler cette nature : des buffles, des singes, des antilopes en pagaille bien sûr mais aussi d'immondes phacochères. Je n'avais jamais mesuré à quel point cet animal est disgracieux.

En prenant le temps de contempler cette faune, je pense à cette Afrique que nous allons bientôt quitter. Chaque fin de mission est un arrachement, mais là je dois dire que c'est aussi un soulagement. Mon corps frémit d'impatience à l'idée de retrouver des températures plus clémentes et mes papilles se réjouissent de pouvoir bientôt savourer autre chose que de l'igname[51] pilée. Je vais enfin pouvoir arrêter de boire six litres d'eau par jour sous peine d'être déshydraté, de ne plus être obligé de m'asperger d'anti-moustique et dormir d'un sommeil continu pendant une nuit entière.

Alertés de notre présence, les éléphants, qui se trouvent à une cinquantaine de mètres devant nous, se rassemblent autour des petits pour les protéger. Avec la témérité qui le caractérise, Geoffroy demande si nous pouvons sortir du véhicule pour approcher. Insouciant ! Notre chauffeur nous explique comment certaines voitures qui ont le malheur de s'aventurer trop près des petits finissent piétinées par les mères dont on ne soupçonne pas la célérité. Au bout de quelques minutes,

51. Un tubercule que nous mangions régulièrement sous forme pilée.

les mères agitent d'ailleurs énergiquement leurs oreilles, signe que notre présence les indispose, Alias nous fait comprendre qu'il est temps de partir.

En embarquant pour Amman, nous avons le sentiment qu'il s'agit déjà pour nous du chemin du retour. Nous avons souvent fait le constat cette année que les journées, souvent pleines de rebondissements, nous paraissent durer une éternité alors que les mois, quant à eux, semblent s'enchaîner à toute allure. Nous sommes à la mi-avril et le retour en France est prévu pour mi-juillet. Il nous reste trois mois pour effectuer notre dernière mission et entamer le chemin du retour. Si le retour était, au début de l'année, synonyme d'une fin que nous ne voulions pas voir arriver, nous commençons à l'envisager comme le début de quelque chose de nouveau qui nous appelle. Et puis cette année a fait naître en nous de multiples désirs dont certains ne pourront être assouvis qu'une fois rentrés : retrouver le fromage et le vin. Dans une année comme celle-là, soyons honnêtes, ce genre de réjouissances nous manquent. L'igname pilée et la pâte de maïs que nous avons mangées pendant deux mois en Afrique, les kilos de riz que nous avons ingurgités en Amérique Latine et en Asie nous ont bien souvent fait rêver de fromage la nuit… Dans une gourmandise retrouvée, nous saurons apprécier la richesse de la cuisine orientale après la diète africaine.

Centre Notre-Dame de la Paix, Jordanie

C'est en pleine nuit que nous atterrissons à l'aéroport d'Amman où nous espérons que quelqu'un viendra nous chercher. Jean nous soutient mordicus qu'il a bien prévenu Abouna Ala – le directeur du centre Notre-Dame de la Paix – de notre heure d'arrivée. Nous ne passons pas inaperçus dans le hall : trois barbus venus d'Afrique, avec une caméra. Des agents de police nous repèrent et se dirigent vers nous pour me demander d'effacer les images que j'ai prises dans l'aéroport, par mesure de sécurité. Évidemment, je m'exécute sans protester. Le plus suspicieux des deux m'interroge :

« Que faites-vous ici ?

— Heu, nous sommes volontaires au centre Notre-Dame de la Paix, auprès d'enfants handicapés. »

Étant donné sa réaction, cela ne lui dit rien.

« Comment comptez-vous aller là-bas ? »

Malgré moi, provocateur, je lui réponds :

« Heu, je ne sais pas.

— Quelqu'un vient-il vous chercher ? insiste l'autre.

— J'espère… »

Visiblement méfiants, les deux policiers s'entretiennent quelques instants mais finissent par nous lâcher la grappe. En sortant de l'aéroport, nous apercevons une fourgonnette avec un vieux monsieur moustachu qui tient un panneau : « *Our Lady of Peace Center* ».

« Oh bonjour, nous sommes très heureux de vous voir, tente Jean en anglais.

— Comment allez-vous ? poursuit Geoffroy, très avenant.

— *You are welcome* », nous répond l'homme avec un regard noir.

Nous attendons de voir s'il veut nous dire autre chose mais après vingt secondes de silence, toujours rien. Je tente de briser la glace :

« Merci d'être venus nous chercher si tard, vous connaissez Abouna Ala ?

— *You are welcome*, persiste l'homme, avec un fort accent arabe.

— Bon ben les gars, je crois qu'on est deux fois bienvenus, on y va ? », conclut Geoffroy.

Pas d'autre choix que se fier au panneau. Nous chargeons donc nos sacs à l'arrière du fourgon et montons à bord en espérant nous vouer à la bonne personne. Il fait nuit noire donc impossible de voir dans quelle direction nous conduit notre mystérieux chauffeur. Me croyant dans *Tintin*, je crains que les portes se verrouillent d'un instant à l'autre et que nous soyons victimes d'un enlèvement... Il semble que nous prenions l'autoroute mais soudain nous bifurquons brutalement sur la droite. À chaque accélération, nous avons l'impression que la camionnette, complètement branlante, va rendre l'âme. En passant ma tête par la fenêtre, je découvre avec stupeur que nous sommes revenus sur nos pas et que nous roulons en sens interdit, à toute berzingue.

Nous quittons finalement la voie principale pour nous engouffrer sur une route perpendiculaire qui nous mène tout droit à la forêt. À mesure que nous nous enfonçons dans la campagne, je vois Jean et Geoffroy mi-figue mi-raisin, entre sourire et crispation. Au niveau d'un grand portail électrique vert, le fourgon pile. Notre chauffeur se met à klaxonner avec insistance pour manifester notre arrivée. Une fois garé, il nous fait signe de descendre. Sacs au dos, nous attendons au pied d'un bâtiment. Pas mécontents de poser le pied à terre, nous remercions notre bienfaiteur et le gratifions de notre plus beau sourire :

« *You are welcome* », nous répond l'homme machinalement.

Il n'y a pas un bruit et la nuit, fraîche, est particulièrement étoilée. Notre chauffeur remonte dans son camion, redémarre et nous laisse en plan à la porte du bâtiment. Même si nous sommes rassurés sur le lieu où nous avons atterri, nous espérons quand même que quelqu'un va venir nous ouvrir. Après quelques minutes d'attente qui nous paraissent bien longues, nous entendons un cliquetis dans la porte et un petit homme binoclard apparaît soudain, vêtu d'un pyjama. Manifestement réveillé en pleine nuit, il nous précède aimablement au deuxième étage et, au fond d'un long couloir à droite, nous indique une pièce. Sur le pas de la porte, il nous murmure : « *Welcome at Our Lady of Peace Center. Good night !* » Nous sommes arrivés à bon port.

Sayidat Al-Salam[52] est un centre de réhabilitation pour enfants handicapés qui accueille aujourd'hui une trentaine d'enfants de 8 mois à 13 ans, répartis en différentes classes. Jean a habité pendant quelques années en Jordanie, si bien

52. Notre-Dame de la Paix (en arabe).

que ses parents avaient gardé des contacts dans cette partie du monde. C'est grâce à eux que nous avons été mis en relation avec Abouna Ala. Officiellement, les personnes handicapées représentent 2% de la population, mais en réalité il s'agit plutôt de 10%, soit environ 600 000 personnes. Encore aujour-d'hui, ces personnes sont l'objet de nombreuses discriminations dans ce pays – comme dans beaucoup d'autres, d'ailleurs. Afin de lutter contre l'exclusion dont ils souffrent, l'ancien évêque d'Amman, Mgr Salim Sayegh a décidé, il y a dix ans, de fonder ce centre car, nous dira-t-il aussi simplement : « Il y en avait besoin. » Aujourd'hui Mgr Sayeh n'est plus en charge du centre mais il y a installé ses quartiers pour sa retraite. Il y coule des jours heureux, écrit des livres et prie une bonne partie de la journée.

Dans ce centre, les enfants sont intégralement pris en charge, scolairement mais aussi médicalement, selon leur type de handicap : mental et/ou physique. En plus des activités scolaires classiques, ils bénéficient d'un suivi personnalisé et de soins adaptés à leurs besoins (physiothérapie, radiothérapie, électrothérapie etc.). Nous sommes impressionnés par la qualité des installations. Ce centre fait figure de référence dans tout le Moyen-Orient pour la simple et bonne raison que tout le monde y est accueilli sans distinction de condition sociale ou de religion, d'autant plus que tout y est totalement gratuit. Il est situé dans la périphérie de la capitale jordanienne, au milieu d'une pinède qui n'est pas sans me rappeler mon enfance marseillaise. Après la sécheresse de la brousse, je goûte à la fraîcheur revigorante de l'air méditerranéen. Au sommet des collines dégarnies qui entourent le centre, la pierre blanche dore au soleil, l'odeur des cyprès et des oliviers nous fait sentir que la Terre Sainte n'est pas loin. Le centre s'organise autour d'une grande église, dont les magnifiques fresques retracent les principaux événements bibliques, et de deux autres bâtiments. Au premier étage du bâtiment dans lequel nous logeons se trouvent les classes. Cette richesse contraste avec la pauvreté des moyens dontdisposaient les frères à Tanguiéta. Derrière l'église, de précaires mobil-homes dans lesquels s'entassent onze familles irakiennes ont été montés à la va-vite. Nous ne le savions pas avant de venir, mais quarante-cinq Irakiens ont été récemment accueillis dans ce centre depuis leur fuite de Mossoul. Nous faisons leur rencontre dès le lendemain de notre arrivée.

Après une nuit de sommeil continu – ce qui ne nous était pas arrivé depuis des lustres –, nous partons à la recherche d'Abouna[53] Ala Alamat. En descendant l'escalier nous tombons nez à nez avec Rwaïd, un jeune Irakien de 12 ans. En anglais, il nous dit qu'il ne sait pas où se trouve Abouna mais nous invite à venir avec lui pour rencontrer sa famille. Nous débarquons dans une grande pièce qui ressemble à un réfectoire. Une famille est attablée. Pas vraiment surpris de notre arrivée, ils nous sourient chaleureusement et la mère de Rwaïd se lève pour nous faire une place. Ils parlent quelques instants en arabe, le temps que nous découvrions l'ensemble des mets qui ornent la table : du humus, de l'huile, du pain blanc, des olives, du thé, du jambon, du fromage blanc, et du riz aux herbes – qui a un bien meilleur aspect que celui que nous cuit Jean habituellement. L'odeur de pain grillé nous met l'eau à

53. Père (en arabe).

la bouche. La mère de Rwaïd ajoute des assiettes et nous signifie avec insistance de venir les rejoindre. Sans plus tarder, nous nous mettons à table et rendons grâce pour la richesse de ces plats et la générosité de ces Orientaux qui nous nourrissent comme si nous étions leurs fils.

La famille de Rwaïd nous raconte comment elle a dû fuir les persécutions de l'État islamique qui entra victorieux dans Mossoul en juin 2014. Rwaïd et son petit frère nous traduisent en anglais ce que les parents confient en arabe avec émotion. Ils ont vu et vécu des atrocités que nous n'imaginons pas. Les islamistes qui prennent le contrôle de Mossoul imposent la charia aux familles installées en terre chrétienne depuis des générations. La sentence est sans appel : rester et mourir, se convertir ou fuir. N'emportant que le strict minimum, leur famille et tant d'autres ont laissé derrière elles leurs maisons, leurs métiers, leurs souvenirs, leurs amis, sans réaliser qu'il n'y aurait peut-être pas de retour. Ils sont péniblement arrivés à rejoindre le Kurdistan, au nord-est du pays. Leurs vêtements sont parfois leurs uniques bagages, le reste ayant été confisqué aux nombreux check-points déjà mis en place par les combattants de l'État islamique.

Les membres de la famille de Rwaïd, comme des dix autres qui sont accueillies au centre Notre-Dame de la Paix, ont pu garder leurs passeports, ce qui leur a permis de se rendre en Jordanie où elles attendent depuis sept mois. Venus pour participer à une mission auprès d'enfants handicapés, nous ne savions pas que nous allions croiser la route de ces réfugiés. Nous nous sentons si petits en présence de ces chrétiens condamnés à fuir leur propre terre, à tout abandonner derrière eux, rejetés de leur propre pays pour être restés fidèles à leur foi.

Comme à chaque fois, nous ne connaissons pas exactement les modalités de notre future mission, il est donc temps de rencontrer Abouna Ala dont l'objectif est de nous faire vivre « *a wonderful experience* ». Lorsque nous arrivons dans son appartement, situé au rez-de-chaussée du bâtiment qui jouxte l'église, Abouna nous tend les bras comme un père au retour de son fils prodigue.

« Mes chers amis, venez partager mon modeste repas. »

Les cheveux noirs très courts, soigneusement peignés en brosse, Abouna a le teint mat des Orientaux. Son embonpoint témoigne de son appétit, ce dont nous profiterons largement car il nous invitera régulièrement à sa table. Il porte des lunettes carrées, et détail plus étonnant à son âge, des bagues dentaires. Ce prêtre assez atypique fume deux paquets de cigarettes par jour et sait toujours se rendre disponible pour un verre. Sa bonne humeur met de l'ambiance dans la vie du centre qu'il dirige depuis bientôt un an. Ayant étudié à Rome pendant son séminaire, il parle l'arabe, l'anglais, le français et l'italien. Mais lorsque nous le rencontrons pour la première fois, ce n'est pas de lui-même dont il nous parle mais de Mgr Salim Sayegh, le fondateur de Notre-Dame de la Paix :

« *He is a holy man*[54] *!* »

Même si Abouna parle un français parfait, il préfère que nous communiquions en anglais car il se sent plus à l'aise dans cette langue.

« Sera-t-il possible de le rencontrer ? lui demande en anglais Geoffroy, intéressé par l'élogieux portrait qu'il nous fait de Mgr Sayegh.

54. « C'est un saint homme ! »

— Il a pris sa retraite en tant qu'évêque et maintenant vit plus ou moins comme un ermite ici au centre. »

Je repense alors à Don Luis à Tucumán et me dis qu'on sait y faire maintenant avec les ermites.

« Il est très indépendant mais vous devriez essayer de le suivre pendant une journée, nous dit Abouna d'un ton mystérieux.

— Le suivre, c'est-à-dire ? interroge Jean.

— Le suivre comme un “shadow day[55]”, nous répond Abouna avec un sourire espiègle. C'est un homme de Dieu avec une profonde vie intérieure. Il se lève la nuit pour aller à la chapelle. Vous devriez le suivre pour vous inspirer de sa relation avec Dieu. »

Mgr Sayegh prie entre huit et neuf heures par jour. À côté de lui, même les cinq heures de prière des sœurs de l'Agneau paraissent légères. Impressionnés par cette description, nous avons hâte de faire sa rencontre.

Concernant le détail de notre mission, Abouna nous explique qu'il y a des besoins un peu partout. Il propose que nous l'aidions à refaire le site internet du centre, à entretenir le jardin, que nous nous occupions des enfants handicapés mais aussi donnions des cours d'anglais aux réfugiés qui en ont fait la demande. Nous commençons à avoir une certaine expérience des missions, donc nous nous répartissons le travail presque naturellement avec Jean et Geoffroy. Nous avons tous les trois le désir d'être au service des enfants handicapés mais nous sommes contents de pouvoir prêter main-forte à ces Irakiens qui passent leurs journées à essayer de tromper l'ennui.

55. Le suivre comme son ombre dans toutes les activités de la journée.

Nous décidons donc que nous irons dans des classes avec les enfants handicapés le matin et que nous passerons nos après-midis avec les Irakiens pour « causer » et leur donner des cours d'anglais. Avant de nous quitter, notre hôte attentionné nous demande :

« Tout s'est bien passé depuis votre arrivée à l'aéroport ? »

Après ce déjeuner partagé, nous nous laissons aller à la confidence :

« Oui très bien, même si je vous avoue que si le chauffeur n'avait pas eu le panneau "*Our Lady of Peace Center*", nous n'aurions eu aucun moyen de savoir si c'était vrai, lui dis-je.

— À chaque question que nous lui avons posée, il répondait "*you are welcome*" », précise Jean.

Visiblement amusé, Abouna finit par éclater de rire et nous avoue :

« Il ne parle pas un mot d'anglais… Enfin si, seulement trois que je me suis évertué à lui apprendre tout l'après-midi d'hier avant qu'il aille vous chercher : "*You are welcome*" ! »

Ici, nous dormons bien, l'eau de la douche est chaude, la nourriture est d'une richesse inégalable et l'air des collines est frais. Nous goûtons de nouveau au plaisir de frissonner en nous levant, d'enfiler nos pulls et de nous asseoir sur un banc à l'extérieur pour laisser le soleil nous réchauffer le visage. La nature alentour semble, elle aussi, plus clémente qu'en Afrique. Et la mission elle-même nous paraît bien plus simple. Bien sûr, les enfants n'écoutent à peu près rien de ce que nous disons mais peu importe, nous n'avons pas l'angoisse de devoir amener un malade à l'agonie aux soins intensifs.

Lorsque nous nous levons le premier matin, nous ne connaissons même pas le lieu où nous sommes attendus. En descendant l'escalier, nous nous laissons guider par les pleurs, les rires et les cris stridents qui émanent du premier étage. Au bout d'un couloir, dans une grande salle lumineuse qui ressemble à un réfectoire, des dizaines d'enfants chahutent dans un brouhaha étourdissant. À notre arrivée, quelques chuchotements se font entendre et les quatre professeurs présents, avec un sourire, nous font signe d'entrer. Les professeurs sont toutes des femmes, mais toutes ne parlent pas anglais, si bien que nous nous laissons guider. Certaines d'entre elles, musulmanes, refusent de nous serrer la main quand nous la leur tendons poliment. Léger malaise que nous aurions préféré éviter le premier jour…

Les professeurs nous présentent aux enfants. La scène est cocasse : trois jeunes Français, barbus et habillés de manière identique, devant ces enfants jordaniens qui ont entre 5 et 13 ans et dont la plupart sont trisomiques. Je crois que nous sommes plus intimidés qu'eux. Nous faisons confiance aux enseignantes qui expliquent en arabe que nous serons présents pendant environ un mois avec eux pour travailler. Après une collation que les parents ont soigneusement préparée pour leurs enfants, nous regagnons nos classes respectives et participons avec enthousiasme aux activités qui sont proposées aux élèves. En un mois, Geoffroy devient un virtuose du coloriage, Jean un peintre inspiré et moi un champion du découpage.

Les séances en classe se déroulent dans un sérieux qu'il n'est pas toujours évident de préserver. Certains ont un mal fou à comprendre les consignes du professeur qui leur parle en arabe, c'est dire s'ils comprennent quelque chose quand j'essaie de les guider dans leurs travaux. Les seuls mots que je parviens à maîtriser sont ceux qui me permettent de les rappeler à l'ordre :

« *Ahmed, khalass*[56] ! »

Cette injonction à se calmer est peut-être la phrase que j'ai le plus employée pendant un mois. Ahmed, un petit enfant trisomique qui n'en fait qu'à sa tête, me rappelle Juanito, l'adolescent avec qui j'avais noué une complicité au Chili. Tantôt sage comme une image, tantôt terriblement têtu. Comme il est le plus petit de la classe, il a compris que, pour se faire respecter, il fallait ruser et user de ses charmes. Et il le fait très bien puisque qu'il a réussi à amadouer tous les professeurs qui le trouvent mignon à souhait. Pourtant, dès qu'ils ont le dos tourné, il est capable de mettre la classe à feu et à sang. Avec sa coupe au bol et son regard malicieux, cet enfant a une tête d'ange mais le diable au corps.

À part les cours à proprement parler où les élèves sont répartis en classes de niveau, il y a également les temps de pause qui ne sont pas les moins fatigants. Ces récréations, qui se déroulent dans l'enceinte du réfectoire, se transforment souvent en pugilats. L'excitation générale nous oblige parfois à en rappeler certains à l'ordre même si ce n'est pas toujours facile de garder son sérieux…

Un jour, Abdoulatif, un petit garçon joufflu qui est dans la classe de Geoffroy, visiblement requinqué par son goûter, se met à courir partout en slalomant dangereusement entre les tables et les chaises. Sa démarche chancelante nous fait

56. « Ahmed, ça suffit ! »

craindre le pire et je m'adresse à lui en disant dans un arabe encore hésitant :

« *Abdoulatif, ajlis*[57] *!* »

Obtempérant, il stoppe net sa course et me jette un regard que je ne parviens pas à interpréter. Après quelques secondes d'hésitation, il s'assoit en tailleur en plein milieu du réfectoire, bras croisés. Évidemment cela provoque l'hilarité de ses pairs mais aussi celle de Jean et Geoffroy. Difficile de ne pas exploser de rire. Cette scène m'a rappelé mon premier contact avec les personnes handicapées.

Au cours d'un pèlerinage à Lourdes en tant que brancardier, je me suis retrouvé seul avec un monsieur d'une cinquantaine d'années, dans une salle de bains sur les coups de 19 heures. Lourdement handicapé, ce monsieur ne pouvait pas parler si bien qu'il gesticulait dans tous les sens sur son fauteuil pour me faire comprendre ce qu'il voulait. Au début, j'ai cru à une crise si bien que je suis sorti en courant de la pièce pour chercher du secours ; en rentrant je l'ai retrouvé parfaitement calme dans son fauteuil. Infiniment patient, il a tenté de rétablir la communication avec ses yeux qu'il faisait courir partout sur son environnement. Je lui ai alors demandé, toujours paniqué :

« Qu'est-ce que vous voulez monsieur ? »

Avec ses yeux il m'a alors indiqué la direction de sa trousse de toilette. Je l'ai prise et lui ai demandé de me confirmer si c'est ce qu'il voulait :

« Qu'est-ce que vous voulez dans votre trousse de toilette ? »

57. « Assieds-toi ! »

J'ai finalement (tardivement) opté pour la technique d'élimination. Sortant chaque élément de sa trousse, je me tournais vers mon persévérant interlocuteur :

« Vous voulez vos médicaments ? »

Ce n'était pas ça.

« Vous voulez votre brosse à dents ? »

Hypothèse complètement idiote, avec le recul, puisque nous n'avions pas encore dîné.

« Vous voulez votre coupe-ongles ? »

Plus plausible, cette hypothèse n'était pourtant toujours pas la bonne. À chaque question, l'expression de mon compagnon me faisait gentiment comprendre que j'étais encore dans l'erreur.

« Votre rasoir ? »

Son visage s'est illuminé. Les gesticulations ont repris mais cette fois je savais qu'elles traduisaient de la joie et non je ne sais quelle convulsion. J'avais enfin déchiffré ce que mon indulgent ami tentait de me dire depuis un quart d'heure : il souhaitait que je l'aide à se raser pour être présentable au dîner ! Même si j'étais soulagé, j'ai eu honte d'avoir mis tout ce temps à le comprendre.

La première fois, on est souvent désarçonné par les personnes handicapées. On ne comprend pas ce qu'elles nous disent – pour celles qui peuvent parler –, les expressions de leur visage trahissent des émotions qui semblent terrifiantes et leurs gestes désordonnés nous effraient. C'est comme si un mur nous séparait et empêchait toute communication. À certains moments, j'ai l'impression qu'ils sont dans leur bulle, dans un monde impénétrable pour moi. Et soudain, quand on se rend attentif, on voit poindre un sourire, un regard, un geste nous rappelant qu'ils sont infiniment sensibles à notre présence.

Les salles de classe se trouvent au bout du couloir qui forme le rez-de-chaussée du bâtiment où nous logeons. À l'autre extrémité, une petite chapelle où nous croisons furtivement Mgr Sayegh que nous n'avons pas encore réussi à aborder. Cette petite chapelle est une pièce d'une vingtaine de mètres carrés bordée de grandes fenêtres sur son aile gauche. Lumineux et sobrement décoré, ce lieu de prière est une respiration dans nos journées souvent agitées.

Après huit mois d'une vie de prière quotidienne, nous découvrons le luxe d'avoir une chapelle à l'étage juste en dessous de notre chambre. Au cours de l'année, nous avons appris à goûter la gratuité de ces moments de silence. Quel bonheur inouï de rester assis pendant une demi-heure sur une chaise, les yeux fermés, en silence. Sans rien faire, sans rien penser. Alors bien sûr, nous sommes toujours traversés par telle ou telle pensée, mais la méditation aide à nous en détacher. La prière est un chemin qui nous fait descendre de la tête au cœur. Laissant là nos regrets d'hier, nos tracasseries d'aujourd'hui et nos inquiétudes de demain, la prière nous conduit au fond de nous-mêmes, dans un lieu où nous recevons de Dieu ce que nous donnons dans la vie extérieure. Qu'avons-nous que nous n'ayons reçu ? Je fais l'expérience qu'en recevant la douceur de Dieu dans le silence d'une prière le matin, je deviens capable de la même patience à l'égard d'Abdoulatif toujours déchaîné en fin de récréation.

Au cours des matinées que nous passons avec les enfants, même les plus turbulents nous comblent d'affection. Parfois un regard, un sourire, une caresse, nous rappelle que même si leurs gestes sont maladroits, leur cœur, lui, déborde de tendresse. Parmi eux, les handicaps sont plus ou moins lourds. Dans ma classe, certains arrivent à colorier à l'intérieur de formes géométriques simples, tandis que d'autres ne peuvent même pas tenir un stylo entre leurs mains. Une fois par semaine, nous faisons avec eux des exercices physiques et de coordination. Nous descendons au sous-sol du bâtiment et conduisons chaque enfant à travers les différentes installations. Pour certains, marcher sur une poutre en équilibre ou sauter à pieds joints est un véritable parcours du combattant.

Nous nous laissons surprendre par ces élèves si affectueux. Devenu un spécialiste du découpage, je redouble de patience et d'inventivité pour aider les enfants qui ont des difficultés à suivre les modèles. Aujourd'hui, je propose un papillon en papier à une petite fille. Je m'assois à côté d'elle en lui montrant lentement la marche à suivre. Cette petite fille trisomique, qui ne doit pas avoir 6 ans, ne me donne pas l'impression d'écouter grand-chose. Elle colorie frénétiquement une pauvre feuille déjà bien raturée. Ses petits yeux se plissent à chaque fois qu'elle sourit. Prise de convulsions qu'elle ne maîtrise pas toujours, il lui arrive de pencher brusquement la tête en avant et de tremper ses cheveux crépus dans le pot de peinture de sa voisine. Je ne doute pas de sa bonne volonté mais je dois dire que son imprévisibilité requiert une attention de tous les instants. Ses petits doigts potelés ne parviennent pas toujours à saisir fermement le crayon qu'elle tient dans sa main.

Interrompant un instant sa besogne, elle croise ses bras sur le bureau et me sourit plus largement que d'habitude. En la regardant dans les yeux j'essaie de découvrir ses intentions pour parer son prochain mouvement. Mais celui-là, je ne l'avais pas anticipé. Elle se pend à mon cou et me gratifie d'un long baiser. Je la remercie poliment de cette marque d'affection. Mais je ne peux m'empêcher de me promettre intérieurement d'essuyer le filet de bave qu'elle a généreusement laissé sur ma joue. Ne voulant pas l'offenser, je prévois de le faire avec discrétion quand elle aura le dos tourné. Elle se lève le plus naturellement du monde et je me dis que le moment est venu. Mais avant que j'aie eu le temps de faire quoi que ce soit, je la vois revenir avec un mouchoir qu'elle applique délicatement sur ma joue. Cette attention m'a fait l'effet d'un séisme intérieur. Le même genre d'électrochoc que celui provoqué par la phrase de Nassim. Je suis là en position de professeur espérant lui enseigner quelques techniques de découpage, et voilà que c'est elle, petite élève trisomique, qui me donne une leçon de délicatesse.

C'est l'expérience que nous faisons avec ces enfants handicapés. Leur présence, leur simplicité et leur attention nous transforment et brisent le mur que nous avons nous-même érigé par crainte. Au contact de ces enfants, nous nous laissons toucher par l'amour qui déborde de leur cœur. Il y a de la joie à colorier, peindre et découper avec eux. Jean Vanier dit que « les personnes handicapées portent en elles les stigmates de l'échec » mais que « c'est en s'approchant d'elles, en arrêtant de fuir devant elles comme en arrêtant de fuir devant nos propres peurs et nos propres faiblesses, en regardant en face notre fragilité, que nous entrerons dans l'espérance et que nous marcherons vers le bonheur [...]. Cette fécondité de la fragilité, il faut en faire l'expérience pour espérer la comprendre[58]. »

Pendant ce temps, Mgr Salim continue de planer sur le centre comme une ombre. Ce mystérieux évêque que nous n'avons pas encore réussi à rencontrer ondule dans les couloirs comme un fantôme, nous apercevons souvent le pan noir de sa soutane disparaître derrière une porte. Parfois nous distinguons sa calotte violette posée sur l'arrière de son crâne se promenant dans l'escalier quelques étages en dessous de nous. Les tableaux accrochés au mur nous rappellent que cet homme est un proche de Benoît XVI et que c'est par lui que ce centre a été fondé. Nous désespérions de faire sa connaissance quand nous tombons nez à nez avec lui à la sortie de la chapelle. C'est la première fois que nous le voyons de face. Il porte de grosses lunettes et une imposante croix autour du cou. Ses yeux noirs perçants nous laissent penser que c'est un homme qui va droit au but. Cependant, une douceur se dégage de ce visage d'une physionomie pourtant assez stricte. La sagesse a barbelé de rides son front largement dégarni. Cet homme qui passe son temps à courir après la solitude ne semble toutefois pas importuné par notre soudaine présence.

« Bonjour Monseigneur ! », lui disons-nous de la manière la plus déférente possible.

Cet évêque n'aime pas les politesses. Il hésite d'abord à répondre puis finit par nous dire sèchement :

58. Anne-Sophie Constant, *Jean Vanier, portrait d'un homme libre*, Albin Michel, août 2014.

« Bonjour ! »

Sans le portrait que nous en a fait Abouna Ala, je crois que nous n'aurions pas insisté. Alors qu'il nous emboîte le pas pour sortir, je tente de le retenir :

« Monseigneur, nous sommes les trois nouveaux volontaires du centre et aimerions déjeuner avec vous. »

Surpris par cette demande, Mgr Salim s'arrête un instant mais ne nous répond rien. Geoffroy décide d'enfoncer le clou :

« Abouna Ala nous a beaucoup parlé de vous, et nous aimerions vraiment vous rencontrer. »

Humblement, il commence par refuser :

« Oh vous savez, je suis un vieil évêque.

— Personne n'est vieux ici, lui dit Jean dans une tentative plus humoristique.

— Je vais vous ennuyer », se défend-t-il d'un ton las.

Je pense alors à ma chère grand-mère qui redoute d'importuner les gens. Quand je lui pose des questions, elle a l'habitude de s'interrompre au milieu de ses réponses en disant : « Mais c'est sans intérêt en plus tu dois avoir autre chose à faire que m'écouter… » Nous ne lâchons rien :

« Monseigneur, si vous nous ennuyez, nous vous le dirons », ment Geoffroy.

Reprenant son pas de loup, Mgr Salim esquisse un sourire :

« D'accord, disons mercredi prochain », nous lâche-t-il, vaincu.

***

Depuis que nous sommes arrivés au centre, notre vie à trois coule de source. Je ne sais pas si c'est le climat qui influence positivement mon humeur, mais la vie avec mes deux compères m'apparaît sous un jour nouveau. Un beau jour. Leurs défauts me paraissent désormais bien peu de chose à côté de leurs qualités. L'humour de Jean continue de me faire rire, sa bienveillance me rassure, son calme m'apaise. Ce que je prends normalement pour de la flemme chez lui m'apparaît maintenant comme une capacité à faire confiance, à se laisser porter. Le fait que nous ne mettions pas les mêmes références derrière les mêmes mots me permet de gagner en précision dans mon expression, il m'aide à rationaliser mes intuitions. Quant à Geoffroy, son enthousiasme m'encourage et sa sagesse m'aide à prendre du recul face à certaines situations. Je réalise soudain la chance que j'ai de voyager avec mes deux compagnons.

La prière est le ciment de cette construction que nous bâtissons pierre après pierre depuis que nous sommes partis. Au début, rien de tout cela n'était vraiment naturel. Nous ne vivions pas vraiment les prières que nous récitions. Cela a pris du temps mais nous avons appris à connaître et à respecter les sensibilités de chacun. Jean nous a ouvert les yeux sur la richesse de certains psaumes. Notre ami a toujours affectionné la poésie et la littérature des symboles. Avec Geoffroy, nous aimons la précision des mots tranchants, dans un style plus explicite qui laisse moins de place à l'interprétation. Les textes saints nous ont ouvert de nouveaux horizons cette année, horizons dans lesquels nous sommes entrés ensemble mais par des chemins toujours différents.

Chacun de nous semble avoir trouvé sa place dans le groupe et dans la mission. Je perçois sous un jour nouveau les difficultés que nous avons vécues en Afrique. Notre vie à trois se déroule selon un certain équilibre, fruit des efforts de chacun. Nous donnons moins notre avis sur tout et les reproches dont nous nous gratifions amicalement nous paraissent plus acceptables. Les différences demeurent mais ne nous séparent plus.

Mgr Salim nous attend à une table, le sourire aux lèvres, une belle récompense après tous les efforts déployés pour obtenir cette entrevue. Comme cela nous arrive trop souvent au goût de Jean, nous sommes en retard. Il est 12h36. Après avoir béni la table, Mgr Salim nous fait signe de nous servir. C'est un banquet, avec au centre, dans un grand plat ovale, des cuisses de poulet dorées à l'huile, coiffant des dunes de couscous entourées de tomates farcies et de rondelles de citron. On se croirait sur un étal de marché : des poivrons rouges, du caviar d'aubergines, des olives noires du jardin, du humus, des acras, du fromage blanc et bien sûr ce fameux pain blanc que nous avons appris à apprécier. Mgr Salim n'a pas encore parlé, et aucun de nous trois n'ose briser le silence. C'est alors qu'il se tourne vers moi et me demande sans préambule :

« Quelle est votre amitié avec Jésus dans l'Eucharistie ?

— C'est-à-dire ? », lui dis-je, décontenancé.

Mgr Salim va nous livrer les secrets de sa vie spirituelle.

« Il faut penser la vie spirituelle comme une relation horizontale d'amitié avec Jésus. Jésus est comme un ami qui nous attend discrètement, le cœur battant, dans la chapelle. Il nous guette du regard et quand il nous voit passer, il espère ardemment que nous venions le voir. Lui, il est là. Pourquoi est-il là à votre avis ? »

Honteux, je réalise que je ne m'étais jamais vraiment posé la question. Jean et Geoffroy aussi restent silencieux.

« Pourquoi Jésus est-il présent dans l'Eucharistie et se donne-t-il à nous ? Pourquoi a-t-il décidé de prolonger sa présence physique sur terre dans un petit bout de pain ? Il a déjà donné sa vie pour nous, cela aurait pu suffire… Non, Jésus décide d'être là tous les jours et nous manifeste l'infaillibilité de son amour et sa fidélité éternelle. Il est là pour chacun de vous trois, en bas, chaque jour. »

La couleur du déjeuner est annoncée. Comme avec Don Luis, la sœur Michelle ou le frère Florent, nous sommes captivés par cet homme dont le cœur est suspendu entre ciel et terre. Nourrissant abondamment nos corps de cette délicieuse nourriture, notre âme est entièrement tournée vers cet homme dont émane une certaine autorité. Point de naïveté chez cet évêque, mais certaines de ses expressions traduisent une forme d'innocence. Derrière ses grandes lunettes, il nous regarde avec curiosité et prend du temps avant de répondre à chacune de nos questions. Nous buvons ses paroles aussi sûrement que le vin dont nos verres sont remplis.

Nous parlons de la création du centre, de l'insuffisante prise en charge des personnes handicapées par le gouvernement jordanien mais aussi de la présence arabe sur cette terre historiquement chrétienne. Mais peut-on être chrétien et arabe ? La question est presque insultante pourtant elle nous brûle les lèvres. Lisant dans nos pensées, Mgr Salim va y répondre avec la bienveillance d'un père qui apprend la vie à son fils encore naïf. Tous les pays qui forment son ancien diocèse, la Jordanie, la Palestine, Israël, Chypre, et tant d'autres, étaient historiquement, pour la grande majorité, chrétiens. Pendant cinq siècles, cette Terre Sainte était peuplée d'arabes chrétiens. Lors d'un déplacement en Europe, il se rappelle la question que lui avait posée un journaliste le plus naturellement du monde :

« Quand vous êtes-vous converti au christianisme ? »

Mgr Salim rit de bon cœur mais cette anecdote est révélatrice du malaise que peuvent ressentir les chrétiens d'Orient lorsque les médias occidentaux feignent de découvrir leur existence. C'est vrai que, jusqu'à récemment, on ne parlait jamais d'eux, on ne s'en souciait pas. Il aura fallu l'émergence d'un énième groupe terroriste et la formation d'un « État Islamique » menaçant la stabilité de tout le Moyen-Orient, pour qu'enfin notre mémoire se ravive. Oui, il y a des chrétiens dans les pays arabes. En fait, il y en a depuis 2 000 ans, car c'est le berceau de la chrétienté. Et ils ne sont pas tous des musulmans convertis, ils étaient chrétiens 600 ans avant la naissance de Mahomet.

« Pourtant aujourd'hui, 97% de la population jordanienne est musulmane, fait remarquer Geoffroy.

— C'est exact.

— Comment expliquez-vous le succès de l'expansion de l'Islam dans cette région du monde ? »

Mgr Salim nous explique qu'aux débuts de l'Islam, au VIIe siècle, la population arabe souffrait des nombreuses persécutions qui existaient entre chrétiens dans les empires perses et byzantins en pleine déliquescence. Les musulmans sont donc arrivés comme des sauveurs. Aujourd'hui, l'écrasante majorité des enfants handicapés accueillis dans le centre sont musulmans. Quand nous lui demandons comment s'entendent musulmans et chrétiens en Jordanie, il nous répond que le centre est un lieu de dialogue qui fait office de laboratoire dans le pays. Ici musulmans et chrétiens s'unissent pour se mettre au service des pauvres, ils coopèrent en mettant en pratique ce qui les rapproche dans leur croyance, la foi en un Dieu miséricordieux. Une grande majorité des employés du centre sont également musulmans. Plutôt que de se répandre en débats théologiques, Mgr Salim préfère le dialogue sur le terrain, ensemble, qui débouche sur une action commune au service des plus faibles.

Et Daech ? Ce n'est pas l'Islam, on est d'accord ? Malheureusement pour nous, sur cette question, Mgr Salim est sans concession.

« Daech applique le Coran à la lettre ; il se fonde sur des versets pour justifier ses terribles exactions.

— Oui, mais c'est parce qu'ils en ont une lecture littérale, sans replacer les écrits dans le contexte historique ?

— Ce qui est écrit dans le Coran est la parole de Dieu directement dictée par l'ange Gabriel à Mahomet, et retranscrite telle quelle. La nature divine de ces commandements rend l'interprétation humaine très difficile car elle est perçue comme un détournement, une altération, une amputation. Il y a des musulmans modérés qui se fondent sur la sagesse du Coran, sans appliquer tout ce qui est écrit à la lettre, mais il n'y a pas d'Islam modéré. Ces musulmans modérés ne sont pas considérés comme de vrais musulmans par leurs pairs. »

Des hommes de bonne volonté, Mgr Salim en rencontre énormément et certains d'entre eux, bien que musulmans, subventionnent ce centre fondé par un évêque catholique. Le plus gros donateur, qui permet au centre de continuer à dispenser des soins gratuits aux enfants, est d'ailleurs musulman. Il donne chaque année près de 10 000 dinars jordaniens. En revanche, la plupart des autres familles musulmanes qui ont leurs enfants ici, ne soutiennent pas financièrement le centre. Ils acceptent de mettre leurs enfants mais n'ont pas le droit de donner de l'argent pour une initiative chrétienne. L'aumône purificatrice (2,5% de leurs revenus) évoquée dans le Coran doit être versée à des musulmans.

Repus, nous sommes maintenant suspendus aux lèvres de Mgr Salim. Devant nos yeux écarquillés, il poursuit en décrivant les nombreuses persécutions dont sont victimes les chrétiens dans cette région du monde. L'autre jour, ils avaient besoin d'un menuisier pour des travaux au centre et, sur quarante menuisiers, un seul a accepté de travailler pour l'église.

« En Orient, les chrétiens font l'objet d'une persécution physique, en Occident vous souffrez d'une persécution morale. »

C'est vrai qu'en France, fille aînée de l'Église, les chrétiens sont devenus une minorité presque folklorique. La société ne comprend pas cette Église qui s'entête à s'adresser à ceux qui ne sont pas ses fidèles. Pourquoi ne se contente-t-elle pas de s'adresser à ses sympathisants comme le feraient les autres communautés ? C'est toute l'originalité du message de l'Évangile : il n'est pas réservé à un cercle d'initiés, à des sages ou à des savants, il n'appartient à personne, il est universel. Le chrétien n'est pas un élu, un privilégié, mais sa foi en Dieu est le signe d'une bénédiction pour tous les hommes.

L'Église catholique est perçue comme une institution à la traîne, empêtrée dans un conservatisme partisan. Certains ont rêvé d'une société sans Dieu où l'homme pourrait enfin se prendre en main et sortir des croyances qui l'ont trop longtemps maintenu dans l'obscurité. Mais la toute-puissance du marché et cette main invisible dont on attendait qu'elle transforme les vices privés en vertu publique en ont fait déchanter plus d'un.

« Vos sociétés occidentales ont une soif criante de spiritualité mais elles ne savent plus à quelle religion se vouer ! »

Pour un premier déjeuner avec Mgr Salim, nous ne sommes pas déçus. Étant donné la réserve qu'il manifestait jusque-là à l'idée d'une rencontre, nous sommes touchés que cet évêque ait pris le temps de nous ouvrir son cœur. Nous ne savons pas encore quoi penser de tout ce qu'il nous a dit, mais nous savons d'ores et déjà que cet homme a eu une vie d'une richesse incroyable et que sa présence est une opportunité formidable. Les Irakiens qui sont accueillis ici depuis sept mois lui vouent d'ailleurs une admiration sans bornes. Très souvent, l'après-midi, il prend du temps pour prier avec eux, les écouter, les réconforter.

« Qu'est-ce que vous pouvez dire aux familles irakiennes qui ont dû fuir leur pays à cause des persécutions ? », nous demande-t-il au moment du café.

Geoffroy, trop occupé à ne pas s'ébouillanter avec ce breuvage qu'il affectionne tant, ne voit pas le regard interrogateur de Mgr Salim.

« Geo ?

— Oui, j'ai entendu, je ne sais pas.

— Comment voulez-vous les consoler si ce n'est en leur parlant de leur foi ? Ils ne sont pas ici *à cause* d'un groupe islamiste mais *pour* leur foi. Les persécutions dont ils sont victimes ne sont pas un obstacle mais une confirmation qu'ils ont été placés à l'avant-poste pour témoigner de leur fidélité à Dieu.

— À côté de nos petites persécutions morales en Occident, eux meurent pour leur foi !

— Le Christ nous a-t-il promis autre chose ? "Le serviteur n'est pas plus grand que le maître. S'ils m'ont persécuté, vous aussi ils vous persécuteront[59]." Jésus a été crucifié par ses ennemis et nous voudrions n'avoir que des bienfaiteurs ? La malheureuse montée en puissance du terrorisme doit-elle encore nous étonner quand on lit dans la Bible : "Bien plus, l'heure viendra ou quiconque vous tuera pensera rendre un culte à Dieu[60]" ? Avec ce genre d'avertissement, Jésus entendait-il que nous devions nous barricader chez nous pour éviter ce monde trop dangereux ? Voulait-il qu'on aille se faire exploser à la gloire de Dieu ? Non. Il nous a dit tout ça pour "éviter le scandale", c'est-à-dire pour que nous n'ayons pas peur quand ces persécutions arriveront. Que nous reste-t-il à faire ? Organiser une stratégie systématique de victimisation ? Non. Prendre le glaive ? Non. La mission qui nous a été confiée depuis 2 000 ans est et reste la même, celle de vivre et de témoigner de la joie de se savoir aimés de Dieu. Ne pleurons pas sur notre temps car c'est ici et maintenant que le Seigneur nous veut. »

***

Avant de venir ici, l'image que j'avais du réfugié était celle d'un type mal rasé en haillons, fuyant à toutes jambes sous le feu de ses assaillants. Mais quand j'ai rencontré Claire, Bashar, Sarmad, Noura, Zyna et les autres j'ai compris que j'étais bien loin de la réalité. Tous les après-midis, nous passons du temps

59. Jean 15,20.
60. Jean 16,2.

à discuter avec les Irakiens, nous donnons des cours d'anglais aux plus studieux et jouons au basket avec les plus sportifs.

Claire a 70 ans et parle un français parfait. Cette grande dame à l'air distingué nous invite souvent dans son mobil-home pour un thé ou pour réciter un chapelet. En 1948, à l'âge de 5 ans, elle est forcée de quitter Jaffa, sa ville natale. Elle s'installe à Ramallah où elle passe toute sa jeunesse puis doit fuir en 1968. Elle fonde sa propre famille à Mossoul avant de devoir quitter cette contrée aussi. Quand elle nous évoque ses souvenirs irakiens, c'est la gorge serrée qu'elle raconte que tel ou tel objet est resté là-bas, à 800 kilomètres, aux mains de Daech. Claire aurait pu être notre grand-mère. Elle parle français aussi bien que nos grand-mères, cherche à partager avec nous autant que nos grand-mères et ne manque jamais de réciter une petite prière avant de se coucher, comme nos grand-mères.

Bashar, lui, a 26 ans et vient de finir ses études de commerce. Sarmad, qui n'a que 17 ans, était en passe d'obtenir son bac pour s'orienter vers un diplôme d'ingénieur avant de devoir fuir Mossoul. Nous nous sentons très proches d'eux. Nous jouons au basket en parlant de Tony Parker, ils nous invitent pour des chichas où nous parlons de la beauté des femmes et des matchs de ligue des champions. Nous évoquons nos rêves, nos souvenirs et nous nous prenons à espérer un avenir commun, loin de la barbarie de l'État Islamique. Ils envisagent d'aller en Allemagne, aux Pays-Bas ou aux États-Unis. Pas en France : ils ont peur des musulmans. L'épisode de *Charlie Hebdo* reste gravé dans leur mémoire et même si nous n'en avons pas reparlé depuis, les attentats du 13 novembre n'auront rien arrangé. Sarmad nous demande quand même de lui traduire quelques mots en français. On ne sait jamais, ça pourra toujours lui servir. Noura et Zeena préfèrent, elles, apprendre l'anglais.

C'est à l'extérieur du bâtiment, sous un porche, qu'ont lieu les cours d'anglais que nous donnons aux plus motivés. Noura a commencé des études d'informatique tandis que Zeena attend de passer son bac. Ces deux sœurs, dont la première est brune et l'autre blonde, sont nos élèves les plus assidues. Après avoir passé deux mois à parler de fringues et de maquillage en Asie, nous sommes davantage en mesure d'animer une conversation sur des sujets plus féminins. Elles nous conseillent sur la taille de nos barbes et se moquent de nos sandales de Romains.

N'ayant pas vraiment de rythme depuis que les élèves sont arrivés, il a été difficile de remplir nos classes les premières semaines. Après avoir fait des cours à deux ou trois avec Jean et Geoffroy, nous nous sommes répartis les jours et les groupes en fonction des différents niveaux. Il m'arrive parfois d'attendre trente minutes dans un canapé que l'ensemble des élèves soient présents.

Je suis frappé du désintérêt des uns autant que de l'assiduité des autres, pour qui la maîtrise de l'anglais est un premier pas vers un futur qu'ils espèrent meilleur. Parfois ils arrivent à oublier cette interminable attente dans laquelle ils sont englués depuis des mois. Mais soudain une phrase, un souvenir les ramènent à leur condition de demandeurs d'asile. Je leur pose la même question que celle posée à mes élèves en Asie :

« Si demain vous aviez un million de dollars, qu'est-ce que vous feriez ? »

Je ne m'attendais pas à recevoir la réponse que m'avait faite Aunti So au Cambodge, mais je me sens vraiment idiot de ne pas avoir pensé à celle de Noura :

« J'achèterai des visas pour toute ma famille et on irait aux États-Unis. »

Chacune de ces familles irakiennes vit dans un mobil-home de $15m^2$ dans lequel sont entassées les quelques affaires qu'ils ont pu emporter : des effets personnels, des photos, des icônes et des vêtements. Ils partagent les sanitaires et une grande cuisine. Mal isolées du froid, ces sommaires constructions contraignent les familles à vivre dans une promiscuité à laquelle ils n'étaient pas habitués en Irak. Même si certains ont encore quelques économies, ils restent financièrement dépendants de Caritas pour se nourrir, se soigner, ou encore se coiffer ! Cette situation de dépendance est extrêmement dure à vivre pour eux car, faisant partie de la classe moyenne en Irak, ils n'ont jamais eu à tendre la main comme aujourd'hui.

Le plus dur pour ces Irakiens n'est pas l'absence de confort matériel mais l'absence de perspectives. Un enfant opéré à l'hôpital de Tanguiéta et qui a toujours vécu dans la brousse n'a pas conscience d'un ailleurs, mais ces jeunes Irakiens ont connu la vie que nous menons en France. Le traumatisme de leur fuite est encore vif, surtout chez les plus âgés. La moindre discussion leur rappelle un objet, une photo, un souvenir qu'ils ont laissé en Irak. « C'est Daech qui l'a pris » murmurent-ils souvent, au bord des larmes. Contrairement aux réfugiés syriens, les chrétiens d'Irak n'ont aucune envie de revenir dans leur pays, c'est un déchirement, un crève-cœur, mais ils savent qu'ils n'y ont plus leur place. Leurs voisins musulmans, l'armée et les forces de police censées les protéger étaient directement impliqués dans la chute de Mossoul. La ville a davantage été « livrée » aux islamistes que perdue suite à une bataille militaire. Néanmoins, ils savent qu'ils risquent de rester ici encore longtemps. Yazan, un volontaire jordanien du centre qui travaille auprès de réfugiés dans le camp de Zaatari, au nord de la Jordanie, nous confie que ce camp avait été construit dans l'urgence et ne devait durer que six mois. Aujourd'hui, cela fait soixante ans que Zaatari existe. Des gens naissent et meurent dans ces camps. Comme ils ne sont plus en danger de mort, la situation de ces chrétiens n'est plus une priorité pour l'ONU.

Mais comme au milieu du quartier de La Pincoya rongée par la drogue, dans ces bars où se répand le fléau de la prostitution, dans cet hôpital où la vie semble si fragile, une lumière brille pour ces enfants handicapés et ces réfugiés. Depuis sa création, le centre Notre-Dame de la Paix est devenu un lieu privilégié de dialogue avec les musulmans, la question du handicap a été capable de rassembler les gens de bonne volonté autour d'une même cause. « Le dialogue islamo-chrétien n'a pas lieu entre le pape et le grand mufti à Rome, le vrai dialogue il est ici ! », nous rappelle Mgr Salim. Les enfants bénéficiaires des soins, leurs familles ainsi que les employés du centre, en majorité musulmans, sont les meilleurs ambassadeurs de ce dialogue.

Depuis dix ans, Mgr Sayegh travaille main dans la main avec des musulmans, officiels ou anonymes. Ces mains tendues, cet appel à œuvrer ensemble, sont un moyen de témoigner de l'amour de Dieu pour les plus fragiles, chrétiens ou musulmans. Le centre Sayidat Al-Salam est un lieu hors du temps où tout le monde est accueilli : handicapés, réfugiés, chrétiens, musulmans, jeunes, vieux, riches ou pauvres. Au-delà de son efficacité sociale, c'est sa vocation spirituelle qui le rend unique : tracer un chemin de paix et d'unité entre les hommes et entre les religions.

Au-delà des programmes qui rythment nos journées, la présence de ces Irakiens condamnés à l'oisiveté nous commande souvent de renoncer à telle ou telle activité pour passer du temps avec eux. Lorsque nous traversons la cour centrale, il n'est pas rare d'en croiser certains assis sur des bancs en train d'attendre. Les jeunes sont sur leur portable et changent la photo de leur profil Facebook, les plus petits jouent au basket sous le regard songeur des adultes. Jean n'a aucun mal à prendre l'initiative de venir s'asseoir à côté d'eux, pour flâner. C'est beaucoup plus difficile pour moi qui ai souvent l'impression de perdre mon temps quand je ne fais rien. Même si c'est aussi le sens de notre démarche cette année, cela me demande toujours un effort. Préoccupé à l'idée d'être utile, je préfère augmenter la cadence des cours, réfléchir à comment faire des groupes de niveaux ou même ouvrir des classes d'espagnol plutôt que de passer du temps assis sur un banc sans rien faire. Il m'arrive donc d'enchaîner plus d'heures de cours que mes camarades mais de prendre du temps pour m'évader en fin d'après-midi lorsque vient le temps de la causerie.

Ces évasions dans les collines avoisinantes sont toujours des moments de ressourcement personnel dans un quotidien qui ne nous appartient pas. Durant la journée, nous sommes toujours nombreux, alors j'éprouve parfois le désir de me retrouver seul. C'est moins par fuite des autres que par goût de la solitude. Souvent, après les cours de l'après-midi, je prends mon carnet de bord et je pars marcher dans la colline de l'autre côté de la route. Au bout de dix minutes d'ascension sous les pins, je me retrouve dans une clairière où s'aventurent parfois quelques promeneurs. Pour les éviter, je descends en contrebas, près d'une souche d'arbre, face à la vue.

Assis en tailleur au milieu d'herbes hautes, je prends le temps de contempler Amman. Au loin, une bande jaunâtre de brume, formée par la chaleur et l'humidité, plane au-dessus de la ville comme une chape de plomb. La pollution urbaine floute le contour des bâtiments en blocs de béton. Ici et là, s'élèvent des minarets au milieu des constructions relativement basses. Parfois, mes excursions solitaires coïncident avec l'appel à la prière. Les voix mélodieuses des muezzins abîmées par la qualité des haut-parleurs se répandent dans toute la vallée comme un effet de domino. L'écho produit par ces complaintes fait monter en moi le désir de dialoguer avec Dieu. Que l'on soit croyant ou athée, nous faisons l'expérience de cette soif d'ascension qui nous propulse vers d'autres horizons. Dans ce moment de communion avec la nature, porté par la vue et bercé par le muezzin, je me sens comme plus uni à Celui vers qui j'essaie de me tourner chaque jour. Je ressens alors le désir d'une intimité plus grande avec Lui. Il n'y a pas besoin d'être à genoux dans une chapelle pour goûter à la douceur de sa présence, il suffit de se mettre à l'écoute et de se laisser conduire par les dialogues intérieurs que notre âme cherche à établir avec son créateur.

Au retour de cette balade, je retrouve Jean et Geoffroy où je les ai laissés avec les Irakiens. La nuit tombant, nous sommes obligés de remettre à demain le match de basket que nous réclament les plus petits. Bashar et Sarmad profitent de ce refus pour nous inviter dans leur mobil-home :

« Vous voulez venir fumer une chicha chez nous ? »

Me tournant vers mes deux camarades, pour voir si la proposition les intéresse, Geoffroy nous fait comprendre qu'il est l'heure de dîner.

« Ouais avec plaisir, dit Jean, mais là c'est l'heure du dîner donc on vous rejoint après, ça vous convient ? »

Nos hôtes acceptent et mes deux compères rentrent dans notre bâtiment au pas de course, l'estomac dans les talons.

« C'était cool cet après-midi avec les Irakiens ?

— Oh tu sais, on n'a pas fait grand-chose…

— On n'a rien fait, avoue Geoffroy.

— On a un peu joué au basket avec Rwaïd et on s'est maté des vidéos du Barça avec Bashar et Sarmad.

— Et toi tu as fait quoi ? me demande Jean intéressé.

— J'ai donné un cours à Noura et Zeena, et puis je suis allé me balader dans la colline, au calme pendant une petite demi-heure.

— Mmmh, disent-ils la bouche pleine.

— Vous devriez le faire une fois, aller vous poser devant la vue dans la petite clairière derrière le bois !

— Mmmh », répètent-ils sur le même ton.

Je ne sais pas si cette réponse signifie qu'ils vont y réfléchir, mais ce qui est sûr, c'est que ces excursions solitaires ont été pour moi, cette année, des respirations qui ont revigoré ma joie de vivre en communauté avec mes deux compagnons.

« Vous savez dans quel mobil-home on a rendez-vous pour la chicha ce soir ? dis-je pour changer de sujet de conversation.

— Celui du milieu où dort Sarmad ! »

Au milieu du camp aménagé derrière l'église, la quinzaine de mobil-homes installés depuis plusieurs mois se font face sur deux rangées. Dans ces blocs de tôle, de la taille d'une chambre, deux ou trois personnes s'entassent pour dormir. En cette saison, les familles vivent plutôt dehors, d'autant plus qu'une grande cuisine leur a été spécialement aménagée au pied du bâtiment où nous logeons. Sur ce terrain un peu boueux, les maisons ne sont séparées que de quelques mètres, si bien qu'il est difficile d'avoir une quelconque intimité. Quand nous traversons le camp, nous entendons des bruits d'assiettes qui annoncent la fin du dîner. Marchant à pas de loup pour ne pas risquer d'être repérés, nous nous dirigeons vers le mobil-home de Sarmad. Si quelqu'un nous surprend, nous serons chaleureusement réinvités à dîner et à bavarder avec les plus âgés, ce qui serait très sympathique mais aurait l'inconvénient de nous faire manquer la chicha.

Apercevant de la lumière à la fenêtre du mobil-home, nous toquons doucement à la porte de Sarmad. La musique a dû couvrir notre arrivée puisque personne ne répond. Nous insistons et voici que Noura nous ouvre la porte. Le nuage de fumée qui s'en échappe nous laisse penser que nos amis n'en sont pas à leur premier charbon, nous entrons alors dans un véritable aquarium :

« Oui bonjour, c'est ici la chicha ? », demande Jean, pince-sans-rire.

Tous les habitants du mobil-home explosent de rire, suivis en chaîne par Geoffroy et moi. Installés sur des chaises blanches en plastique, ils sont quatre à jouer aux cartes autour du narguilé. Nous prenons place dans la petite assemblée en attendant de recevoir le calumet. Ceux qui ont déjà passé leur tour se consolent avec des cigarettes. Les nombreux mégots qui jonchent la petite table nous confirment qu'ils n'en sont pas à leur premier paquet. Désormais habitués à la fumée, nous ne la distinguons plus. Chacun à son tour s'essaie à faire des ronds en soufflant avec sa bouche, pendant que les autres observent attentivement si les contours des figures qui dansent désormais au-dessus de nos têtes sont suffisamment nets pour être considérés comme tels.

Pas encore expert à ce petit jeu, je regarde avec admiration Sarmad qui les enchaîne avec une facilité déconcertante. Ce grand gaillard qui n'est même pas majeur force mon admiration. Il a des allures d'adolescent mais des réflexions d'adulte. La taille de ses biceps ne me donne pas envie de le défier au bras de fer, pourtant je n'ai jamais décelé chez lui quelque propension à la violence. Lorsque je me projette dans sa situation, je me dis que j'aurais envie de me rebeller, de crier mon désespoir à ceux qui refusent de m'entendre. Même s'ils sont accueillis ici, ils n'ont pas d'argent et n'ont pas non plus le droit de travailler. Pourtant, il fait preuve d'un calme étonnant. Lorsque nous évoquons sa situation, il est d'une lucidité glaçante :

« Ce n'est pas trop dur d'attendre et de pas être sûr de pouvoir rentrer chez toi tout de suite ?

— Je ne sais pas si je rentrerai un jour, nous confie-t-il entre deux bouffées de narguilé.

— Et avec tes parents ça se passe bien ?

— Je sens que mes parents s'inquiètent beaucoup pour nous, ils voudraient qu'on puisse travailler, mais comme nous n'avons pas de papiers, nous ne pouvons pas. »

Parfois, un ami d'Abouna, propriétaire d'un golf à une quinzaine de kilomètres du centre, leur propose de venir filer un coup de main pour gagner un peu d'argent mais tout se fait sous le manteau. Si les autorités l'apprennent, il pourrait avoir des ennuis.

« Quand est-ce que vous rentrez en France ? nous demande-t-il d'une voix tranquille, sachant parfaitement le confort et la sécurité que nous allons retrouver.

— Notre retour est prévu pour juillet mais nous allons bientôt quitter la Jordanie pour Israël.

— Quand tout cela sera fini, je viendrai vous rendre visite en France, nous dit-il avec une confiance qui nous impose le respect.

— *Inch'Allah* », répond Bashar menton levé, expirant sa bouffée de fumée comme une prière dirigée vers le ciel.

C'est le cœur lourd d'émotions que nous nous apprêtons à partir du centre Notre-Dame de la Paix. La spontanéité et l'affection des enfants handicapés vont nous manquer bien sûr mais ce sont surtout les Irakiens que nous sommes tristes de quitter. Nous n'avons eu aucun mal à nous identifier à ces familles, à Bashar, à Sarmad qui partageaient avec nous les mêmes attentes pour leur avenir. Si les fins de mission sont souvent des déchirements, celle-ci l'est davantage encore. En descendant de notre bâtiment, les sacs sur le dos, nous arrivons dans la cour où un petit groupe s'est rassemblé. Nos élèves sont là, Rwaïd et sa famille, Bashar, Sarmad et les autres. Je n'aime pas trop ces séquences émotions mais heureusement eux non plus. Les garçons viennent nous décharger de nos sacs pour les ranger à l'arrière du fourgon pendant que nous disons au revoir aux autres. M'approchant des deux sœurs, Noura et Zeena, je les remercie de leur application et de leur ponctualité aux cours. C'est banal mais c'est la seule chose qui me vient à l'esprit. Ce qu'elles me répondent aurait pu l'être tout autant si elles ne l'avaient dit les larmes aux yeux :

« Merci Quentin pour tes cours. »

Comme je les sens un peu émues, j'essaie de dire quelques mots pour limiter les effusions et rester maître de la situation :

« Vous savez, vous faites d'énormes… »

Mais avant que j'aie pu finir ma phrase, Noura me lance :

« Tu as été le meilleur prof qu'on a jamais eu !

— Oui, merci pour tes exercices sur les feuilles de différentes couleurs », surenchérit Zeena avec un clin d'œil.

Ces remerciements me vont droit au cœur car si j'ai eu des difficultés à rester assis sur des bancs sans rien faire l'après-midi, j'ai vraiment essayé de m'appliquer lors des cours pour retenir l'attention des élèves. Ce compliment sonne comme une vraie récompense. Tandis que les adieux avec Rwaïd et sa famille sont plutôt placés sous le signe du *selfie*, ceux avec les garçons se résumeront à une bonne accolade dans le dos. En embarquant dans le fourgon avec notre chauffeur en qui nous avons désormais entière confiance, nous essayons de ne pas trop nous retourner car nous sommes tous les trois émus. Avant de refermer la porte de la camionnette, je lance à nos amis irakiens qui nous font signe de la main : « Bonne chance ! ».

Nous n'échangeons aucun regard avec Jean et Geoffroy pendant les premières minutes du trajet, pour laisser chacun vivre ce moment d'émotion. Je repense alors aux remerciements des deux sœurs. Proposer ces cours d'anglais n'est vraiment pas grand-chose mais je me dis, pour me consoler, que c'est déjà ça. Lorsque je me demande ce que je pourrais faire de plus pour eux maintenant, je prends l'engagement intérieur de réciter un « Je vous salue Marie » en arabe tous les jours à leur intention jusqu'à la fin du tour du monde.

Direction Jérusalem et le retour

Avant d'être la ville romaine de Philadelphia, Amman est, au temps de Jésus, une ville de la Décapole[61] dont Mgr Salim aimait à nous rappeler qu'elle faisait partie de la Terre Sainte. Nous traversons le quartier des bijoutiers pour remonter sur Shaaban Street vers le quartier de Jabal Amman. Dans la vieille ville, presque toutes les maisons sont beiges. Prenant la route vers le sud, notre chauffeur nous conduit près de Madaba avant de nous déposer sur une petite route qui mène tout droit au Mont Nébo, d'où nous pourrons voir Jérusalem de l'autre côté de la mer Morte.

Étant partis de Rome où nous avons rencontré le pape, il nous apparaissait tout aussi fort symboliquement d'achever notre périple à Jérusalem. Par opposition aux périphéries, Jérusalem fait figure de centre dans notre foi chrétienne. Le lieu où toute la misère du monde a été portée et clouée sur le bois de la croix. Toutes les souffrances dont nous avons été témoins pendant l'année prennent un sens pour les chrétiens parce que Jésus est mort et ressuscité à Jérusalem. Depuis toujours, nous avons entendu et lu des paroles de l'Écriture décrivant cette terre que Jésus a parcourue, il est temps pour nous d'être habités par ces lieux saints et de revenir aux racines de notre foi.

61. « Ligue des dix villes » à l'est du Jourdain.

C'est Abouna Ala, le directeur du centre Notre-Dame de la Paix, qui nous a parlé du Mont Nébo sur lequel se trouve un monastère franciscain de toute beauté. Arrivés au coucher du soleil, nos sacs sur le dos, nous sonnons au portail du monastère. En guise de réponse, un aboiement menaçant : une énorme bête se dresse devant le portail en nous montrant les crocs. La grille s'ouvre sur un homme aux cheveux blancs qui peste conte l'animal avec un accent irlandais très marqué :

« Oh mon Dieu, je déteste ce chien !

— Bonjour père, nous sommes les trois pèlerins du centre Notre-Dame de la Paix…

— Bien sûr que vous l'êtes, je vous attendais mes amis », nous répond le moine franciscain, l'air entendu.

Il poursuit poliment :

« Prendriez-vous une tasse de thé ?

— Avec plaisir ! »

C'est ainsi que nous faisons la rencontre de cet homme délicieux, father Fergus. Fergus est l'un des trois frères qui vivent encore au sommet du Mont Nébo depuis que l'ordre franciscain a racheté une partie des terres à une famille de bédouins en 1933. Depuis cette époque, les franciscains mènent des fouilles archéologiques et gardent ce lieu saint, où les visiteurs viennent se recueillir sur les traces de Moïse, ou simplement profiter du panorama magnifique qu'offre ce mont du pays de Canaan, la Terre Promise. Father Fergus doit avoir une soixantaine d'années, il est grand, élancé, la peau clairsemée de quelques taches de rousseur à peine visibles à l'œil nu. Pendant quinze ans, il a été le gardien du Saint-Sépulcre, le tombeau du Christ.

Après nous avoir demandé si nous voulions boire notre thé dans un bol ou dans une tasse, father Fergus nous parle de ses années à Jérusalem, de cette ville sainte, de la foi et le courage des pèlerins qui s'y rendent. Cet homme raffiné et d'une grande douceur nous ouvre les portes de son monastère, nous fait visiter le jardin et la terrasse qui surplombe une vue époustouflante, celle de La Terre Promise.

Entre les collines de roches et de grès, serpentent des routes qui mènent à la plaine de Moab et au Jourdain. Au loin, dans la brume épaisse, on distingue les lumières de Bethléem et de Jérusalem qui flottent au-dessus de la mer Morte. De l'autre côté, des montagnes s'élèvent à l'ouest de la ville sainte de Jéricho, et le soleil rougi se couche lentement pour céder sa place aux étoiles. En contrebas, on devine Béthanie, lieu de baptême de Jésus. Accoudés à la table d'orientation du belvédère, nous prenons quelques minutes pour contempler cette plaine, berceau de l'histoire sainte. Lorsque je me tourne vers Fergus pour lui adresser un sourire, je constate qu'il est lui aussi captivé par la beauté de ce paysage, comme s'il le voyait pour la première fois. Un calme mystérieux règne dans cet endroit hors du temps.

« C'est un peu brumeux aujourd'hui mais demain vous pourrez observer le Mont des Oliviers à l'est de Jérusalem, nous promet notre délicieux hôte. Laissez-moi vous montrer votre chambre », ajoute-t-il avec déférence comme si nous étions des invités de marque.

Nous découvrons non pas une chambre mais une véritable suite présidentielle. La pièce principale est composée d'un grand salon au centre duquel se tient un confortable canapé en cuir installé devant une télévision – que nous n'allumerons pas –, d'une table de séjour et d'une cuisine américaine. Au fond, une salle de bain et deux chambres avec deux lits chacune. Nous croyons rêver.

« Mes amis, je vous souhaite une délicieuse nuit, nous dit Fergus en s'inclinant.

— Bonne nuit father Fergus, répondons-nous en chœur, pleins de gratitude. Et merci pour tout ! »

Réveillé plus tôt que les autres, je sors sur la pointe des pieds pour aller contempler la vue de notre balcon. L'air est encore frais à cette heure-ci, la brise souffle sur la plaine de Moab tandis que le soleil reprend ses droits sur la nuit. Le vent courbe les quelques pins qui habillent les sommets des collines alentour. La plaine encore endormie est déserte et son silence en est presque inquiétant. J'entends alors un bêlement de brebis que je n'arrive d'abord pas à localiser. Me penchant sur la rambarde, je cherche des yeux une brebis égarée. Une seconde plainte me fait tourner la tête vers une colline sur la gauche où j'aperçois un berger qui fait paître son troupeau. Fermant les yeux un instant, j'essaie de m'imaginer l'exode du peuple hébreu, et Moïse debout sur ce mont. Après quarante ans d'errance dans le désert, ils arrivaient aux portes de la Terre Promise, cette terre qui ruisselait de lait et de miel. Marcher dans un lieu à ce point chargé d'histoire me donne soudain le vertige. Parce qu'il a désobéi à Dieu au rocher de Meriba, Moïse ne pourra aller plus loin. Selon la Bible, il meurt sur ce mont mais le lieu de sa sépulture reste inconnu : « À ce jour nul n'a connu son tombeau[62]. »

62. Livre du Deutéronome 34,5-6.

Les cloches de la petite chapelle, construite à l'extrémité de la terrasse principale, sonnent pour les laudes. Après avoir vérifié que mes deux camarades ont bien quitté les bras de Morphée, je monte les quelques marches qui mènent à l'esplanade et entre dans la chapelle : cette minuscule construction de pierre est comme suspendue au-dessus la plaine de Moab. À l'intérieur, quelques icônes habillent les murs de ce lieu que l'emplacement suffit à rendre merveilleux.

Après avoir participé à la prière des frères en anglais, nous suivons Fergus qui tient à nous faire visiter personnellement la basilique du mausolée de Moïse que les franciscains sont en train de rénover. Elle se trouve au point culminant de la colline du Mont Nébo. À l'intérieur, un ensemble de constructions comme un ancien *diakonikon* – baptistère décoré d'une somptueuse mosaïque représentant toutes sortes d'animaux, et retraçant l'opposition entre vie sauvage et vie domestique. Ce vestige archéologique rappelle que le Mont Nébo est un lieu de pèlerinage depuis l'époque byzantine, du IVe au début du VIIe siècle, ce que ne manque pas de souligner father Fergus à la centaine de visiteurs qui viennent ici chaque jour. Le parvis de la basilique donne sur un autre belvédère à droite duquel s'élève un grand serpent d'airain, construit à l'occasion de la venue de Saint Jean Paul II en 2000. Fascinés par ce nouveau point de vue, nous revenons au coucher du soleil. Nous restons près d'une demi-heure tous les trois, assis en tailleur, à méditer, transportés par le charme du lieu, gagnés par sa beauté, en communion silencieuse.

Les deux jours que nous passons au Mont Nébo viennent à point nommé après la fin de notre mission au centre Notre-

Dame de la Paix. Nous repensons aux Irakiens la gorge serrée, mais nous nous consolons en continuant de prier fidèlement pour eux. Cette divine retraite touchant désormais à son terme, nous envisageons de nous diriger plus au sud vers le désert du Wadi Rum, d'où nous espérons ensuite rejoindre Aqaba pour passer la frontière à Eilat vers Israël. Nous ne le connaissons que depuis deux jours, mais nous avons un pincement au cœur à l'idée de quitter father Fergus. Touchés par son accueil, nous voulions faire un don au monastère pour le remercier de notre séjour et pour participer, même modestement, à la préservation de cet endroit magnifique. Fergus commence à refuser par politesse, comme j'insiste il finit par accepter à contrecœur les 100 dinars jordaniens que je lui tends.

Alors que nous franchissons le portail, l'énorme bestiole bondit de son chenil en rugissant.

« Oh mon Dieu, je hais cet animal, dit Fergus en levant les yeux au ciel d'un air exaspéré.

— Je suis d'accord, je déteste les chiens », confie Jean, compatissant.

Fergus non plus n'apprécie pas les départs puisqu'il nous propose avec entrain :

« Revenez nous voir après votre passage au Wadi Rum, vous pourrez passer la frontière ici par le pont Allenby ! »

Moment de silence. Nous nous regardons avec Jean et Geoffroy. Avec la tendresse d'une mère, Fergus s'inquiète pour nous :

« Par les temps qui courent, je ne sais pas si c'est prudent que vous partiez en stop.

— Vous savez nous n'avons eu aucun problème depuis que nous sommes partis », tente de le rassurer Geoffroy.

En bon père de famille, Fergus nous lance d'un air protecteur :

« Je connais quelqu'un de confiance qui peut vous amener au Wadi Rum, tenez prenez ça. »

Il me tend 200 dinars.

« Father, on ne peut pas accepter une telle offre !

— Si, en plus cela me fait plaisir de vous soutenir dans votre projet, soyez mes invités au Wadi Rum. »

Devant son insistance, nous finissons par accepter ses deux propositions de bon cœur.

Cet homme a déjà été si bon avec nous. Il nous a ouvert les portes de sa maison, nous a accueillis dans la plus belle chambre de sa demeure, nous avons partagé sa table pendant deux jours, il a pris le temps de nous faire visiter la Basilique, de répondre à toutes nos questions, et de discuter avec chacun de nous trois. Assis dans le véhicule qui nous conduit vers le sud, je me souviens d'une parole de la Bible qui prend particulièrement sens à cet instant : « Nul n'aura laissé maisons, frères, sœurs, mères, pères, enfants ou champs à cause de moi et à cause de l'Évangile, qui ne reçoive le centuple dès maintenant, au temps présent, en maisons, frères, sœurs, mères, enfants et champs[63]. » Cette promesse s'est accomplie pour nous cette année. Nous avons quitté la France, nos amis, nos parents, nos colocations pour répondre à l'appel du pape et, sur notre chemin, nous avons été comblés en maisons, frères, sœurs, père, champs... Nous partons le cœur léger, tout excités à l'idée de savoir que nous revenons dans deux jours.

---

63. Marc 10,29.

Nous passons deux jours dans ce désert situé au sud de l'Arabah non loin d'Aqaba. L'entrée du site est gardée par des bédouins qui ont vite compris les bénéfices à tirer de cet endroit magique. Inscrit au patrimoine mondial de l'UNESCO en 2011, le Wadi Rum, la plus large vallée (*wadi*) de Jordanie, est aussi appelée la vallée de la Lune tant ses paysages désertiques sont fameux. Nous nous retrouvons seuls dans un camp de bédouins à une bonne demi-heure en 4x4 de l'entrée du parc. Perdus au milieu de cette immensité, nous sommes fascinés par ce paysage si atypique, jalonné d'imposantes falaises qui se tiennent fièrement au milieu de larges vallées sablonneuses rouges et jaunes.

Ce matin, nous escaladons un canyon pour atteindre un pont naturel suspendu à plus de cent mètres.

« Geo, ici c'est sûr, on va te trouver une nouvelle *profile pic'* », promet Jean pour la énième fois de l'année.

La photo de profil Facebook de Geoffroy est un sujet de conversation qui a été très régulièrement remis sur le tapis durant le voyage. Jean, très au fait de l'utilisation de Facebook, considère que Geoffroy ne fait pas suffisamment attention à sa *e-reputation*. Avec la bienveillance qui le caractérise, il ne cesse d'encourager Geoffroy à se prendre davantage en main. Feignant d'être lassé, Geoffroy attaque :

« Tu acceptes de prendre du temps pour regarder ce qu'il s'y passe mais tu ne publies jamais rien.

— Consommateur !, dis-je pour mettre de l'huile sur le feu.

— C'est simplement que je ne ressens pas le besoin d'étaler ma vie privée, se défend Jean.

— Mais tu acceptes d'observer celle des autres ? », lance Geoffroy provocateur.

Pas peu fier d'être dans la position de celui qui conclut le débat, j'éprouve une satisfaction à rabrouer mon ami :

« La question n'est pas là, Geo, ta photo date d'il y a cinq ans, je pense que cela ne serait pas mal venu de la changer.

— Tu as raison, il faut que je le fasse », reconnaît Geoffroy, avec l'air de celui qui se prépare à affronter une terrible épreuve.

Désireux de rompre avec nos petites habitudes en partant, nous sommes très heureux de ne pas avoir été esclaves de nos écrans cette année. Même si nous continuons à aller sur Facebook pour publier les articles que nous écrivons régulièrement, nous y passons infiniment moins de temps qu'avant, et je dois dire que cela ne nous manque pas. Ce constat que nous partageons a été l'objet d'éternels débats sans que nous ayons pu définitivement trancher : faut-il quitter Facebook ?

En file indienne sur ce pont étroit suspendu à cent mètres au-dessus de ce désert, nous marchons tous les trois, seuls au monde. Les montagnes, dont les parois verticales forment des à-pics vertigineux, semblent avoir été disposées là par je ne sais quel géant. Les dunes blanches et noires, jaunes et oranges, rouges et violettes nous offrent un panorama étonnant dans un dégradé de couleurs extraordinaire. Après un déjeuner à l'ombre d'un rocher en forme de champignon, nous croisons la route d'un chameau que Geoffroy essaie d'amadouer sans succès. Sur le conseil du guide, nous parcourons les ruines qui auraient abrité le célèbre officier britannique Lawrence d'Arabie pendant la révolte arabe de 1917-1919. Cet intermède touristique terminé, nous rentrons au camp pour une nuit que nous voulions passer à la belle étoile avant qu'un bédouin nous le défende. On trouve dans ce désert des araignées jaunes d'un nom imprononçable dont les morsures sont mortelles. Légèrement refroidis, nous optons pour la tente en prenant un soin particulier à refermer la fermeture éclair. Nous nous lèverons plus tôt pour assister au lever du soleil du lendemain.

De retour au Mont Nébo, nous sommes heureux de retrouver father Fergus. Pas pressés de repartir, nous passons encore deux jours en sa compagnie. Nous l'aidons dans l'entretien du jardin et préparons les lieux pour les visiteurs. Je prends aussi du temps avec lui pour évoquer la question de notre retour prochain en France. Je le rejoins dans son bureau où s'empilent des tas d'ouvrages.

« Tu sais, me dit-il, il y a de multiples voies pour servir le Christ. Cette année, vous avez vécu une expérience particulière, mais demain s'ouvre une nouvelle étape qui n'a pas de raisons d'être moins riche. Il n'y a pas un chemin tout tracé qui nous conduit au bonheur et duquel il ne faudrait pas s'écarter au risque de rater sa vie. Dieu, c'est comme un GPS : si tu tournes à droite au lieu d'aller à gauche, il actualise l'itinéraire. N'aie pas peur de te tromper, laisse-toi guider par la joie que tu trouves au cœur de telle ou telle action. »

Cette joie, j'en ai fait l'expérience en étant au service des autres : en lavant la chapelle ce matin, en travaillant avec Juanito à Misericordia, en corrigeant les exercices de Bonlan au Cambodge, en bavardant avec Nassim dans sa chambre à Tanguiéta ou en donnant des cours à Noura et Zeena au centre Notre-Dame de la Paix. Cette joie au cœur de l'action dépasse le simple plaisir qu'on prend à telle ou telle activité, elle est d'une autre nature, plus durable, plus complète. Elle n'est pas explosive, elle est calme. Cette joie est comme un vase qui déborde, on la partage avec les autres sans qu'on l'ait ni voulu ni prévu.

***

Contrairement à ce que nous craignions, le passage à la frontière israélienne se fait sans encombre. Nos parents pensaient trouver là un argument de taille pour nous forcer à nous raser, en nous disant depuis le début de l'année que nous ne passerions jamais la frontière avec ces barbes, habillés de la sorte et après deux mois en Afrique. Depuis une semaine, nous envisageons tous les scénarios possibles. Mais ce que nous redoutions le plus, c'est que l'un de nous reste sur le carreau. Alors que nous nous sommes préparés à un interrogatoire musclé, nous franchissons la frontière sans difficulté. Après avoir traversé le no man's land de part et d'autre du Jourdain, nous nous retrouvons dans la file d'attente côté israélien. Nous nous plaçons devant un guichet où le douanier nous paraît plus commode : un juif éthiopien, qui plaisante avec chaque personne qu'il fait passer. Après lui avoir dit que nous faisions le tour du monde, il s'esclaffe : « Whouah, profitez bien de votre séjour en Israël alors ! »

Venir en Terre Sainte est un rêve pour beaucoup de croyants à travers le monde. C'est sur cette terre de 15 000 km^2, entre montagnes désertiques et plaines verdoyantes, qu'il y a 2 000 ans Dieu s'est fait homme, changeant à jamais le sort de l'humanité. Comme des millions de personnes avant nous dans l'Histoire, nous voici en pèlerinage sur cette Terre Promise que Jésus a foulée.

Neuf mois après être partis, notre arrivée à Jérusalem a un air de fin. Dans trois semaines, nous prendrons la route de l'Europe pour un retour en France prévu pour mi-juillet. Ce n'est évidemment pas la fin de notre aventure intérieure mais ce temps à Jérusalem est l'accord final de la symphonie de notre périple. Une apothéose spirituelle. Nous ne sommes pas ici par hasard. Après un an de tour du monde, à la rencontre des périphéries géographiques, humaines et existentielles, nous voici au centre, là où tout a commencé. 3 000 ans d'histoire, de culture et de civilisation ont puisé, et puisent encore, leurs racines dans cette Terre Promise. Un centre historique où les trois religions monothéistes ont reconnu un Dieu unique, créateur et miséricordieux.

Toutes les personnes que nous avons croisées cette année ont rédigé des intentions de prière dans le petit carnet rouge que le pape François avait béni à Rome en septembre. Ce carnet, nous ne l'avons pas perdu heureusement, il nous accompagne toujours. Il est le symbole visible de la communion qui nous lie à tous ceux dont nous avons croisé le chemin. Lorsque nous prions pour les intentions qui y sont rédigées, nous nous replongeons dans ces périphéries que nous avons parcourues. Nous nous sentons mystérieusement unis par un lien indéfectible à tous ces Chiliens, Cambodgiens, Béninois, Jordaniens, Irakiens qui nous ont fait partager l'intimité de leur relation à Dieu : leur prière.

Ce carnet est une des raisons de notre venue à Jérusalem. Nous ne voulons pas seulement vivre une expérience personnelle, nous espérons porter avec nous, par la prière, tous les regards de ceux qui ne pourront vraisemblablement jamais entreprendre un tel pèlerinage. Rendre grâce à Dieu pour sa présence dans leurs vies, lui confier leurs espoirs, leurs difficultés et leurs joies. Et pour cela, nous devons accepter de nous laisser guider, de nous faire tout petits.

Pendant près de dix jours, nous sillonnons cette Terre que Jésus a parcourue : le désert du Néguev, la vallée du Jourdain, la Galilée, la Judée et les montagnes de Jérusalem, là où se déroulent les principaux événements bibliques. Profitant de notre séjour ici, nous vivons un pèlerinage dans notre pèlerinage. Nous continuons de nous émerveiller de la diversité des paysages, des sites archéologiques et des lieux saints, mais nous le faisons Bible à la main pour vivre ce temps à la lumière de l'Écriture. La Bible est le fondement de notre civilisation judéo-chrétienne et, pour les croyants, le récit inspiré de la révélation d'un Dieu créateur à sa créature. Cette année était pour nous une occasion privilégiée de nous plonger dans le mystère de ce livre, de l'apprivoiser et de comprendre comment Dieu se révèle à l'homme dans l'histoire, et comment il se révèle à nous aujourd'hui. Pour cela, rien de mieux que d'effectuer notre enquête à l'endroit même où les événements bibliques ont eu lieu.

Nous commençons par trois jours dans le désert du Néguev sur les traces des premiers patriarches : Abraham, Isaac, Jacob, et bien sûr Moïse, qui reçut ici des mains de Dieu les tables de la Loi, avant de conduire le peuple hébreu aux portes de la Terre Promise. Après cette traversée du désert, nous remontons le long de la mer Morte, puis du Jourdain, le lieu habité le plus bas du monde (– 400 mètres). Une cuvette d'où on ne peut que remonter. L'endroit où Dieu fait entrer son peuple à pieds secs, sains et saufs. Le lieu où Jésus s'immerge pour se faire baptiser avant d'entamer son ministère public. Sillonnant ensuite la Galilée, autour du lac de Tibériade, nous découvrons ces endroits où Jésus prêchait et opérait ses miracles, accomplissant par là les promesses faites par les prophètes. Nous dormons une nuit dans une autre ville de la Décapole, Hippos, située sur une colline de l'autre côté du lac de Tibériade. À quelques dizaines de kilomètres, de l'autre côté de la frontière syrienne, nous entendons les bombardements qui sévissent sur Damas.

Au bout de huit jours de voyage, nous voilà sur le point d'arriver à Jérusalem. La cité de David, la ville trois fois sainte est pour certains « le centre du monde ». Pour les chrétiens, c'est en effet à Jérusalem que se déroule l'Événement : la mort et la résurrection de Jésus. Nous toquons à la porte de l'église de Saint-Pierre en Gallicante, dont nous découvrons, émerveillés, le panorama à 180° allant de l'Esplanade des mosquées au Mont des Oliviers, au-dessus des trois vallées du Cédron.

Désormais arrivés à Jérusalem, nous ne désirons qu'une chose : aller nous recueillir au Saint-Sépulcre sur le tombeau du Christ. Nous quittons Saint-Pierre en Gallicante un matin de bonne heure afin d'éviter les hordes de pèlerins qui se rendent chaque jour au tombeau. Franchissant l'une des neuf portes de la vieille ville, la porte de Sion, nous pénétrons au pas de course dans le quartier juif pour rejoindre la Basilique du Saint-Sépulcre qui se trouve dans le quartier chrétien. Pressés, nous sommes en réalité presque nerveux à l'idée de découvrir ce lieu. Sans avoir besoin de parler, nous sentons monter en nous un enthousiasme qui frôle la surexcitation.

Dans les souks, les commerçants ouvrent leurs boutiques et déballent leurs étalages dans les ruelles pavées de la vieille ville. Après l'église luthérienne du Rédempteur, nous tournons à gauche sur Shuk ha-Tsaba'im.

Arrivés sur le parvis de l'église du Saint-Sépulcre, nous retrouvons quelques groupes de pèlerins visiblement plus matinaux que nous.

En entrant, nous tombons sur une dalle de marbre que je prends pour le tombeau du Christ. Une fidèle, à genoux au pied de la dalle, la caresse délicatement et l'embrasse avec respect.

« Les gars, c'est le tombeau ou pas ?

— Je ne sais pas », me dit Jean.

En réalité, cette dalle de marbre, vénérée par les orthodoxes, est la Pierre de l'Onction sur laquelle on aurait descendu Jésus après sa mort pour préparer sa sépulture. Ne sachant pas où se situe le tombeau, nous nous dirigeons instinctivement vers la gauche en suivant le flot grossissant des pèlerins. Un grand moine orthodoxe tout de noir vêtu et portant une imposante barbe se tient debout à l'entrée de l'Édicule du Sépulcre. Impassible, les mains croisées sur l'abdomen, la sentinelle fait entrer énergiquement les fidèles au compte-goutte dans la chambre funéraire. Sous la coupole de la basilique, il fait relativement sombre malgré le nombre incalculable de chandeliers entretenus par les différentes communautés.

Après quelques instants de recueillement, nous pénétrons dans le tombeau où nous avons à peine la place de nous agenouiller tous les trois. J'avais imaginé que cela allait être un grand moment, en réalité, nous sortons relativement vite de ce tombeau vide. Je me sens oppressé. Avant de sortir de l'église, nous retournons sur nos pas pour gravir les hautes marches qui mènent au Golgotha. C'est ici que Jésus a été crucifié. À genoux tous les trois, nous ouvrons notre carnet d'intentions de prière et prenons le temps de confier toutes les souffrances dont nous avons été témoins cette année.

Nous sortons de l'église du Saint-Sépulcre désarçonnés. Ce lieu saint est le lieu de tous les paradoxes : Jésus y est mort dans d'atroces souffrances mais il y est aussi ressuscité. Ce lieu qui devrait mettre tout le monde d'accord, se trouve être le théâtre des plus vives tensions entre les différentes communautés chrétiennes. On ne sort pas indemne du Saint-Sépulcre. Chouchoutés par les différentes personnes qui nous accueillent à Jérusalem, nous aurons la chance de célébrer trois messes dans cette église, dont une le dernier jour à l'intérieur même du tombeau, avant de reprendre la route pour la Turquie.

De manière assez mystérieuse, je ressens, après plusieurs jours dans la ville de Jérusalem, une grande lassitude. Fatigué par le monde, par les coups de feu que l'on entend parfois, par les lieux saints, par la prière. Mes inquiétudes sur le retour reviennent à la charge, je m'imagine de nouveau dans le métro parisien bondé, foulant au pied toutes mes bonnes résolutions de cette année. Jérusalem est une porte vers le ciel mais aussi un lieu d'affrontements entre les hommes. Les trois religions monothéistes y sont présentes : on voit des femmes en burqa, des juifs orthodoxes qui ont souvent l'air pressés, des moines franciscains, des pèlerins russes, des Arméniens, etc. C'est une ville où tout se superpose sans se mélanger, une ville où le religieux est omniprésent. C'est fascinant mais aussi très éprouvant. D'une rue à l'autre, l'ambiance, la langue, les coutumes changent radicalement. On est sans cesse obligé de s'adapter. Personne n'aurait à l'idée d'aller dire *inch'Allah* dans le quartier juif orthodoxe de Méa Shéarim ni de répondre *todah* – merci en hébreu – à un commerçant dans un souk musulman…

Et puis il y a les lieux saints. Pas besoin d'être un grand mystique pour sentir qu'ils sont chargés de quelque chose qui nous dépasse. Jérusalem est un point de passage entre Dieu et les hommes, entre le monde visible et l'invisible. Certains médecins de l'hôpital Saint-Louis, près de la porte de Damas au nord de la vieille ville, ont parfois à faire au désormais célèbre « syndrome de Jérusalem » : des personnes qui se prennent pour le Messie. Ce syndrome est le signe que cette ville est envahie de spirituel. L'atmosphère de Jérusalem conduit chacun de ses visiteurs vers des chemins intérieurs dont la venue en Terre Sainte n'est qu'un signe extérieur.

Arrivés au terme de notre séjour, nous prévoyons de rejoindre la côte turque pour remonter ensuite vers l'Europe. Après avoir cherché une route que nous puissions suivre à travers le Liban et la Syrie, nous avons convenu qu'il était préférable de prendre l'avion. Je crois que nos mères n'auraient pas tenu le choc. C'est non sans une pointe de soulagement que nous quittons Jérusalem pour rejoindre l'aéroport de Tel Aviv. Alors que nous nous attendons une nouvelle fois à un interrogatoire musclé, nous répondons calmement aux questions que le douanier nous posera sans beaucoup insister. Par chance, il a lui aussi vécu une aventure similaire. À l'arrivée à Antalya, nous découvrons néanmoins que nos sacs ont été fouillés et que l'on nous a pris notre réchaud et notre bouteille d'essence ! Cela compromet notre cuisine du mois mais peu importe.

En une dizaine de jours, nous espérons longer la côte ouest d'Antalya à Izmir avant de prendre un bateau pour rejoindre Athènes. De là, nous remonterons en stop jusqu'à Lyon où nous sommes attendus par un ami pour préparer le documentaire vidéo que nous souhaitons réaliser sur notre année. Si nous nous réjouissons de découvrir la belle côte bleue turque, nous traînons un peu les pieds à l'idée de nous retrouver de nouveau à attendre des heures que de bonnes âmes s'arrêtent. Pourtant notre premier bienfaiteur ne tardera pas à arriver. Dans le centre-ville, Farouq, un Turc d'une trentaine d'années, nous fait monter dans sa voiture jusqu'à Kemer, que nous quittons dare-dare car cette station balnéaire remplie d'hôtels de luxe n'a pas beaucoup de charme. En bordure de la route principale, nous sommes déposés à quelques kilomètres de Phaselis que nous rejoignons à pied.

Port historique stratégiquement placé, Phaselis est une cité antique située entre la chaîne des monts Bey et la forêt du parc national d'Olympos. Au cœur de la pinède, nous longeons une grande allée à la recherche d'une crique pour une petite baignade mais aussi pour trouver un endroit où dormir. Après avoir déposé nos sacs à l'abri des regards, nous prenons notre premier bain méditerranéen. Les quelques bateaux qui mouillent ici pour la nuit nous donnent une idée. Si nous abordions l'un d'eux pour leur demander l'hospitalité ? Geoffroy, le meilleur nageur d'entre nous, s'y colle et nage vers un petit voilier qui porte un pavillon français. Ce sera plus facile peut-être. Sans succès.

« Ce sont des retraités bretons, ils n'avaient pas l'air très chauds », nous rapporte Geoffroy.

C'est alors que le ciel, qui s'était largement obscurci depuis un moment, se met à gronder.

« À mon avis, on ferait bien de rentrer si on ne veut pas prendre une rincée ! »

Nous ne croyons pas si bien dire puisque, trente secondes plus tard, une averse nous tombe dessus alors que nous sommes encore en train de nager pour gagner la côte. Arrivés sur la terre ferme, nous sommes contraints d'attendre dans une grotte à l'abri, le temps que ça se calme. N'ayant toujours pas d'endroit pour dormir, nous reprenons les bonnes vieilles habitudes.

« Bon, les gars il y en a un qui reste ici avec les sacs, et un qui vient avec moi pour trouver un endroit pour dormir ?

— Moi je reste, répond Jean, content de poursuivre la lecture de son bouquin.

— OK je viens avec toi », se dévoue Geoffroy.

Un lieu de camp doit idéalement satisfaire trois critères : avoir un sol suffisamment plat, être à l'abri des regards – surtout quand nous campons illégalement dans une cité antique – et offrir une belle vue. Ainsi nous montons en haut de la colline et découvrons un plateau au sommet d'une falaise à pic qui se jette dans la mer.

Seul hic, n'ayant plus le matériel pour cuisiner, notre dîner sera composé de deux biscuits chacun avec un reste de tapenade qui a eu chaud toute la journée dans notre sac, le genre de tapenade qui assèche les côtés de la langue. De plus, il ne nous reste plus beaucoup d'eau. Mais quand nous nous levons le matin – assez tôt pour ne pas se faire repérer par les gardiens –, le spectacle est époustouflant, nous sommes baignés d'une lumière rose qui vient se refléter sur les ruines des colonnes de marbre qui jalonnent la cité.

Ayant rejoint la route principale, nous patientons assis sur nos sacs, pas vraiment réveillés. Quelques heures plus tard, une voiture s'arrête à notre niveau. Hussein et Ibrahim nous proposent de nous avancer. La trentaine, Hussein travaille à Ankara et a rejoint son ami Ibrahim pour le week-end. Quand ils nous demandent où nous voulons aller, ils sont surpris de nous entendre répondre :

« Où vous voulez, nous n'avons pas de programme ! »

Ils nous emmènent donc avec eux dans le petit village d'Ulupinar. En sortant de la voiture, nous avons une petite frayeur car nos deux compères sont venus là pour un brunch. Que faire ? Prendre un verre d'eau et un café pour ne pas dépasser notre budget des trois euros par jour ? Si nous avons réussi à tenir cette règle des trois euros la plupart du temps, il est des situations où cela est plus compliqué. Bénéficiant gracieusement de leur voiture, nous ne voulons pas faire les fines bouches en refusant de nous joindre à leur table pour ne pas dépenser de l'argent. Après une rapide et discrète consultation communautaire, nous décidons de nous aligner sur nos hôtes et de commander la même chose qu'eux. En plus, nous avons vraiment faim car nous n'avons rien avalé depuis notre dîner d'hier soir, qui d'ailleurs n'en était pas un.

Quand les plats arrivent, nous avons l'impression d'être au paradis. Situé au pied d'une cascade, ce restaurant compte une dizaine de tables suspendues au-dessus de l'eau et reliées les unes aux autres par des petits pontons de bois. Nous sommes tous les cinq, assis en tailleur sur des banquettes de coussins autour d'une table basse couverte de nourriture : du *Ramazan Pidesi* – du pain blanc turc –, des calmars, de la salade, des viandes fines grillées, des tomates, de l'huile d'olive, du miel, du lait, des abricots secs, du sirop d'érable, des pruneaux et, bien sûr, du thé noir. Nous nous délectons de ce brunch improvisé, quand arrive la note. Ibrahim me retient le bras :

« Non, c'est nous qui vous invitons. »

Geoffroy est gêné :

« Mais pourquoi, il n'y a pas de raison…

— C'est un cadeau de bienvenue en Turquie ! », insiste Ibrahim.

Ibrahim et Hussein nous conduisent ensuite jusqu'à Yanartaş, un lieu connu pour ses roches pleines de méthane d'où s'évaporent des langues de feu. Fascinant phénomène que nous prenons le temps de contempler face à la mer. Toujours avec nos amis, nous dépassons le village de Çirali au pied des monts Taurus et rejoignons la plage d'Olympos. Après avoir jeté un œil aux ruines de cette célèbre ville antique, Ibrahim et Hussein nous précèdent dans la forêt où se trouve une retenue d'eau douce. Immergés dans cette eau glaciale, nous sirotons non sans mal une bouteille de vin turc. Le vin turc est bon mais l'eau est si froide que nous avons du mal à respirer. Lorsque les pieds de Geoffroy sont devenus bleus, nous nous sommes dit qu'il était temps de sortir de l'eau.

À la tombée du jour, nos deux amis nous quittent et nous les remercions chaleureusement pour l'incroyable journée que nous venons de passer. Sur cette plage de sable blanc, nous observons les montagnes boisées qui se jettent dans l'eau bleu turquoise. La brousse de Tanguiéta nous semble bien loin…

D'Olympos, un père et son fils nous conduiront jusqu'à Ucagiz, nous marcherons ensuite jusqu'au port de Kaleköy. Nous passerons la nuit dans une ancienne forteresse byzantine. Le lendemain vers 6 heures, la mer est d'huile. Le soleil se lève sur le petit port encore endormi. Les cigales s'accordent une grasse matinée jusqu'à 26 degrés. Sur le port, les pêcheurs démêlent leurs filets et les ouvriers font leur apparition. Au loin, on entend pétarader les premiers bateaux à moteur qui viennent d'Ucagiz. Suivant la voie lycienne, nous marchons le long de cette côte pendant plusieurs jours jusqu'à la ville de Patara où nous ferons la rencontre d'Ali.

Ali est un Allemano-Turc d'une quarantaine d'années, passionné de voyages. Avec sa barbe blonde de trois jours, il a la dégaine des baroudeurs. À peine montés dans une petite Peugeot noire dont il s'empresse de nous dire qu'elle ne lui appartient pas, Ali nous propose de l'eau et des cigarettes. Puis, le plus naturellement du monde, il nous demande si cela nous convient de passer par un chemin un peu plus long mais bien plus beau qui longe la côte. Nous sommes ravis. D'abord bijoutier en Allemagne, Ali nous parle de ses allées et venues en Turquie qu'il connaît sur le bout des doigts. Pas un endroit où il ne soit allé. Il nous prodigue aussi quelques conseils : aller frapper à la porte des gitans manifestement réputés pour leur hospitalité, ou demander l'hospitalité aux mosquées pendant le ramadan. Nous n'y aurions jamais pensé. Nous avons souvent frappé aux portes des églises pour demander le gîte cette année, et nous y avons presque toujours été reçus. Mais Ali nous affirme qu'à chaque fois qu'il a frappé à la porte d'une mosquée, on lui a ouvert, et surtout en cette période, où la fin du jeûne est l'occasion de grands banquets publics ouverts à tous. La seule contrepartie est un réveil par le muezzin à 4 heures du matin…

Nous ne tardons pas à mettre en pratique le conseil d'Ali et le lendemain, après une journée de stop jusqu'à Selçuk, nous prenons spontanément la direction du minaret. Quelques hommes âgés discutent et jouent aux cartes. Ils ne semblent même pas avoir remarqué notre présence. Je m'adresse à eux en anglais avec un débit volontairement lent :

« Bonjour messieurs, veuillez m'excuser, savez-vous où nous pourrions trouver l'imam ? »

À ce mot, un petit homme trapu aux cheveux grisonnants interrompt sa conversation et se lève. Il bredouille quelques mots d'anglais qui nous font comprendre que nous avons en face de nous l'ancien imam de la mosquée de Selçuk. Suivant les conseils d'Ali, nous lui demandons donc le plus aimablement possible :

« Nous cherchons un endroit où dormir mais nous n'avons pas d'argent. »

Notre requête paraît d'abord l'intriguer mais, sans hésitation, il nous fait signe de le suivre. Sans prendre la direction de la mosquée, l'imam nous conduit tout droit au commissariat. Ce n'est pas une bonne nouvelle, il a dû prendre peur et préfère laisser les flics se charger de nous. Difficile de partir sans éveiller de soupçons.

Au bout de quelques instants, un autre policier apparaît avec trois chaises et nous fait signe de nous installer. Perplexes, nous attendons de voir comment la situation va évoluer. C'est alors que le même policier revient avec trois verres remplis de thé turc. L'imam nous fait signe de boire, il n'y a pas de piège. Nous nous désaltérons jusqu'à ce qu'un policier nous annonce :

« Vous pouvez camper sur une plage qui se situe à 10 kilomètres d'ici.

— D'accord c'est gentil, et comment peut-on s'y rendre ?

— Vous prenez la route qui part du rond-point central et c'est tout droit. Bon séjour à Selçuk », nous dit-il aimablement.

Prendre la direction de la plage, c'est ce que nous faisons spontanément depuis quelques jours. Mais le fait que l'imam ait pris le temps de nous aider, de nous donner à boire et de nous trouver un lieu où dormir donne une saveur particulière à cette nuit. Certes, il ne nous a pas accueillis chez lui ce soir mais cet imam dont j'ignore le nom nous a apporté son secours, avec un naturel et une simplicité touchante. L'accueil de l'étranger transcende les religions. Ce soir, nous en avons fait l'expérience. Et même si celle-ci n'a pas été parfaitement concluante, nous nous rassurons en nous disant que nous ne serons pas réveillés à 4 heures du matin par le muezzin…

***

Comme nous ne connaissons personne à Athènes, nous nous mettons instinctivement en recherche de la paroisse francophone dès notre arrivée. À l'église Saint-Jean-Baptiste, nous sommes accueillis par un couple de Grecs qui nous invitent à faire un chapelet. Nous aurions préféré un bon café et des croissants mais nous acceptons car nous n'avons rien d'autre à faire. À la fin de la prière, l'un des fidèles nous indique qu'il y a une messe en français à 11h15, ce qui est une très bonne nouvelle car cela signifie que, potentiellement, des gens pourront nous accueillir. En attendant, notre couple de Grecs nous emmène à l'arrière de l'église dans la salle paroissiale où Anne – que nous ne connaissons pas encore – mandate une mama italienne de nous faire un café. Si nous goûtons avec toujours autant de joie à ce que la vie nous offre, nous sommes de moins en moins surpris par tous ces bienfaits dont nous sommes comblés au quotidien. Anne nous donne même quelques pâtisseries. Le bonheur. L'heure de la messe approchant, la salle paroissiale se remplit de gens mais aussi de victuailles. Aujourd'hui, il y aura des baptêmes à l'église Saint-Jean-Baptiste.

Tous les regards se tournent maintenant vers un homme, chemise ouverte et cheveux ébouriffés. Si c'est un prêtre, ce ne peut être qu'un jésuite car il n'a pas vraiment l'allure d'un curé de paroisse.

« Bonjour monsieur, lançons-nous poliment.

— Bonjour, je suis le père Maurice Joyeux. »

Je ne sais pas pourquoi cela me dit quelque chose.

« Mon père, vous êtes jésuite, non ?

— Oui, pourquoi ?

— Nous avons été élevés chez eux, nous savons les reconnaître », lui confie Geoffroy.

Après être passé par le centre Laennec, le père Joyeux a longtemps été aumônier de la prestigieuse classe préparatoire de Sainte-Geneviève à Versailles. Aujourd'hui, cela fait quatre ans qu'il est en Grèce où il s'occupe beaucoup de réfugiés.

À la sortie de la messe, nous nous retrouvons à partager un festin pantagruélique avec les familles présentes. On en vient à parler de tout et de rien avec des gens venus de tous les horizons.

Le père Maurice Joyeux, à qui nous n'avons même pas eu besoin de le demander, nous invite à séjourner chez lui à Inoï dans une maison jésuite à une heure d'Athènes. Il nous emmène prendre un bain marin et nous invite dans un res-tau-rant qui donne sur la plage. Nous dégustons des calamars et buvons du rosé en rendant grâce pour cet accueil providentiel.

Il faut le vivre de l'intérieur pour le croire, mais c'est étonnant de constater qu'à chaque fois que nous nous laissons porter, nous sommes comblés au-delà de nos espérances par les gens que nous rencontrons. La vie se charge de nous guider vers des chemins que nous n'avions même pas imaginés. Cet abandon que nous vivons ne signifie pas qu'on peut se contenter d'être passif. Parfois il faut savoir demander, ce qui est tout aussi difficile. On nous a toujours appris à donner gratuitement de notre temps, à être solidaires de ceux qui n'ont pas la même chance que nous… Mais cette année nous avons surtout appris à demander et recevoir gratuitement. Au début, nous avions souvent peur de déranger. Il faut courber l'échine pour demander. Il faut se faire violence pour ravaler son orgueil, frapper à une porte et demander l'hospitalité. Son orgueil, car c'est bien de cela dont il s'agit, et pas seulement pour demander un toit. C'est cet orgueil qui nous dit que nous pouvons nous débrouiller tout seuls, que nous n'avons pas besoin des autres. C'est l'orgueil du riche qui s'imagine que ses richesses lui suffisent pour être heureux. L'orgueil du savant qui se croit tout-puissant. Le même orgueil qui nous conduit à penser que nous n'avons pas besoin de Dieu, que nous n'avons rien à recevoir de lui ou que nous ne le méritons pas. L'année prochaine nous paierons un loyer, nous prendrons le train pour nous déplacer, et nous dépenserons plus de trois euros par repas. Mais nous espérons garder l'essence de la démarche qui nous a guidés cette année. Avoir l'humilité et la simplicité de toujours recevoir ce que l'autre a à m'offrir, en reconnaissant que mon bonheur passe par l'autre.

En quittant Athènes, nous espérons partir pour le nord-ouest en direction de l'Albanie. Les conducteurs qui acceptent de nous emmener sont français, grecs, allemands, hollandais, albanais et norvégiens. Ils sont jeunes, âgés, étudiants, professeurs, etc. Rencontres étonnantes pour une journée pleine de rebondissements qui nous mène au petit village de San Nicholaos, à une cinquantaine de kilomètres de Nafpaktos en bordure de mer. Cet endroit désert ressemble davantage à un hameau qu'à un village. Un restaurant et quelques maisons blanches avec des volets bleu azur font face à un petit port. Au bout du front de mer, nous plantons notre tente, cachés derrière un bosquet. Nous convenons de nous lever tôt pour profiter de la fraîcheur matinale et faire du stop. À 7h30, le bitume est déjà brûlant et nous levons nos pouces sans grande conviction.

Aucune voiture ne semble vouloir s'arrêter. Il y a des jours avec, et des jours sans. Nous n'avions jamais autant été pris en stop hier mais aujourd'hui les automobilistes ne nous adressent pas un regard. Nous redoublons de créativité pour les séduire. Nous improvisons des olas, et des danses, la chenille, la célèbre macarena, pour finir par un paquito sur la chaussée incandescente. Récompensés par quelques sourires, essoufflés et à bout de nerfs, nous pestons contre ce peuple grec que l'on a connu plus accueillant. Après avoir supplié à genoux les dernières automobiles, nous retournons bredouilles et affamés au village de San Nicholaos. En longeant le front de mer, nous apercevons un homme seul accoudé au comptoir d'un bar. Peut-être pourra-t-il être de bon conseil. Nous marchons vers lui la mine défaite. Il a dû nous entendre parler français puisqu'il se retourne :

« Qu'est-ce que vous buvez ? », nous lance-t-il avec un accent méditerranéen.

Devant notre hésitation, l'inconnu insiste :

« Qu'est-ce que je vous offre, les jeunes ?

— Ce que vous prenez », rétorque Jean poliment.

Sans un sourire, il se tourne lentement vers le comptoir et s'égosille :

« Mika ? Trois bières s'il te plaît ! »

Quel bonheur ! C'est la première bonne nouvelle de la journée.

Notre homme ventru est un retraité franco-grec qui habite ici cinq semaines par an. Il a son bateau au port et sa maison où il vit seul.

« De temps en temps je vais voir mes "copines" à Patras », nous avoue-t-il, la bière à la main.

Nous ne posons pas plus de questions.

« Qu'est-ce que vous faites dans le coin, nous demande-t-il sans paraître intéressé.

— Nous voyageons en Grèce et nous espérons rejoindre l'Albanie en stop.

— Patras est loin d'ici ? se renseigne Jean.

— Oh Patras, vous en avez pour trois quarts d'heure en bagnole, nous avoue-t-il.

— Vous savez s'il y a un bon endroit pour faire du stop ici ?

— À l'entrée du village là-bas, ça sera peut-être mieux qu'à la sortie », nous répond-il.

Requinqués, nous remercions notre bon samaritain, qui nous apprend qu'un bus est censé passer deux fois par jour. Nous ne sommes pourtant pas au bout de nos surprises.

Le temps semble s'être arrêté mais les voitures défilent sans prêter attention aux trois pingouins qui leur font de grands signes à l'entrée de San Nicholaos. Je me baisse pour ramasser un caillou. Depuis des heures, la couleur rouge du panneau stop de l'autre côté de la route excite mes nerfs à vifs.

« Les gars, vous voyez ce panneau là-bas ? »

Devant l'évidence de la réponse, Jean et Geoffroy ne prennent même pas la peine de lever la tête.

« Si je la mets dans le mille, on est pris par la prochaine voiture. »

Ajustant exagérément mon tir, je lance mon caillou qui vient percuter le maudit panneau en plein dans le mille. Plein de fierté, je prête à peine attention à la voiture qui passe devant nous mais qui ne s'arrête pas. Je désespère.

Content d'avoir trouvé une occupation pour tromper l'ennui, c'est au tour de Jean de saisir plusieurs cailloux :

« OK, cette fois-ci, et là je déconne pas, si je la mets dans le mille, on est pris par la prochaine voiture », prévient-il.

Il rate à trois reprises...

Les heures passent et le soleil tape toujours aussi fort. Ne voyant pas le bus arriver, je craque :

« Mais qu'est-ce qu'il fout ce bus ! Ça fait une heure qu'il aurait dû passer ! »

Toujours dans la mesure, Geoffroy se borne à constater :

« J'ai un mauvais pressentiment. »

Tu parles de mauvais pressentiment. Au loin, le son d'un moteur vrombit. Le bus arrive, s'approche et ne s'arrête pas.

La situation ne pouvait pas être pire. Nous rôtissons en plein cagnard depuis 7h30 du matin en attendant qu'une bonne âme nous sorte de ce trou paumé. Et là voilà que le bus qui passe deux fois par jour nous file entre les doigts ! Quand soudain il se met brusquement à pleuvoir. Pariant sur une averse passagère, nous patientons quelques minutes sous la pluie, avant de nous résigner à quitter la route principale pour nous mettre à l'abri sous un porche en contrebas.

Sur les coups de 19 heures, une voiture qui quitte le village pour rejoindre la route s'arrête devant nous. La vitre se baisse. Nous croyons rêver. Un Grec passe la tête :

« Ça ne sert à rien d'attendre le bus de 19 heures. Il n'y en a plus. Ici, c'est la crise. »

Dépités, nous rentrons au village pour demander l'hospitalité car planter la tente avec ce temps nous paraît impossible. Nous toquons à la porte d'un restaurant où nous voyons une lumière allumée. Une vieille dame en robe longue vient nous ouvrir et accepte gentiment de nous installer dans une petite chambre. Nous sommes en train de finir un reste de riz quand nous entendons toquer à la porte. C'est notre ange-gardien, le retraité franco-grec qui nous a offert une bière au déjeuner :

« Demain, rendez-vous à 7 heures ici même, je vous amènerai à Patras », nous annonce-t-il, sans nous demander notre avis.

Nous sommes sauvés.

À Patras, nous prenons un bus jusqu'à la frontière albanaise où nous nous faisons voler notre appareil photo. Avec une légèreté qui ne me ressemble pas, je relativise :

« Il vaut mieux que cela nous arrive maintenant qu'au premier jour du voyage. »

Marchant près de deux jours dans les montagnes albanaises non loin de Sköder, nous rejoignons ensuite le Monténégro. Il ne nous reste plus qu'une petite semaine pour atteindre Lyon où nous avons rendez-vous avec Amaru, notre réalisateur. La date du retour se rapprochant, nous pensons avec nostalgie à cette France dont nous avons pris congé il y a un an. Nous réalisons la chance que nous avons d'être nés dans ce pays. Nous ne nous sommes jamais sentis aussi proches de la France, et maintenant que sonne l'heure des retrouvailles, nous nous réjouissons à l'idée de redécouvrir tout ce que nous avons laissé.

Nous y sommes ! Tout nous apparaît harmonieux, l'architecture des bâtiments, la proportion des arbres, les vitrines de magasins. C'est comme si tout reprenait sa juste place dans le décor. Le sourire aux lèvres, nous déambulons dans le quartier de Confluence au sud de Lyon en direction de l'appartement d'Amaru. Avant de le retrouver, nous nous mettons en quête d'une épicerie : camembert et baguette en poche, nous nous installons sur une pelouse à côté de l'église Sainte-Blandine.

Sitôt repus, nous sonnons chez Amaru :

« Les gars, si vous voulez prendre une douche, n'hésitez pas ! »

À l'issue de ces quatre jours de travail intense à revoir en boucle toutes les images que nous avons filmées pendant l'année, nous laissons à Amaru le soin de les monter dans l'optique du documentaire. Reprenant une ultime fois la route, nous partons à pied en direction de Marseille, lieu officiel de notre arrivée. La Providence nous avait encore réservé une surprise pour ce dernier jour de tour du monde.

Quittant Lyon en stop sans trop de difficultés, de bonnes âmes nous mènent jusqu'à la sortie d'un péage, au niveau de Tain-l'Hermitage. Ce début d'après-midi est si caniculaire que nous décidons de nous relayer pour faire du stop. La chaleur est telle que le goudron fume comme s'il était lui aussi en train de rôtir. Aucune voiture ne semble disposée à s'arrêter. À l'entrée de l'autoroute, il n'y a évidemment aucune habitation où nous pourrions trouver refuge et je ne m'imagine pas planter la tente dans le champ d'à côté. Le vrombissement d'une moto vient m'arracher à mes pensées. L'accoutrement de son conducteur me laisse un mauvais pressentiment.

« Bonjour monsieur, gendarmerie nationale, qu'est-ce que vous faites là ? C'est interdit de faire du stop sur l'autoroute, monsieur, je vais devoir vous demander de vous mettre à l'entrée du péage s'il vous plaît. »

Intrigué par cette règle, je tente de gagner du temps :

« On n'a pas le droit de faire du stop à la sortie du péage mais on peut en faire à l'entrée ? lui dis-je avec un brin d'insolence.

— C'est comme ça » répond le motard le plus calmement du monde.

Je rappelle donc mes deux compères et nous nous dirigeons à l'entrée du péage. Les minutes passent, mais les voitures sont toujours aussi timides.

Soudain une Twingo lancée à toute allure nous dépasse avant de piler à quelques mètres de la barrière du péage. À l'abord, une jeune fille brune à qui nous avons lancé notre sourire le plus charmeur. Se ravisant, la voilà qui entreprend une dangereuse marche arrière.

La voiture recule jusqu'à notre niveau, et sa conductrice baisse la vitre :

« J'ai vu votre tee-shirt Misericordia, ma cousine part dans cette association l'an prochain !

— C'est vrai ? C'est incroyable ! répondons-nous, stupéfaits de cette coïncidence.

— C'est vous, Petit à Petit ?

— Heu, oui… »

Même après une année pleine de rebondissements et de surprises en tout genre, nous n'en revenons pas. Combien de possibilités avions-nous qu'une voiture s'arrête à l'entrée de ce péage avec à bord une personne qui nous connaisse ? Soudain, une voiture de police vient jouer les trouble-fête :

« Bonjour mademoiselle, vous connaissez ces gens ?

— Heu… Oui ils sont avec moi, dit-elle, hésitante.

— D'accord, parce que nous avons été prévenus que des autostoppeurs gênaient la circulation aux abords de l'autoroute, et c'est interdit.

— Je vois… »

Nous chargeons nos sacs dans son coffre aussi vite que nous pouvons. Nous avions imaginé notre retour en conquérants, entrant à pied dans la ville, montant avec difficulté le long boulevard Périer qui mène jusqu'à chez moi. Mais au lieu de ça, nous sommes déposés en voiture devant la maison par une charmante demoiselle qui, devant se rendre à Avignon, nous a spontanément proposé de nous avancer jusqu'à Marseille, faisant par là un détour de 200 kilomètres. Jusqu'au dernier jour de notre voyage, nous nous sommes laissé surprendre.

Épilogue

Alors le retour, pas trop difficile ? Après une année comme celle-là, c'est la question qui revient le plus souvent et dont nous donnons une réponse différente à chaque fois. Les cent premiers jours, c'est l'état de grâce. Nous étions contents de retrouver notre pays, nos familles, nos amis, notre confort. Le fromage et le bon vin, un lit douillet, de l'eau chaude, d'autres fringues. Nous étions contents de retrouver une intimité après un an 24 h sur 24 à trois. Et puis, quand les difficultés apparaissent, on se laisse gagner par la lassitude. L'ordinaire nous rattrape et le passé ressemble de plus en plus à un long rêve. Nous nous réveillons avec la gueule de bois, sans savoir ce que nous faisons ici. N'étions-nous pas plus heureux là-bas ? Comment retrouver goût à la vie ordinaire après avoir vécu une expérience extraordinaire ?

Ayant chacun repris notre dernière année d'études, le quotidien nous a d'abord paru moins palpitant. Les cours, les examens, l'ébullition de Paris nous a vite fait replonger dans un tourbillon d'agitation que nous n'étions pas mécontents d'avoir quitté. Dans les moments de doute, nous sommes souvent prompts à trouver les causes de notre mal-être chez les autres. L'euphorie passée, nous nous trouvions à l'étroit dans nos cercles d'amis, dans notre famille, dans notre environnement. Nous avions le sentiment d'avoir vécu des tas de choses pendant un an alors que le monde que nous avions quitté semble être resté figé. Mais en réalité, ce n'était pas chez nous que nous étions à l'étroit, c'était dans notre cœur. Penser la liberté avant tout comme une absence de contraintes extérieures est une impasse.

Pendant un an, nous avons voulu rejoindre les périphéries, tous ces lieux où Dieu n'est pas reconnu, où la dignité de l'homme créée à l'image de Dieu est bafouée. Délinquants, drogués, prostituées, malades, handicapés, réfugiés, pauvres : ils sont les parias de nos sociétés, ceux que l'on voudrait oublier. En vivant au plus proche d'eux, les chrétiens que nous avons rencontrés témoignent par leur présence de la valeur qu'ils ont aux yeux de Dieu. Mais cette année fut aussi pour nous l'occasion de nous confronter à nos propres périphéries intérieures, en sortant de notre confort matériel et intellectuel, en acceptant de s'abandonner à la Providence. Nous avons vécu une vie communautaire à trois, exigeante parce qu'elle nous confronte aux défauts de l'autre, mais surtout à nos propres fragilités, beaucoup plus difficiles à accepter avec humilité. Toutes ces faiblesses, ces zones d'ombres en nous sont autant de « lieux » où Dieu est rejeté de la même manière.

***

Par leur vie donnée, les chrétiens que nous avons rencontrés jouissaient d'une éclatante liberté. Qu'y a-t-il de commun *a priori* entre un Marseillais, trentenaire et père de famille, une religieuse malaisienne de plus de 60 ans, un frère italien chirurgien dans un hôpital de brousse et un évêque jordanien à la retraite ? Rien. Pourtant à y regarder de plus près, quelque chose les unit : la liberté d'avoir tout donné à Dieu.

Comme nous l'a dit Réna au Chili, ce choix de vie ne se fait pas sur un coup de tête mais sur un coup de cœur, « c'est de l'ordre de l'appel ». Si nous ne sommes pas tous appelés à vivre avec les pauvres au bout du monde, nous sommes tous appelés à goûter avec la même intensité la joie qui fait battre le cœur de ces chrétiens. Cette joie est proportionnelle à l'amour qu'ils parviennent à mettre dans chaque action du quotidien. L'amour dont ils débordent donne une dimension infinie aux choses les plus banales. Cette année, nous avons appris à renoncer à maîtriser le temps : ne plus chercher à le découper, à rattraper celui perdu, arrêter de tout vouloir planifier, calculer… Nous avons fait l'expérience d'un autre temps, un temps intérieur, un temps comblé d'inattendus, un temps du cœur, qui nous fait entrer dans la confiance plutôt que dans le contrôle. En nous laissant guider, nous avons fait l'expérience que les successions de hasards n'en étaient pas. C'est le sens que nous avons essayé de donner à notre démarche, petit à petit. Quand on est petit, on laisse plus de place à Dieu et on constate que la vie se déroule dans un enchaînement qui nous dépasse. Ce lâcher-prise nous entraîne au-delà de nous-mêmes ou plutôt au fond de nous-mêmes. Je me souviens de Gaël de Guichen, notre hôte à Rome qui nous avait demandé quel était l'objectif que nous nous étions fixé pour cette année. À l'époque, nous n'avions pas su quoi lui répondre, mais aujourd'hui je sais : marcher pas à pas sur le chemin qui mène de la tête au cœur.

Depuis que nous sommes rentrés, nous avons eu mille et une occasions de vivre selon ce temps du cœur que nous avons découvert.

Samedi soir, alors que nous allions dîner avec des amis près de chez moi à Belleville, nous passons à côté d'un jeune avachi sur son scooter. Au moment où nous le dépassons, il nous lance :

« Est-ce qu'y en a un qui est croyant ? »

L'an dernier, peut-être aurais-je continué ma route car ce type avait un air patibulaire. Visiblement éméché, le type reprend de plus belle :

« Est-ce qu'y en a un qui est croyant ? »

— Bonsoir, ça va ? Tu t'appelles comment ?

— Yaaaaaas... Je m'appelle Yas.

— Moi c'est Quentin. Tout va bien, Yas ?

— Non ça ne va pas. Mais j'veux pas te déranger, retourne avec tes amis, ils t'attendent, me dit-il avec le débit d'un enfant de cinq ans.

— Qu'est-ce qui ne va pas ? »

Le gars me raconte qu'il s'est disputé avec sa femme, qu'il achète et vend de la drogue et qu'il a dépensé 2 000 € aujourd'hui.

« Je m'en veux, tu comprends ? Je l'ai tapée. Sur la tête de ma fille, je l'aime, je ne recommencerai jamais... Si tu savais comment je regrette, putain... »

L'alcool aidant peut-être, mon gaillard semble néanmoins profondément triste, sa voix tremble.

Cette question me vient spontanément :

« Est-ce que tu es croyant ?

— Oui, bégaie-t-il entre deux sanglots étouffés.

— De quelle religion es-tu ?

— J'suis musulman.

— Eh bien tu sais, Allah, il est grand et miséricordieux.

Miséricordieux ça veut dire qu'il te pardonne tes fautes si ton repentir est sincère. Et ce soir, si tu regrettes du fond de ton cœur, si tu demandes pardon à ta femme et ne recommences plus jamais, tu peux être sûr qu'Allah t'a déjà pardonné. »

Le type se lève et comme au Chili, je m'attends à ce qu'il me foute une beigne. Au lieu de ça, les yeux humides, il me prend dans ses bras et finit par éclater en sanglots. Ce gars qui fait deux fois ma taille est en train de pleurer à chaudes larmes sur mon épaule trop basse pour lui. Je ne sais pas quoi faire ni combien de temps cela va durer. Relevant la tête, les yeux embués, il me dit :

« Putain la vérité, j'ai pas pleuré comme ça depuis la mort de mon père… »

Je pense un instant à mes amis qui m'attendent et qui doivent se demander ce que je fous. Yas relève la tête une dernière fois et me regarde droit dans les yeux :

« T'es qui toi ? »

Quand j'ai du mal à trouver un sens dans ce que je fais au quotidien, je repense à ces dizaines de Yas que nous croisons tous les jours dans la rue et je me rappelle que le « Royaume est tout proche ». Parfois le doute ressurgit. Tout comme l'an dernier. Nous aimerions toujours être certains d'être sur le bon chemin. Ne sachant pas trop si nous sommes à notre place, nous sommes tiraillés par des interrogations qui entretiennent en nous un certain découragement. Nous avons souvent l'impression que les jours se suivent et se ressemblent pourtant des changements imperceptibles sont en marche. Quand nous nous retournons, nous découvrons avec émerveillement la longueur du chemin parcouru. Quand on n'a pas de réponses pour l'avenir, la meilleure manière de se préparer à les recevoir est d'habiter le moment présent. En réalité, dans un quotidien différent, nous vivons tous les trois aujourd'hui le même exercice d'abandon que l'an passé.

Partir un an à trois était un pari et il fut réussi. Nous nous en sommes d'ailleurs collectivement félicités car cela n'a pas toujours été facile. La vie communautaire nous a parfois conduits à nous corriger mais surtout à nous pardonner et à nous encourager. Les travers des uns continuent de faire la risée des autres mais l'amitié que nous nous portons dépasse désormais le bon souvenir des moments partagés. En choisissant de nous livrer avec confiance les uns aux autres, nous avons bâti un roc sur lequel nous continuons de nous reposer. Depuis notre retour, nous nous donnons rendez-vous un soir par mois pour passer du temps tous les trois, pour causer et peut-être pour préparer, qui sait, un prochain départ…

Remerciements

À tous ceux qui nous ont pris en stop, qui nous ont ouvert la porte de leurs maisons, pour une discussion, un repas, une nuit…

À toutes les communautés religieuses qui nous ont invités à partager leur vie fraternelle et qui prient en silence pour le monde.

À nos familles, en particulier nos parents, qui nous ont laissés partir et revenir !

À Julie Daniel pour sa patience, sa bienveillance et son travail tout au long de la rédaction de ce livre.

À ceux qui ont accepté de relire tout ou partie de ce livre : Jean, Geoffroy, Bony Chatagnon, Sonia Chatain.

À tous ceux qui nous ont aidés avant, pendant et après ce voyage, en particulier :

Charles Guilhamon, Alexandra Boisset, Jurga Bernard, Pierre-Hervé Grosjean, Aymeric de Salvert, Étienne Loraillière, Olivier de Fontmagne, Bruno Ganem, Alexis de Bryas, Thibault Jarry, Henri de Chantérac, Tristan Gautier, Charles de Lorgeril, Amaru Cazenave, Anne Marchegay, Jean-Paul Mangopa, Bruno Cosme, Sergio Pablo, sœur Marie-Madeleine, Romain et Réna de Chateauvieux, Olivier Mathonat, sœur Michelle, sœur Noélie Léa, Eric Dedieu Asseham, frère Florent, frère Fergus, Marjolaine Devaux, Cyril Tisserand, Thierry Lamboley.

À Loïc Mérian, pour avoir accepté de me faire confiance.

A tous ceux que j'oublie de mentionner.

A toi.

Table des matières

Achevé d'imprimer par ISI Print,
en septembre 2018,
Dépôt légal : avril 2017
Imprimé en France